현증장엄론 역주

반야사상의 정수를 교설한 깨달음 증득의 안내서

현증장엄론 역주

2017년 2월 28일 초판 1쇄 발행

지은이 범천
발행인 박상근(至弘) • 편집인 류지호 • 편집 김선경, 양동민, 이기선, 주성원
디자인 쿠담디자인 • 제작 김명환 • 전략기획 유권준, 김대현, 박종욱, 양민호 • 관리 윤애경
펴낸 곳 불광출판사 (03150) 서울시 종로구 우정국로 45-13, 3층
　　　　대표전화 02) 420-3200 편집부 02) 420-3300 팩시밀리 02) 420-3400
　　　　출판등록 1979. 10. 10.(제300-2009-130호)

ISBN 978-89-7479-340-1 (93220)

이 도서의 국립중앙도서관 출판예정도서목록(CIP)은
서지정보유통지원시스템 홈페이지(http://seoji.nl.go.kr)와
국가자료공동목록시스템(http://www.nl.go.kr/kolisnet)에서 이용하실 수 있습니다.
(CIP제어번호:CIP 2017005407)

잘못된 책은 구입하신 서점에서 바꾸어 드립니다.
독자의 의견을 기다립니다. www.bulkwang.co.kr
불광출판사는 (주)불광미디어의 단행본 브랜드입니다.

현증장엄론 역주

반야사상의 정수를 교설한 깨달음 증득의 안내서

現 證 莊 嚴 論 譯 註

범천 역주

불광출판사

○

서문

본서는 미륵의 논서로 알려진『현증장엄론』을 역자가 번역하고 직접 주석한 책이다. 티베트 불교 강원에서 배우고 있는 주석서들을 그대로 번역하는 것도 좋겠지만 워낙 어려운 내용이다 보니 독자들을 위해 되도록 쉽게 설명하고 직접 주석하는 방식을 택하였다. 그러나 주석의 내용 거의 대부분은 다른 주석서들의 주장을 그대로 해설하였고, 간혹 역자 개인의 견해를 피력한 부분은 역자의 견해임을 분명히 알 수 있게 하였으므로 혼동의 여지는 없으리라 생각한다.

본서가 다루고 있는『현증장엄론』이란 반야부 경전들에서 암시적으로 설해진 수행의 단계에 대해 주로 해설한 논서다.

티베트 불교 강원에서는 불교 학습을 시작하면 제일 먼저 논리학의 기초를 1~3년 배우고, 그 다음에 이『현증장엄론』을 6년간 배운다.

『현증장엄론』을 통해 대승의 거의 모든 교리를 학습한 후, 이어지는 중관 3년을 통해 공성의 견해를 심화하면 대승불교의 견해가 대략 완성됐다고 볼 수 있다.

한국은 대승불교 국가임에도 불구하고 대승불교 입장에서의 기본적인 교리들조차 제대로 알려져 있지 않으므로 이 논서가 그러한 공백을 메워줄 귀중한 역할을 할 수 있으리라 기대한다.

역주를 완성한 대부분의 공덕은 부처님을 비롯한 모든 스승님들, 면식이 있거나 없는 모든 시주님들, 함께 공부하며 탁마해 준 모든 도반님들의 몫이며, 그 밖의 아주 작은 필자의 공덕은 모두 자타가 성불하는 원인으로 변하길 회향발원하며 서문을 마친다.

2016년 여름
범천 합장

○

목차

부록

현증장엄론
現證莊嚴論

Abhisamayālaṅkāra

1. 일체종지 (一切種智)

일체 불보살님께 예경합니다.

1. 적멸 추구하는 성문들을 기지로써 열반으로 인도하시고
   중생 위해 이타 수행하는 이들 도지로써 세간 이익 성취하게 하시며
   원만구족하신 부처님들께서 갖가지의 일체상을 설하실 수 있게 한
   성문, 보살, 부처 등의 성자들의 어머니께 예경합니다.

2. 부처님이 설하신
   일체상(一切相)을 아는 도
   다른 이가 경험할 수 없나니
   십법행(十法行)의 본질의

3. 경전 뜻을 기억하고서
   지혜로운 이들이 보고
   쉽게 이해할 수 있도록 함이
   이 논서를 짓는 목적이라네.

4. 반야바라밀은 팔현증(八現證)으로
   올바르게 설명되나니

일체종지(一切種智), 도지(道智)와

그 다음에 일체지(一切智),

5. 일체상의 원만현증과

정(頂)현증과, 점차현증과,

한 찰나의 현증과,

법신 등의 여덟 가지네.

6. 마음일으킴과, 교계(教誡)와,

네 가지의 결택지(抉擇支),

수행들의 기반이 되는

법계성품의 자성,

7. 소연(所緣)들과, 구경목표와,

피갑행(被甲行)과, 취입행(趣入行),

자량행(資糧行)과, 정출행(定出行) 등은

부처님의 일체종지성(一切種智性).

8. 무색하게 하는 것 등과,

성문도와 독각도,

금(今)과 후생 공덕에 의해

이익이 큰 견도와,

9. 수도 안에 속하는
   작용들과, 신해와,
   찬탄, 공경, 칭송과,
   회향, 수희 등의 위없는

10. 마음가짐들과, 성취와,
    지극청정이라 부르는
    이와 같은 것들에 의해
    보살 현자들의 도지 설명한다네.

11. 앎에 의해 유(有)에 머물지 않고,
    대비(大悲)로써 적멸에도 머물지 않고,
    방편 없음으로 인해 먼 것과,
    방편으로 인해 가까운 것과,

12. 이품(異品)들과, 대치품(對治品)들과,
    가행(加行)들과, 가행 평등성,
    성문 등의 견도 등
    일체지는 이와 같이 본다네.

13. 행상(行相), 가행, 공덕과,
    장애들과, 성상(性相)과

18

순해탈분, 순결택분과,

불퇴전의 유학(有學) 대중과

14. 유와 멸의 평등성,

불국토의 위없는 청정,

방편들에 탁월한 것 등

이는 일체상의 원만한 현증.

15. 표징, 복덕증장과,

견고, 마음 편주(遍住)와,

견도, 수도 각각의

단계들에 포함된

16. 네 가지의 분별의

네 가지의 대치와,

무간정(無間定)과, 전도행(顚倒行),

이것들은 정(頂)현증.

17. 점차현증 법들엔

열세 가지가 있고

찰나현증 법들엔

성상 따라 네 가지.

18. 자성신과, 보신, 화신과,
    행업 가진 법신 등
    이것들에 의해 법신을
    올바르게 설하네.

19. 발심이란 이타를 위해
    정등각을 추구하는 것.
    추구 두 가지는 경전 속에서
    간략하고 자세하게 설했네.

20. 땅과, 황금, 달과, 불,
    보고, 보배 근원과,
    바다, 금강, 산과, 약,
    선지식과, 여의주와, 해,

21. 노래, 대왕, 곳간과,
    큰길, 탈것, 샘물과,
    악기, 강과, 구름 등
    발심에는 스물두 가지.

22. 대승행과, 진실들,
    부처 등의 삼보와,

무탐착과, 지침 없음과,
도(道)의 철저한 호지,

23. 다섯 가지 눈들과,
육신통과, 견도와,
수도 등에 대한 열 가지
교계들을 알아야 하네.

24. 예리하고 둔한 근기와,
신심, 견득(見得), 가가(家家)와,
일간(一間), 중반(中般), 생반(生般)과,
유행반(有行般)과, 무행반(無行般),

25. 요혜(樂慧), 삼종초월(三種超越)과,
요정(樂定), 색탐 끊은 자,
현반(現般), 신증(身證), 인유독각(麟喻獨覺)을
이십 가지 승보라 하네.

26. 소연, 행상, 원인과,
전면호지(全面護持)에 의해
보살들을 구호해 주는
난위 등의 본질 따라서

27. 네 가지의 분별 대하는
    대, 중, 소의 수행은
    무소 등의 독각과
    성문보다 수승하다네.

28. 사성제를 바탕으로 한
    무상(無常) 등을 소연하고, 행상은
    집착 등을 배격하며, 삼승을
    전부 성취하는 원인이 되네.

29. 색법 등의 집산, 무주와,
    머묾, 가립, 불가설,
    색법 등의 자성 없는 까닭에
    그것들에 머묾이 없고,

30. 그것들의 본성 같으며
    무상(無常) 등에 머물지 않고
    그것들의 자성 공하고
    그것들의 본성 같으며

31. 일체법을 붙들지 않고
    상(相)을 보지 않기 때문에

지혜로써 철저하게 알아서
일체법에 대할 것이 없다네.

32. 색법 등의 자성 없음과,
    무자성의 자성과
    무생, 무출리와, 정화와,
    그것들의 무상(無相)과,

33. 상(相)에 의지하지 않는 까닭에
    무신해와 무작의,
    사마디와 그 작용,
    수기, 교만 없음과,

34. 세 가지의 동일한 본성,
    사마디의 무분별,
    가행도는 이상과 같은
    대, 중, 소로 이루어졌네.

35. 기반과 그 대치에 따라
    소취분별 두 가지가 있으며
    미혹들과 온의 구분에 따라
    그것들에 각각 아홉 가지가 있네.

36. 실(實)과 가(假)의 기반 따라서
    능취에도 두 가지가 있으며
    자재아와 온 등의
    기반 따라 위와 같다네.

37. 위축 없는 마음 따위와,
    자성 없음 등의 교설과,
    그것들의 반대쪽을 버린 것
    이를 전면호지라 하네.

38. 여섯 가지 증득법,
    대치행(對治行)과, 능단행(能斷行),
    소단영진(所斷永盡)의 행과,
    지비쌍운(智悲雙運)의 행과,

39. 불공유학(不共有學)의 행과,
    차제이타(次第利他)의 행과,
    애씀 없는 지혜의 행의
    기반 되는 것이 종성이라네.

40. 법성에는 차별 없으니
    종성에도 어찌 차별 있는가 하면

의지하는 법의 구별 따라서
종성에도 종류 말할 수 있네.

41. 소연하는 것은 일체법이니
이를테면 선악 등을 비롯해
세간도의 증득과,
출세간의 추구와,

42. 유루법과 무루법,
유위법과 무위법,
유학(有學)들의 공통의 법과
불공불법(不共佛法)이라네.

43. 일체중생 중의 최고 마음과
단멸, 증득 등의 삼대(三大)를
세 가지의 자생의
구경목표로서 알아야 하네.

44. 육바라밀 각각에
보시 등의 여섯 가지를
수렴해서 갑옷 수행은
여섯 쌍씩 여섯 조로 설명한다네.

45. 사선정과 무색정,
    바라밀과, 도(道)와, 무량심,
    무소연을 갖춘 것,
    세 바퀴의 청정과,

46. 구경목표, 육신통,
    일체상을 아는 지혜에
    들어가는 행은 대승도에서
    향상되어 가는 것이네.

47. 대연민과, 바라밀,
    지(止)와 관(觀)의 명상과,
    결합해서 닦는 길,
    방편들에 탁월함,

48. 지혜자량, 복덕자량과,
    도(道)와, 다라니와, 십지(十地)와,
    대치 등은 자량의
    수행 차제임을 알아야 하네.

49. 열 가지의 수양 의지해
    초지 성취하나니

열의, 자리이타와,
유정들에 대한 평등심,

50. 베풂, 선지식을 의지함,
바른 법의 추구와,
변함없는 출리의 마음,
부처 몸의 추구와,

51. 설법, 진실한 말 등
이와 같은 열 가지들을
자성 소연하지 않고서
수양함을 알아야 하네.

52. 계율, 보은, 인욕과,
환희심과, 대연민과, 섬김과,
스승 공경하고 따르기,
보시 등의 바라밀에 애쓰기.

53. 만족할 줄 모르는 다문(多聞),
보답 바람 없는 법시(法施)와,
불국토의 정화와,
윤회계에 좌절하지 않음과,

54. 교만하지 않는 본질의
    참괴(慚愧) 등의 다섯 수양들,
    숲에 머묾, 소욕, 지족과,
    두타행을 철저하게 지키며,

55. 학처(學處) 결코 버리지 않고,
    욕락들을 하찮게 보며,
    열반, 모든 재물 베풀고,
    위축되지 않음과, 무견(無見).

56. 친교, 재가자에 탐착과,
    산만하게 하는 장소와,
    자찬, 남을 업신여김과,
    열 가지의 불선업,

57. 교만심과, 전도견,
    악혜(惡慧), 번뇌 수용 등
    이와 같은 열 가지를 끊으면
    오지(五地) 올바르게 성취한다네.

58. 보시, 지계, 인욕, 정진과,
    선정, 지혜 등을 구족함에 의해서

성문도와 독각도에 대해서
애호심과 두려움을 여의고,

59. 구걸하면 위축됨 없고,
베풀 때에 싫은 마음 없으며,
빈곤해도 베풂 거절하지 않음으로써
육지(六地) 올바르게 성취한다네.

60. 아(我)와 중생 취함과,
생명, 개아, 단멸, 상주(常住)와,
표상, 원인, 오온과,
십팔계와, 십이처,

61. 삼계 안의 거주, 탐착과,
위축되는 마음과,
삼보, 계율 등에 대해서
그와 같이 보는 집착과,

62. 공성과의 논쟁과,
그에 어긋나는 과실 등
이와 같은 스무 가지 끊으면
그로 인해 칠지(七地) 성취한다네.

63. 삼해탈문 지각과,
    세 바퀴의 청정성,
    연민, 교만하지 않음과,
    평등성과, 하나의 도리,

64. 무생, 인(忍)의 지혜와,
    일체법을 한 가지로 설하고,
    모든 분별 부수고,
    상(想), 견(見), 번뇌 여의고,

65. 지(止)의 확고한 사유,
    관(觀)을 능숙하게 익히고,
    마음 제어, 일체에
    걸림 없는 지혜와,

66. 탐착 대상 아님을 알고,
    다른 불국토에 자유롭게 다니고,
    모든 곳에 자신의 몸을
    나타내는 등의 스무 가지 수양들.

67. 일체중생 마음을 알고,
    신통력의 유희와,

불국토의 형성과,

깊은 고찰 위해 부처에 의지,

68. 근기 알고, 불국토 정화,

환과 같이 머물고,

생각하는 대로 생을 받는 등

여덟 가지 수양 이와 같이 말하네.

69. 한량없는 서원과,

천신 등의 언어를 알고,

유수 같은 언변과,

최상위의 입태(入胎)와,

70. 종족, 가문, 모계 혈통과,

권속들과, 출생과,

출리심과, 보리수,

공덕 원만하게 갖추기.

71. 구지(九地) 넘어 지혜가

불지(佛地)까지 이르면

이는 보살 단계 중에서

열 번째로 알아야 하네.

72. 견도, 수도 단계에
    소취, 능취 분별을
    적멸하기 위해서
    여덟 가지 대치가 있네.

73. 구경목표, 평등성,
    중생 위함, 애씀 없음과,
    양변 벗어나는 정출과,
    증득하는 상(相)의 정출과,

74. 모든 것을 아는 지혜와,
    도의 주체되는 정출 등
    이와 같은 여덟 가지를
    정출행(定出行)으로서 알아야 하네.

2. 도지(道智)

1. 천신들이 적합하도록
    광명으로 압도하시는 등과,
    대상 확정, 보편과,
    자연성과, 그 기능.

2. 도지(道智) 그 자신의 방식 안에서
   사성제의 행상을
   소연함이 없는 상태로
   성문의 길 알아야 하네.

3. 성문 성자들의 길에는
   색법 등이 공하고
   공성에는 차별 없는 까닭에
   난위 되며, 무소연에 의해서

4. 정위 되는 것으로 보네.
   상주(常住) 등에 머묾을
   배격함으로써 인위가 되고,
   십지들을 대상으로 한

5. 무주 설법으로 인해서
   세제일법위가 되나니
   왜냐하면 부처님이 지혜로
   일체법을 보지 않기 때문이라네.

6. 스스로에 의해 지각하므로
   남의 가르침도 필요가 없고

독각들의 지혜는
좀 더 심오하다 말하네.

7. 어떤 이가 어떤 의미를
어떠하게 듣고자 하는
그들에게 바로 그러한 의미
말없이도 그와 같이 나타난다네.

8. 소취분별 끊는 까닭과,
능취 제거하지 않는 까닭과,
기반 등에 의해 독각의 길을
올바르게 섭수하여 알아야 하네.

9. 가립되는 법성 모순 없음을
나타내는 행상으로 난위가 되고
정위 되는 것은 색 등의
불감(不減) 등에 의해 구분한다네.

10. 내공(內空) 등에 의해 색 등을
취함 없음으로 인위가 되고,
색의 무생 등의 행상을
가진 것이 세제일법위.

11. 진실들의 각각에

인(忍)과 지(智)의 네 가지로써

공덕 갖춘 견도를

도지에서 설명한다네.

12. 깨달음과 진여엔

서로 의존함이 없으니

차별 인정하지 않으며,

광대함과, 무량과,

13. 한없음과, 무변과,

그에 머물러서 색 등을

부처로서 확실하게 깨닫고,

취함 없고 버림 없음과,

14. 네 가지의 무량심,

공성, 부처 성취와,

모든 정화 수렴과,

모든 병과 고난의 해소,

15. 열반 취한 집착의 소멸,

부처님의 보호와,

살생하지 않는 등의 선업과,
일체종지 등의 이치에

16. 머무르며 중생 이끌고,
    보시 등의 공덕을
    원만보리 위해 회향하는 등
    도지 찰나들은 이와 같다네.

17. 전면적인 조복과,
    일체 공경, 번뇌 정복과,
    해를 입지 않음과,
    보리, 공양의 대상.

18. 신해수도에는 자리와,
    자리이타, 이타 등
    세 가지가 있고, 또 다시
    소와, 중과, 대 등의

19. 세 가지가 있으며
    소소 등의 구분에 의해
    다시 세 가지로 나누어
    스물일곱 가지로 보네.

20. 반야바라밀에 대해서
   신해하는 시기에
   구부(九部) 삼조(三組) 따라 찬탄과
   공경하고 칭송하시네.

21. 수승하고 철저한 회향
   그 작용은 최상이라네.
   이는 무소연의 행상을 갖고
   전도되지 않은 성질이라네.

22. 적정함과, 부처의
   복덕자량 본질 기억하는 것,
   방편 갖춘 것과, 무상(無相)과,
   부처님을 수희함,

23. 삼계 안에 부속되지 않은 것,
   소, 중, 대의 세 가지
   다른 회향들은 커다란
   복덕 생겨나는 성품이라네.

24. 무소연과 방편들로써
   선근들에 기뻐하는 것

이를 일러 수희하는 작의를
수습하는 것이라고 말하네.

25. 그의 본질, 수승함,
모든 것에 무조작,
법을 무소연에 의해서
확립함과, 큰 목적.

26. 부처님께 의지함,
육바라밀, 선교방편 등
이는 신해하는 원인들.
법을 장애하는 원인은

27. 마의 힘에 눌리고
심오한 법 신해하지 않으며
오온 등에 대한 집착과
악한 벗과 친한 등이네.

28. 과(果)청정은 또한 색 등의
청정함이기도 하나니
왜냐하면 두 가지는 별개 아니고
나눌 수가 없으므로 청정이라 하셨네.

29. 번뇌, 소지, 삼도(三道)의
    제거로써 성문, 독각과,
    보살들의 청정함이라 하며
    부처님은 전면적인 지극한 청정.

30. 아홉 가지 영역들에서
    대대품과 같은 오염의
    대치법이 되는 소소품 등의
    이와 같은 도가 청정이라네.

31. 이에 대한 반론을
    물리치는 답은 주객의
    평등성에 의해 삼계의
    대치법을 주장하는 것이네.

3. 기지(基智)

1. 이쪽이나 저쪽 변에도,
   중간에도 머무르지 않으며
   시간들의 평등성을 알므로
   반야바라밀이라 하네.

2. 상(相)을 대한 까닭에
   방편 여읨으로써 멀고
   선교방편 갖춤으로써
   가깝다고 설명한다네.

3. 색온 등의 공성과
   삼세 안에 속한 법들과
   보시 등의 각지(覺支)들에 대해서
   작의하는 생각들은 이품이라네.

4. 보시 등에 아집이 없고
   다른 이를 그곳으로 이끄는 것은
   탐(貪)의 변(邊)을 여의었기 때문에
   부처님에 대한 탐착 등도 미세하다네.

5. 법의 도(道)는 자성이
   비어있는 까닭으로 깊으며
   일체법의 자성 동일하다는
   앎에 의해 탐착 여의네.

6. 보이는 것 등을 부정하므로
   이해하기 어렵다고 말하고

색 따위를 지각하지 않는 까닭에
불가사의하다 주장한다네.

7. 이와 같이 일체지의 교의 안에서
   이품들과 대치품의 구분을
   설명들에 따라 남김이 없이
   여기에서 이해해야 한다네.

8. 색 따위와, 그의 무상(無常)과,
   원만하고 원만하지 않음과,
   탐착 없는 그 자체에 대해서
   작의 배격하는 가행과,

9. 불변, 행위자의 부재성,
   세 가지의 난행 가행과,
   인연 따라 결과 성취하므로
   결과들의 존재 승인과,

10. 다른 것에 의존하지 않음과,
    일곱 가지 현상들의 비유 가행 등이며,
    색 따위를 대상으로 교만이 없는
    네 가지는 가행들의 평등성이네.

11. 고제 등의 사제에
    법지(法智)들과 유지(類智)의
    인지(忍智) 찰나들의 본체가
    일체지의 도리에서 견도가 되네.

12. 색의 비상(非常), 비무상(非無常),
    양변 벗어남과, 청정과,
    생겨남과 멸함 등이 없음과,
    허공과의 유사성과, 탐착 배격과,

13. 집착에서 벗어남,
    본질 말로 표현할 수 없음과,
    뜻을 설명함에 의해서
    다른 이들에게 줄 수 없음과,

14. 무소연의 작용과,
    지극청정, 무병과,
    악도 단멸, 결과를
    성취함에 무분별,

15. 상(相)에 얽매이지 않음과,
    대상, 명칭 두 가지에 대해서

심식 일어나지 않음이

일체지의 찰나들이네.

16. 이상으로 일체종지와

도지, 기지 등의 삼종지

이와 같이 삼장을 통해

모두 설해 마쳤네.

4. 원만가행(圓滿加行)

1. 기반 지각하는 종류들

행상이라 하는 성상들이며

일체지에 세 가지가 있으니

행상 역시 세 가지로 본다네.

2. 무(無)의 행상에서 비롯해

움직임이 없는 행상에까지

고, 집, 멸제 각각 사행상,

도제에는 십오행상으로 말하네.

3. 원인, 도제, 고제와,

멸제 등에 차례로
팔행상과, 칠행상,
오행상과, 십육행상 있다네.

4. 사념주(四念住)를 비롯해
부처님의 구경행상에까지
도제들의 공통성에 따라서
세 가지의 일체지로 나누면

5. 제자들과, 보살과,
부처 등에 차례로
삼십칠과, 삼십사,
삼십구의 행상으로 본다네.

6. 부처님들 지극하게 받들고
그에 선업들의 뿌리를 두며
선지식의 가호 받는 이들이
이 법 들을 그릇이라네.

7. 부처님을 의지하고, 여쭈고,
보시, 지계 등을 행하는 자는
법을 받아 지닐 그릇으로서

성자님들께서 인정하시네.

8. 색법 등에 머물지 않고,
   가행 배격하기 때문에,
   진여 심오하기 때문에,
   헤아리기 어려우므로,

9. 한량없기 때문에,
   오래도록 애써 증득하기 때문에,
   수기받기 때문에,
   불퇴전과, 출리, 무간과,

10. 보리 가까움과, 속성과,
    이타, 무증무감 때문에,
    법과 비법 보지 않으며,
    색법 등의 부사의를 보지 않으며,

11. 색법 등의 표상과
    자성 분별하지 않는 것,
    보배 같은 성과 주는 것,
    청정, 기한 정한 것.

12. 마(魔)의 위력 파괴하는 등
    공덕에는 열네 가지가 있고
    장애에는 마흔여섯 가지가
    있다는 것 알아야 하네.

13. 무엇으로 규정하는 성상에
    지식대상 또한 세 가지.
    지상(智相), 수승상(殊勝相)과 작용상(作用相),
    규정되는 것인 자성도.

14. 부처님의 출현과,
    이 세상의 불괴성,
    유정들의 마음의 작용,
    마음 수렴, 외향과,

15. 다함없는 성상과,
    탐착 등과, 광활함,
    큰마음과, 무량과,
    나타낼 수 없는 식(識),

16. 볼 수 없는 마음, 심식의
    동요 등의 악견과,

또한 그와 같은 악견을
진여 행상으로 아는 것,

17. 능인께서 진여 깨달아
타인에게 설했음을 아는 것,
이것들이 일체지의 가행의
지상들을 모은 것이네.

18. 공한 성품, 무상(無相)과,
철저하게 원(願)을 여읨과,
무생, 무멸 등의 성상들,
법성에는 잡란 없음과,

19. 무조작과, 무분별,
구분, 성상 없음 등
이것들을 도지가행의
지상으로 본다네.

20. 여래의 법 의지해
머무는 것, 공경과,
스승 삼기, 받들기,
헌공, 행위 없음과,

21. 모든 것을 향한 지혜와,
    볼 수 없는 것을 보여주는 것,
    이 세상의 공한 행상과,
    설법, 알게 하고, 현증시키고,

22. 부사의와, 적정 설하고,
    세간 생각 배격하는 등
    이것들을 일체종지가행의
    지상으로 설명한다네.

23. 부사의와 같은 특성을 통해
    진리 대상으로 하는 수승한
    십육 찰나들에 의해서
    수승상을 설명한다네.

24. 부사의와, 부등(不等)과,
    헤아림과 수량 초월함,
    모든 성자 수렴, 현자의
    식별 대상, 불공(不共)의 앎과,

25. 빠른 지각, 무증감,
    수행, 바른 성취와,

소연, 기반 가진 것,
모든 것과, 철저한 호지,

26. 맛을 보지 않는 등
    열여섯 가지의 특성이
    다른 모든 길에 비해서
    수승하여 수승도라네.

27. 이익, 안락, 구제와,
    사람들의 귀의처,
    지위, 우군(友軍), 육지와,
    철저하게 이끌기,

28. 자연성취, 삼승의
    과위 실현하지 않음과,
    기반 되는 행업 등
    이것들이 작용상이네.

29. 번뇌, 표징, 표상과,
    이품들과 대치법들의
    적정, 어려움과, 확정과,
    구경목표, 무소연,

30. 집착들의 배격과,

소연이라 하는 것,

불일치와, 걸림 없음과,

무기반과, 부동, 무생과,

31. 진여 소연하지 않음 등

열여섯 가지의 자성이

규정대상처럼 표상되므로

네 번째의 성상으로 본다네.

32. 무상(無相), 보시바라밀 등을

올바르게 수행함에 능숙한 것이

일체원만현증 중에서

순해탈분이라 말하네.

33. 부처 등에 대한 신심과,

보시 등의 정진과,

원만하게 생각하는 억념과,

무분별의 사마디,

34. 일체법을 모든 면에서

아는 지혜 등의 다섯 가지의

근기 수승한 자 원만한 보리
성취하기 쉽고 둔근기는 어렵네.

35. 난위 등은 일체중생을
    소연하는 까닭으로 찬탄을 하고
    유정들에 대한 평등심 등의
    열 가지로 설명한다네.

36. 자기 자신 죄업에서 돌아서
    보시 등에 머무르면서
    타인들을 그와 같이 이끌고
    찬탄, 화합하여 정위가 되며

37. 그와 같이 인위는
    자타 기반으로 진리를 알고
    세제일법위는 중생을
    성숙시키는 등으로 이해한다네.

38. 결택지(決擇支)를 비롯해
    견도, 수도 등의 단계에
    머무르는 보살이
    불퇴전의 대중이라네.

39. 색 등으로부터 돌아서는 등
    스무 가지 표징으로 말하는
    결택지에 머무는
    불퇴전의 성상은

40. 색 등으로부터 돌아섬,
    의심, 팔무가가 다하고,
    자기 자신 선에 머물며
    타인 역시 선업으로 이끌고,

41. 타인 바탕으로 하는 보시 등,
    깊은 뜻에 의심 없음과,
    자애로운 신업 등,
    오개 친근하지 않음과,

42. 모든 습기 부수고,
    억념, 살핌 갖추고,
    의복 등의 청결과,
    몸에 벌레 생기지 않고,

43. 교활함이 없는 마음과,
    두타행과, 인색하지 않음 등,

법성 갖춘 채로 행하고,

중생 위해 지옥 향하고,

44. 다른 것에 이끌리지 않으며,

다른 길로 인도하는 마군을

마군으로 알아차리고,

부처님을 만족하게 하는 행위 등

45. 스무 가지 표징에 의해

난위, 정위, 인위와,

세제일법위에 머무는 이는

원만보리에서 물러남이 없다네.

46. 견도에서 인지(忍智)의

열여섯의 찰나를

불퇴전의 보살의

성상으로 알아야 하네.

47. 색 따위의 생각 물리침,

굳은 마음, 소승도에서

멀리함과, 선정 등의 지분을

완전하게 고갈시키고,

48. 몸과 마음 가볍고,

원하는 것 얻는 뛰어난 방편,

끊임없는 범행과,

철저하게 청정한 생계,

49. 오온 등과, 장애와,

자량들과, 근(根) 등의 투쟁,

인색 등에 대해서

결합하고 또 결합하는

50. 머묾 각각으로 배격함,

법의 소연 추호도 없고,

확고하게 자신의 지위

세 가지에 머묾과,

51. 법을 위해 목숨 버리는

이와 같은 십육 찰나가

지혜로운 견도 단계의

불퇴전의 표징이라네.

52. 수도 심오하다 하는 까닭은

그 대상인 공성 심오하여서

증익, 손감 두 가지의 극단을
벗어났기 때문이라네.

53. 결택지와, 견도와,
수도 등을 통해서
반복해서 사유하고, 헤아려
확고하게 지각 수습하는 길.

54. 연속적인 까닭으로 수도는
소품, 중품, 대품을
소(小)의 소(小) 등으로 나누어
모두 구품으로 승인한다네.

55. 무량 등을 설하신 것은
승의에서 불가하지만
세속에서 자비심의 등류(等流)로
능인께서 승인하시네.

56. 실체 말할 수가 없음에
증감이란 타당하지 않나니
수도라는 것에 의해서
무엇 쇠퇴하고 무엇 얻는가?

57. 깨달음이 그러함과 마찬가지로
수도 역시 원하는 뜻 이루며
깨달음의 진여성상과 같이
수도 역시 같은 성상으로 본다네.

58. 이전 마음으로 보리 이루는 것도
이후 마음으로 이루는 것 역시 불합리하며
등잔불의 비유로써 알 수 있듯이
깊은 법성에는 여덟 가지가 있네.

59. 생겨남과, 소멸과,
진여, 지식대상과,
심식, 행위, 불이(不二)와,
선교방편 등이 심오하다네.

60. 일체법이 꿈과 같은 까닭에
유와 적멸 분별하지 않나니
업이 성립하지 않는다는 따위의
반론에는 답변 이미 설명되었네.

61. 유정세간(有情世間) 그러하듯이
청정하지 않은 기세간(器世間)

청정하게 함을 통해서
불토 청정하게 한다네.

62. 대상들에 가행하는 이것은
    적들에서 벗어남,
    무주(無住), 서원의 위력,
    공통되지 않은 성상과,

63. 무탐착과, 무소연,
    상(相)과 원(願)의 고갈과,
    불퇴전의 표징, 무량 등
    열 가지의 선교방편이라네.

5. 정가행(頂加行)

1. 꿈에서도 모든 법들을
   꿈과 같이 보는 등
   정가행의 표징은
   열두 가지가 있네.

2. 남섬부주 모든 중생이

부처님께 공양 올린 선근 등
여러 가지 비유들을 통해서
열여섯의 증장 설하네.

3. 삼종지의 법들의
   원만구족 위없고
   중생구제 포기 없는 까닭에
   견고하다 말하네.

4. 사주(四洲)들과, 소천과,
   중천, 대천세계 비유를 통해
   광대하게 복덕 지닌 것으로
   사마디에 대해 설명하셨네.

5. 전취, 퇴환 소취분별에
   각각 아홉 가지가 있고
   그것들의 대상들의 본성은
   여실하지 않다는 것 알아야 하네.

6. 범부, 성자 등의 차별 따라서
   실유, 또는 가유로
   중생 취한 분별들이 있으며

그에 각각 아홉 가지가 있네.

7. 만약 취한 내용들이 진실하다면
   그것들은 무얼 취한 것인가?
   그것들이 그와 같이 인식한
   자성들은 공한 성상이라네.

8. 도(道)의 본성, 종성과,
   도(道)의 바른 성취와,
   착란 없는 심식의 대상,
   이품들에 대한 대치법,

9. 자신의 성취와, 작용과,
   그 행위의 결과 등
   행할 바를 기반으로 한
   분별에는 아홉 가지가 있네.

10. 유(有)와 적멸 양변을
    벗어나지 못한 하열한 성취,
    전면호지 부재와,
    도(道)의 종류 불완전,

11. 다른 인연으로 이끌림,

    구경목표 방기와,

    단편성과, 갖가지 증득,

    머무름과 나아감의 미혹과,

12. 후행(後行) 등에 대해서

    아홉 가지 분별들의 본성은

    성문 등의 마음속에 생겨난

    버릴 바를 기반으로 한다네.

13. 취사선택하는 자,

    작의하는 자와, 삼계에

    밀접하게 연결된 자와,

    머무름과, 집착하는 자,

14. 일체법을 가립하는 자,

    탐착, 대치법과, 원하는 대로

    가지 못하는 자 등에 의해서

    첫 번째의 능취분별 알아야 하네.

15. 구경목표 추구하지 않음과,

    도(道)를 도(道)가 아니라고 취함과,

소멸 가진 생겨남,

실법 갖고, 갖지 않은 것,

16. 머무름과, 종성 소멸과,

추구 없고, 원인이 없고,

대립자를 대하는 등을

다른 능취분별이라 한다네.

17. 타인에게 보리 설하고,

그의 원인 베풀고,

성취하게 하는 무간도의 원인은

복덕 많은 성상이라네.

18. 오염들이 다해 생겨나지 않음을

아는 지혜 일컬어서 보리라 하며

다함없고, 생겨남도 없나니

차례대로 그와 같이 알아야 하네.

19. 단절 없는 자성에

견도라는 것에 의해서

어떤 분별 없애고

무생상의 어느 것을 얻는가?

20. 다른 이의 법들도 있고
한편으론 부처님이 설하신
소지장의 제거 또한 말하는 것이
나에게는 기이하게 보이네.

21. 제거되는 무엇도 없고
건립되는 것도 전혀 없으며
진실성을 진실하게 주시해
진실 보아 해탈한다네.

22. 보시 등의 각각에
그것들이 서로 수렴된
한 찰나의 인(忍)에 의해서
수렴되는 것이 여기에서 견도네.

23. 그 다음에 사자분신(獅子奮迅)의
사마디에 들어간 이후
순차적인 연기와
역차연기 분별한다네.

24. 멸정(滅定) 등의 구정(九定)에
두 가지의 방식으로 왕복한 이후

욕계 안에 포함되는 식(識)으로
사마디가 아닌 간격을 두고

25. 건너뛰는 식의 사마디
한개, 두개, 셋과, 네다섯,
여섯, 일곱, 여덟 개를 건너서
멸정까지 다양하게 이동한다네.

26. 간략하고 광대한 설법,
부처님의 가호 없음과,
삼세 중의 공덕 없음과,
세 가지의 훌륭한 길에

27. 소취분별 한 가지이며
가행상의 대상 가졌네.
두 번째는 심왕, 심소가
들어가는 대상들로 보나니

28. 보리심을 내지 않음과,
대각 작의하지 않음과,
소승도에 대한 작의와,
원만보리 작의하지 않음과,

29. 수습, 수습하지 않음과,
그것들의 반대 등
여실하지 않은 분별을
수도에서 알아야 하네.

30. 유정으로 가립한 대상,
법의 가립, 비공(非空)과,
집착하고 분별하는 성품과,
실법 추구, 삼승과,

31. 불청정한 공양과,
착란되는 행위 등에서
첫 번째의 능취분별을
이해하라 설하셨다네.

32. 유정으로 가립하고, 그것의
원인 되는 주관들이 수도에 의해
파괴됨으로써 그와 관련된
아홉 가지 다른 이품은

33. 여실하게 본성 아는 세 가지
일체지의 세 가지의 장애와,

적멸도와, 진여 등과의
상응하고 불상응함과,

34. 불평등과, 고제 등,
번뇌들의 본성과,
불이(不二) 등에 대한 미혹 등에서
마지막의 분별 주장한다네.

35. 이와 같은 병들 다하여
오랜만에 평안해진 것처럼
모든 방면으로 퍼지는 안락
성취하는 모든 풍성한 공덕

36. 큰 바다에 흘러드는 강처럼
비할 바가 없는 과보들로 장엄된
이와 같은 대보살님들에게
전적으로 의지할 수 있다네.

37. 삼천대천세계 중생을
성문, 독각들의 원만성취와,
결함 없는 보살들의 지위로
이끌어 준 선(善)에 비유한

38. 많은 복덕들에 의해서
    모든 것을 아는 성품의
    부처 이루는 데 장애가 없는
    중단 없는 사마디.

39. 그의 소연에는 비실재,
    증상연은 억념이라 말하고,
    적정함이 행상이라 하는 여기에
    이론가들 연달아서 반론한다네.

40. 소연들의 타당함,
    그 자성의 인식과,
    일체상을 아는 지혜와,
    승의제와 세속제,

41. 가행들과, 삼보와,
    방편 구족, 능인의 증득,
    전도집과, 도(道) 등과,
    대치법과 이품과,

42. 성상, 수습 등에 대해서
    이론가의 전도된 분별

일체종지 대상으로 한

열여섯의 종류들로 본다네.

6. 점차가행(漸次加行)

---

1. 보시에서 반야까지와,

부처 등에 대한 수념(隨念)과,

법의 무실성(無實性)에 의해서

점차가행 승인하셨네.

7. 찰나가행(刹那加行)

---

1. 보시 등의 각각들에 의해도

일체 무루법이 수렴되므로

능인에게 있는 찰나의

이 증득에 대해 알아야 하네.

2. 비유하면 물레방아의

한 부분을 움직이면 전체가

함께 움직이는 것처럼

한 찰나의 앎도 그와 같다네.

3. 어느 때에 일체의
   백법성(白法性)의 반야바라밀
   이숙법성 단계 일어난 때에
   한 찰나의 지혜라 하네.

4. 보시 등의 행위의
   일체법에 꿈과 같이 머물러
   일체법의 무상성(無相性)
   한 찰나에 지각한다네.

5. 꿈과, 꿈을 보는 주체를
   다른 두 가지로 보지 않듯이
   일체법의 둘 없는 도리
   한 찰나에 본다네.

8. 법신(法身)

1. 부처님의 자성법신은
   무루법을 성취하고, 완전히

청정하며, 그것들의 본질적
성상 가진 것을 말하네.

2. 삼십칠의 보리분법과,
   사무량과, 팔해탈,
   아홉 가지 사마디,
   열 가지의 변처(遍處)와,

3. 세밀하게 승처(勝處)를
   분류하여 여덟 가지와,
   무염정(無染定)과, 원지(願智)와,
   육신통과, 사무애지(四無碍智)와,

4. 네 가지의 청정과,
   십자재와, 십력과,
   두려움이 없는 네 가지,
   보호하지 않는 세 가지,

5. 세 가지의 염주(念住)와,
   불망실의 법성과,
   습기들의 완전한 단멸,
   유정들에 대한 대연민,

6. 부처님에게만 갖춰진
   불공법의 열여덟 가지,
   일체상을 아는 지혜 등
   이것들을 법신이라 말하네.

7. 성문들의 무염정은 보는 이들의
   번뇌들을 멀리하는 특성을 갖고
   부처님의 무염정은 마을 등에서
   사람들의 번뇌 흐름 끊어버리네.

8. 부처님의 원지는
   자연성취하고, 집착 여의고,
   걸림 없고, 변함없이 머물며
   모든 질문들에 대답하시네.

9. 원인들이 성숙되어서
   어떤 이들에게 무엇이
   어느 때에 이익이 되는
   그와 같은 방식으로 나타난다네.

10. 하늘신이 비를 내려도
    불온전한 씨앗 발아할 수 없듯이

많은 부처님들 출현하여도
선연 없는 이는 감화 받지 못하네.

11. 그와 같이 행위 광대하여서
부처 편만하다 말하고
끊임없이 이어지는 까닭에
항상하다고도 말하네.

12. 서른두 가지의 길상과
여든 가지 수호(隨好)로
대승 향유하는 까닭에
부처님의 보신이라 한다네.

13. 손과 발의 바퀴 무늬, 거북 같은 발,
손가락과 발가락이 막에 연결돼 있고,
손과 발의 부드럽고 젊은 피부와,
몸의 높은 일곱 부분, 긴 손가락과,

14. 넓은 발뒤꿈치, 크고 곧은 몸,
드러나지 않은 복사뼈와, 위로 향한 털,
사슴 같은 종아리와, 아름다운 긴 팔과,
몸속으로 감추어진 남근과,

15. 황금색의 얇고 부드러운 피부와,
    각각 오른 방향으로 선회하여 있는 털,
    눈썹 사이 하얀 털과, 사자 같은 상체와,
    둥근 어깨 모서리와, 넓은 어깨와,

16. 좋지 않은 맛에서도 최고의 맛 느끼고,
    반얀나무처럼 가로 세로 길이 같은 몸,
    튀어나온 정수리와, 길고 아름다운 혀,
    범음 같은 목소리와, 사자 같은 뺨,

17. 매우 희고, 가지런한, 촘촘한 치아,
    모두 합해 마흔 개를 갖추고,
    청옥 같은 눈과, 소왕 같은 눈매 등
    이것들이 부처님의 삼십이상이라네.

18. 이와 같은 각각의 상을
    이뤄지게 하는 원인들
    빠짐없이 모두 갖춤으로써
    완전하게 상(相)이 이뤄지나니

19. 스승 배웅하는 따위와,
    바른 계율 수지와,

사섭법과, 재물의
아낌없는 보시와,

20. 생명 구해 주는 행위와,
선의 바른 실천, 증장 등
삼십이상 얻는 원인은
경전에서 설한 바와 같다네.

21. 부처님의 구릿빛의 손톱은
윤기 있고, 높고, 손가락들은
둥그렇고, 넓고, 점차 가늘어지고,
핏줄 드러나지 않고, 얽힘이 없고,

22. 돌출되지 않은 복사뼈,
불균형이 없는 두 다리,
사자, 코끼리와, 새처럼,
소왕처럼 가고, 오른돌이 하시며,

23. 우아하고, 반듯하고, 단정하시며,
닦은 것과 같고, 균형 잡힌 몸,
청결하고, 부드럽고, 청정하시며,
원만구족한 상(相), 커다란 체격,

24. 보폭 일정하고, 맑은 눈,
    살은 젊고, 몸에 야윔이 없고,
    풍만하고, 지극하게 견실한 몸과,
    선명하게 구별되는 몸의 부분들,

25. 가림 없는 깨끗한 시야,
    허리 둥그렇고, 가늘고,
    지나치게 길지 않으며,
    배는 평평하고, 배꼽은

26. 깊고, 우측으로 돌아 있으며,
    어느 방향에서 봐도 보기에 좋고,
    모든 행위 청정하고, 몸에는
    점과 티가 전혀 없으며,

27. 솜과 같이 부드러운 손,
    선명하고, 깊고, 기다란 손금,
    너무 길지 않은 얼굴과,
    복숭아와 같이 붉은 입술과,

28. 부드럽고, 얇고, 붉은 혀,
    우레 같고, 듣기 좋은 음성은

부드럽고, 송곳니는 둥글고,

뾰족하고, 희고, 양쪽이 같고,

29. 아래쪽이 점차 가늘어지며,

높은 코는 청결하고, 두 눈은

넓고, 속눈썹은 짙으며,

연꽃잎과 같이 생긴 눈,

30. 길고, 부드러운 눈썹은

윤기 있고, 모든 털이 고르고,

길고 커다란 손, 동일한 두 귀,

청각에는 쇠퇴함이 없으며,

31. 머리칼의 경계 선명한

넓은 이마, 커다란 머리,

파리처럼 검은 머리칼,

숱이 많고, 부드럽고, 엉키지 않고,

32. 거칠지가 않고, 향기로워서

유정들의 마음 매혹시키며,

손과 발의 길상 문양 등

이것들을 부처님의 수호(隨好)라 하네.

33. 윤회계가 존재하는 한
    유정들의 이익 위해서
    갖가지로 행하시는 몸
    부처님의 화신에는 중단이 없네.

34. 그와 같이 윤회계가 존재하는 한
    그의 행업에도 역시 중단 없나니
    유정들을 적정의 업과,
    네 가지의 섭법으로 이끌고,

35. 번뇌들과 더불어
    청정법에 대한 지각과,
    유정들의 여실한 실상,
    여섯 가지 바라밀,

36. 성불의 길, 자성공,
    이종현현 소멸과,
    기호, 소연 없음과,
    유정들의 성숙과,

37. 보살도와, 집착의
    배격, 보리 성취와,

불국토의 정화와,

확정됨과, 중생 위해서

38. 무한하게 행함과,

부처 의지하는 등의 공덕과,

보리 지분, 모든 업들의

헛됨 없음, 진리 직관과,

39. 전도견의 제거와,

그의 기반 없는 이치와,

청정함과, 자량과,

유위법과 무위법들을

40. 달리 보지 않음과,

열반으로 인도하는 등

이와 같이 법신의 행업

스물일곱 가지들로 본다네.

현증장엄론 역주

現證莊嚴論 譯註

Abhisamayālaṅkāra

nāma

Prajñāpāramitā

upadeśaśāstra

『현증장엄론』은 성불을 위한 수행의 단계와 그 성과인 부처의 법신에 대해 설명한 논서다. 모두 8장으로 구성되며, 크게는 3종지, 4가행, 과위법신, 이렇게 세 부분으로 또 장을 분류한다. 3종지란 일체종지·도지·기지 등의 세 가지 지혜를 말하고, 4가행이란 원만가행·정가행·점차가행·찰나가행 등의 네 가지 수행을 말하며, 과위법신이란 이러한 가행들에 의해 성취된 결과인 부처의 법신을 말한다. 이는 앞으로 1장에서부터 8장까지 순서대로 설명할 것이다.

이 여덟 가지 단계를 다른 말로 현증의 차제라고 하는데, 이러한 현증의 차제는 반야부 경전들에서 암시적으로 설해져 있다고 말하며, 『현증장엄론』이 바로 그러한 반야부 경전들의 암시적 내용들에 대한 주석서라 한다.

한편, 반야부 경전들이 명시적으로 주로 설한 것은 공성이다. 논서는 현증의 여덟 가지 차제에 대해 설명하면서 또 각 장마다 칠십 가지의 주요한 개념을 배치해 놓는다. 이 여덟 가지 현증과 칠십 가지 내용을 다른 말로 팔사칠십의(八事七十義)라고 한다. 논서를 주석하면서 앞으로 그때그때 설명해 나갈 것이며, 또 따로 '팔사칠십의'만을 간략하게 정리해서 본서에 첨부할 것이다.

논서의 제목은 범어로는 '아비사마야알랑까라나마쁘라즈냐빠라미따우빠데샤샤스뜨라(Abhisamaya-ālaṅkāra-nāma-Prajñāpāramitā-upadeśa-śāstra)'이다.

여기서 '아비사마야'가 현증인데, 실현하고 증득한다는 의미다. 일반적으로 현증은 도(道)의 정의이기도 하며, 이 논서에서는 앞서 말한 3종지, 4가행, 과위법신 등의 여덟 가지 단계를 가리킨다.

간혹 이 논서를 『현관장엄론』이라 번역하기도 하는데, 현관이란 이 아비사마야, 티베트어로는 왼빠르똑빠(mngon par rtogs pa)를 직관적 지각을 의미하는 것으로 해석한 번역인 듯하다. 직관적 지각이란 분별식을 여의고 눈으로 보듯이 생생하게 지각하는 것을 의미한다. 일반적으로는 아비사마야를 현관이라 번역할 수도 있지만 이 논서의 내용으로 볼 때는 맞지 않다. 왜냐하면 이 아비사마야가 가리키고 있는 여덟 가지 단계가 모두 직관적 지각인 것은 아니기 때문이다. 예를 들면 자량도와 가행도 단계에서 공성을 지각한 원만가행은 직관적 지각이 아니라 분별식이다. 그런데 이것을 현관이라 부르면 분별식이 분별식이 아닌 것이 되어 모순이 되어 버린다.

다시 말하지만 이 논서는 성불도에 있어서의 실현과 증득의 단계에 대한 내용이므로 『현관장엄론』이 아니라 『현증장엄론』이라 해야 옳다.

논서의 제목에서 다음으로 '알랑까라'란 장식 즉, 아름답게 꾸몄다는 의미다.

'나마'란 '~라고 하는' 또는 '~라고 불리는'의 의미다.

'쁘라즈냐'는 지혜, 음역해서 반야라 하고, '빠라미따'는 도피안, 즉 피안으로 건너갔다는 의미이며, 음역해서 바라밀이라 한다. 즉, '쁘라즈냐빠라미따'는 음역해서 반야바라밀이다. 의미는 이후 설명하기로 한다.

'우빠데샤'는 구결 즉, 구전의 가르침을 의미한다.

'샤스뜨라'는 논(論)이라는 뜻이다.

종합하면 논서의 전체 이름은 '현증장엄이라 불리는 반야바라밀의 구결의 논서'가 된다. 논서의 이름 자체가 반야부 경전들의 주석임을 나타내고 있다.

이 논서는 미륵으로부터 무착(無着: 아상가), 세친(世親: 와수반두), 성해탈군(聖解脫軍: 아랴위묵띠세나), 해탈군(解脫軍: 위묵띠세나), 사자현(師子賢: 하리바드라)으로 전해졌다고 한다.

이 논서의 저자로 알려진 미륵이란 미래에 미륵불로 출현하기로 예정되어 있다는 바로 그 미륵이다. 그러나 이것은 종교적 관점이고, 실제로 지구상에 살았던 어느 분의 저작인가를 밝히기란 아마도 불가능할 것이므로 이 문제에 대해 논하는 것은 그다지 가치 있는 일이 되지는 않을 것 같다.

참고로, 티베트 불교 학습과정에서는 이 논서를 배우기 시작한 첫해에 논서의 저자인 미륵이 현재 보살인가, 부처인가에 대해 논하는 단락이 있다. 결론만 간단히 얘기하면 미륵은 현교에 따르면 보살로 보고, 밀교에서는 이미 성불해 있는 것으로 본다.

『현증장엄론』의 주석서에 스물한 가지가 있다고 전해지는 가운데 티베트 불교가 채택한 것은 사자현 논사가 쓴 『현증장엄론현명의소(現證莊嚴論顯明義疏)』이다. 그 이유는 간략하고, 의미가 명확하며, 광(廣), 중(中), 략(略), 세 가지 반야경 즉, 반야십만송, 반야이만오천송, 반야팔천송을 모두 『현증장엄론』과 관련시켜 주석하여 다른 주석서들보다 뛰어나기 때문이라고 한다.

사자현은 중관파 중에서도 자립파, 또 그 중에서도 요가행중관자립파에 속하므로 티베트 불교는 『현증장엄론』을 배우는 6년 동안 주로 요가행중관자립파의 견해를 바탕으로 학습한다. 그러나 몇 가지 차이를 제외하고는 중관귀류파의 견해를 바탕으로 사자현 주석의 대부분의 내용을 수용할 수 있다.

『현증장엄론』 학습 시 참고하는 주석서로는 쫑카빠의 『선설금만소(善說金鬘疏: legs bshad gser phreng)』와, 쫑카빠의 수제자인 걜찹다르마린첸이 지은 『소요장엄론(疏要莊嚴論: rnam bshad snying po'i rgyan)』이 있고, 또 그 『소요장엄론』을 주석한 제쮠최끼걜챈, 꾼캔잠양셰빠, 빤첸쐬남닥빠 등 세 명의 주석서가 있다. 각 사원마다 그 세 명의 주석서 중의 하나를 채택해서 배우는데, 필자가 경론을 배운 북인도 다람살라의 IBD에선 빤첸쐬남닥빠의 주석서를 배우므로 본서 역시 빤첸쐬남닥빠의 설명에 주로 의거할 것이다.

『현증장엄론』을 번역하고 주석하기 위해서 필자가 참고한 서적은 티베트어본 『현증장엄론』, 사자현의 『현증장엄론현명의소』, 쫑카빠의 『선설금만소』, 걜찹다르마린첸의 『소요장엄론』, 빤첸쐬남닥빠의 『현증장엄론근본자석(根本字釋)』, 『바라밀개론(파르친찌된)』, 『바라밀고찰(파르친타쬐)』, 캔수르빼마걜챈의 『로쌜가꼐닝기노르부』, 남걜왕첸의 『렉쌔우빨라이두차르』 등이다.

1

일체종지
一切種智

〔**귀경게**〕

1. 적멸 추구하는 성문들을 기지로써 열반으로 인도하시고
   중생 위해 이타 수행하는 이들 도지로써 세간 이익 성취하게 하시며
   원만구족하신 부처님들께서 갖가지의 일체상을 설하실 수 있게 한
   성문, 보살, 부처 등의 성자들의 어머니께 예경합니다.

귀경게인 첫 번째 게송에서 일체종지(一切種智), 도지(道智), 기지
(基智) 등의 삼종지의 공덕을 예찬하면서 성자들의 어머니인 반야바
라밀에 예경하였다.

불교의 논서들은 읽는 이에게 신심을 일으키기 위해서 이와 같이
부처님이나 법에 귀의하는 내용의 귀경게로 시작한다. 신심을 일으

키고자 하는 목적에는 단기적 목적과 궁극적 목적 등 두 가지가 있다. 단기적 목적은 신심을 일으킴으로써 논서를 열심히 배우게 만드는 것이고, 궁극적 목적은 그로 인해 논서의 내용을 열심히 수행해서 해탈이나 성불을 이루게 하는 것이다.

읽는 자의 입장에서는 신심이 일어나는 방식에 두 가지가 있다. 첫째로, 하근기는 귀경게가 예찬하고 있는 대상에 그와 같이 대단하고 좋은 공덕이 있다는 것을 듣는 것만으로 바로 신심이 일어난다. 둘째로, 상근기는 그러한 말이 정말로 사실인가를 철저히 검토해 본 이후에 신심이 일어난다고 한다.

첫 행부터 설명하자면, 명시적으로는 '적멸 추구하는 성문(聲聞)'이라 하였지만 여기엔 성문뿐만 아니라 독각(獨覺)도 나타내는 것으로 본다. 성문이란 부처님의 말씀을 듣고서 수행하며, 주로 인무아를 명상하는 자들이다. 성문의 길을 통해서 해탈을 성취하면 그를 성문아라한이라 한다. 독각이란 윤회의 마지막 생에 타인의 가르침에 의지하지 않고 독력으로 해탈할 수 있는 이들이며, 주로 능소이공(能所二空), 즉 주관과 객관이 별개의 실체가 아님을 명상하는 이들이다. 능소이공은 외경(外境)을 부정하는 의미이기도 하다.

독각은 주로 혼자 지내기를 좋아하는 성향이고, 아라한이 된 이후에는 말없이도 법을 가르칠 수 있는 능력이 있다고 한다.

성문과 독각을 비교하면 지혜와 복력 양면에서 독각이 좀 더 근기가 수승하다. 성문과 독각의 수행자들은 일체중생의 구제가 아니라 자기 개인의 해탈을 추구하는 이들이다. '적멸 추구하는 성문'이 바로 그러한 의미다. 적멸, 열반, 해탈, 이 세 가지는 모두 같은 뜻이다.

자기 개인의 해탈을 추구하는 것을 소승발심, 다른 말로는 염리심이나 출리심이라 하고, 일체중생을 구제하기 위해 성불을 추구하는 것을 대승발심, 다른 말로 보리심이라 한다. 소승발심이 최초로 일어난 순간 소승의 자량도에 들어간 것이고, 대승발심이 최초로 일어난 순간 대승의 자량도에 들어간 것이다. 자량도란 불교 수행의 다섯 가지 단계인 자량도, 가행도, 견도, 수도, 무학도, 이러한 5도 중의 첫 번째 단계를 말한다. 소승의 무학도에 도달하면 소승의 해탈을 성취해서 소승아라한이 된 것이고, 대승의 무학도에 도달하면 대승의 해탈을 성취해서 대승아라한, 즉 부처가 된 것이다.

이와 같이 소승과 대승 두 가지의 분류를 2승이라 하고, 소승에는 다시 성문승과 독각승이 있으므로 성문승, 독각승, 대승, 이렇게 세 가지로 분류하면 3승이라 한다.

소승과 대승이란 본래 이처럼 발심을 기준으로 분류한 것인데, 또 다른 분류 방식으로는 학파나 견해에 따라 분류하는 방식이 있다. 이를테면 불교 4대 학파 중에 비바사파와 경부파는 소승의 학파로 불리고, 유식파와 중관파는 대승의 학파로 불린다. 그런데 만약 어떤 사람이 견해는 중관파의 견해를 취하고 발심은 소승의 발심을 했다면 그 사람은 학파로 따지면 대승의 학파에 속하지만 수행적 측면에서는 소승인이다. 그냥 일반적으로 "소승인이냐, 대승인이냐?" 하고 묻는다면 역시 소승인이라고 대답해야 한다. 왜냐하면 다시 말하지만, 본래 소승과 대승의 구분은 발심을 기준으로 한 것이지 견해를 기준으로 한 것이 아니기 때문이다.

그 다음에 '기지로써 열반으로 인도하시고'라 하였는데, 무엇이 인도하는가 하면 네 번째 행의 '성자들의 어머니' 즉 반야바라밀이 인도한다. 반야바라밀이 기지에 의해서 소승의 수행자들을 자신들이 추구하는 열반을 성취하도록 돕는다는 뜻이다. 열반을 성취하기 위해선 먼저 열반을 추구하는 발심이 있어야 하고, 그 다음으로는 열반을 성취하게 하는 실질적인 수단이 있어야 하는데, 기지가 바로 그 수단이기 때문이다. 그러나 이것을 '방편'이란 용어와 혼동해서는 안 된다. 방편이란 용어가 여러 가지로 다르게 사용되기도 하지만, 주로 불교수행의 양대 기둥으로서의 방편과 지혜 두 가지를 말할 때 방편이 가리키는 것은 발심이고, 지혜가 가리키는 것은 무아의 지각을 가리킨다.

그러면 기지란 무엇인가 하면, '소승의 주요 증득대상에 머무는 성자의 지각'이 기지의 정의다. 이하 본서에서 언급할 대부분의 정의는 뺀첸쐬남닥빠의 견해를 바탕으로 한다.

소승의 주요 증득대상이란 소승도에서 주로 명상하고 깨닫는 대상이라는 말이다. 구체적으로 말하면 방편적 측면에 속하는 것으로는 염리심, 지혜적 측면에 속하는 것으로는 사성제를 바탕으로 한 열여섯 가지 내용들이다. 사성제와 그 열여섯 가지 내용에 대해서는 뒤에 설명할 것이다.

소승의 주요 증득대상에 지각이 머문다는 것은 염리심이 일어난 상태나 사성제를 지각하고 있는 상태를 의미한다.

성자의 지각이라 했으므로 기지는 범부에게는 없다. 성자란 일반적으로는 고귀한 삶을 살았거나 대단히 훌륭한 인격의 사람들을 가리키기도 하지만, 불교에서 말하는 성자란 인무아나 법무아를 직관에 의해서 지각한 이들, 즉 견도 이상의 성취자들을 가리킨다.

세간에서 성자라 부르는 이들 중에는 어리석은 자도 있을 수 있지만, 불교에서 말하는 성자는 지혜와 도덕성 양면에서 손색이 없다. 도덕성에 손색이 없는 이유는 견도만 성취해도 번뇌가 대단히 약화되기 때문이다.

5도 중에서 견도, 수도, 무학도를 성도라 하고, 자량도와 가행도는 범부의 도라 한다. 성도에 있는 자는 모두 성자이지만 범부의 도에 있다고 해서 모두 범부인 것은 아니다. 왜냐하면 소승아라한을 성취한 이후 대승자량도에 들어간 이는 범부의 도에 있지만 성자이기 때문이다.

소승의 주요 증득대상, 즉 사성제의 열여섯 가지 내용들 중에서도 가장 핵심적인 것은 바로 인무아(人無我)다. 왜냐하면 윤회의 뿌리인 인아집(人我執)을 근본적으로 제거할 수 있는 것은 오직 인무아를 지각하는 지혜 말고는 없기 때문이다.

비유를 들어 설명하자면, 만약 어떤 사람이 밤길을 갈 때 나무를 보고서 괴물로 착각하여 두려움에 휩싸인다면 이 두려움을 근본적으로 없앨 수 있는 방법은 오직 나무를 나무로 보는 것뿐이다. 나무를 나무로 볼 때 괴물은 사라지고, 괴물 때문에 생겨난 두려움 역시 당연히 함께 사라진다. 이와 같이 잘못된 인식과 그로 인해 발생된 모든 문제는 오직 올바른 지각에 의해서만 근본적으로 치유된다. 그 밖에 모든 방법은 일시적인 방법밖에는 되지 않는다.

예를 들어 나무를 괴물로 본 사람은 술을 먹고 취하는 방법 따위로 괴물의 문제를 해결하려 할 수도 있다. 그러나 만약 그 사람 마음속에 나무를 괴물로 보게 만드는 요소가 남아 있다면 그는 다음 날 술이 깨서 밤길을 갈 때 또 다시 나무를 보고 흠칫흠칫 놀라게 될 것이다. 그러나 그가 만약 그 나무에 다가가서 괴물이 아니라 나무라는 것을 명확히 확인한다면 그의 마음상태는 확연히 달라진다. 나무를 괴물로 보게 만드는 정신적 성향이 만약 상당히 강하다면 나무를 확인하고 난 이후에도 다시 괴물로 보일 수 있다.

그러나 그것이 괴물이 아니라 나무라는 것을 확실히 알고 있기 때문에 두려움은 훨씬 줄어든다. 그리고 그가 만약 나무를 오랜 시간 동안 꾸준히 확인한다면 나무를 괴물로 보게 만드는 잠재적 성향마저 계속 약화되고 약화되다가 결국 완전히 뿌리 뽑힐 것이며, 그 이후 다시는 나무를 괴물로 보는 일은 없을 것이다. 이러한 원리가 바로 불교수행의 둘도 없는 핵심 원리다.

이제 좀 더 실질적인 예를 하나 들어서 설명해 보자. 화를 약화시키는 방법에는 여러 가지가 있을 수 있다. 그 중에서 가장 좋은 방법 중의 하나가 자비다. 화와 자비는 물과 불처럼 어느 한쪽이 강하면 다른 한쪽은 약화된다. 바로 이렇게 어떤 번뇌를 다스리고 약화시킬 수 있는 것을 대치법이라 한다. 즉, 자비는 화의 대치법이다. 그러나 근본적인 대치법은 아니다. 왜냐하면 화의 뿌리는 인아집인데, 자비는 인아집에 아무런 해를 가할 수가 없기 때문이다. 그러므로 자비가 아무리 크더라도 화의 뿌리가 남아 있으므로 땅속에 뿌리가 살아 있는 풀이 언제든 다시 자라나올 수 있는 것과 같이 화 역시 마찬가지로 언젠가 다시 일어날 수 있는 가능성이 항상 남아 있게 된다.

이와 같이 모든 번뇌의 뿌리는 인아집이고, 그러므로 모든 번뇌의 근본대치법은 인무아를 깨달은 지혜 말고는 없다. 그리고 인아집을 제거하면 뿌리 뽑힌 나무의 모든 가지와 잎사귀들이 함께 죽어버리듯 모든 번뇌들 역시 영원히 죽어버리게 된다.

그러므로 해탈을 추구하는 자는 모든 번뇌의 뿌리이자 윤회의 뿌리인 이 인아집을 반드시 확인해야 한다. 왜냐하면 내가 무엇을 어떻게 착각하고 있는지를 알지 못하면 그 착각을 시정할 방법 또한 얻을 수 없기 때문이다. 그래서 고도의 수행력과 학식을 겸비한 이들이 부처님의 가르침을 바탕으로 수행하고 고찰하여 인아집에 대해 확인한 바에 의하면, 인아집에는 거친 인아집과 미세한 인아집 두 가지가 있다고 한다.

거친 인아집은 개아에 상일주재(常一主宰)의 자아가 있다고 취하는 것이고, 미세한 인아집은 개아에 독립적인 실체의 자아가 있다고 취하는 것이다. 이것은 불교 4대 학파 중에서 중관귀류파를 제외한 모든 학파가 공통적으로 인정한다. 중관귀류파는 독립적인 실체의 자아를 취하는 것 역시 거친 인아집으로 보고, 개아를 실재라고 취하는 것을 그보다 더 미세한 인아집으로 본다.

그러나 이 모든 말들은 역시 표현일 뿐이다. 이러한 표현들이 그러니까 내 마음의 어떠한 상태를 가리키고 있는가 하는 것은 각자가 자신의 마음을 면밀하게 들여다보면서 스스로 확인해야만 한다. 인아집이 확인이 됐다면 이제 인아집의 근본대치법이 무엇인가는 자동적으로 결정이 된다. 왜냐하면 인아집이 취하고 있는 내용의 정반대의 내용을 깨달은 지혜가 당연히 그 근본대치법이 될 것이기 때문이다.

인아집이 취하고 있는 내용을 '인아'라 하고, 그 반대의 내용을 '인무아'라 한다. 앞서 말했듯 '개아에 상일주재의 자아가 있음'을 거친 인아, '개아에 독립적인 실체의 자아가 있음'을 미세한 인아로 본다면, 이제 '개아에 상일주재의 자아가 없음'은 거친 인무아, '개아에 독립적인 실체의 자아가 없음'은 미세한 인무아가 된다.

윤회에서 벗어나기 위해서는 미세한 인아집까지 제거해야 하므로 바로 이 미세한 인무아, 즉 '개아에 독립적인 실체의 자아가 없음'을 지각하는 지혜가 윤회에서 벗어나게 해 주는 궁극적인 방법, 즉 인아집의 근본대치법이 되는 것이다. 이와 같이 적용해 보면 쉽게 알 수 있겠지만, 중관귀류파의 견해에서는 윤회에서 벗어나기 위해서는 개아의 비실재성을 지각해야만 한다.

그러나 반복해서 말하지만 이러한 말들은 모두 표현에 불과하다. 이 표현들이 그러니까 어떤 내용을 가리키고 있는지는 결국 말을 떠나서 직접 보고 확인해야만 한다. 단순히 "나무는 괴물이 아니다."라고 말하는 것만으로는 괴물은 사라지지 않는다. 거기에 괴물처럼 보이는 것이 사실은 괴물이 아니라 나무라는 것을 자기 스스로 직접 보아야만 하는 것이다.

그렇다고 또 이러한 설명을 결코 무시해서도 안 된다. 왜냐하면 이러한 설명들에 의지하지 않고서 우리가 그 내용을 알게 되기란 지극히 어려운 일이기 때문이다.

귀경게의 첫 행에서 '열반'을 빼고 모두 대략적으로 설명하였으므로 이제 열반에 대해 설명할 차례다. 열반의 정의는 '번뇌장(煩惱障)을 제거한 택멸(擇滅)'이다. 번뇌장이란 번뇌와 같은 말인데, 번뇌가 해탈을 성취하는 데 주로 장애가 된다는 의미로 번뇌장이라 한 것이다.

제거했다는 것은 완전히 뿌리 뽑은 것을 의미한다. 일시적으로 번뇌가 일어나지 않는 것을 두고서 번뇌를 제거했다고 하지는 않는다.

택멸이란 택해서 멸했다는 말인데, 그 의미는 근본대치법이 되는 지혜에 의해서 정확히 제거된 것이지 그 밖의 다른 조건에 의해서 저절로 소멸한 것이 아니란 뜻이다.

열반과 해탈은 동의어다. 번뇌가 소멸되었다는 측면을 나타내고자 할 때 열반이라 표현하고, 윤회로부터 또는 고로부터 벗어났다는 측면을 나타내고자 할 때 해탈이라 표현하는 것일 뿐, 열반이 곧 해탈이고 해탈이 곧 열반이며, 번뇌가 소멸된 것이 곧 윤회로부터 벗어난 것이고, 윤회로부터 벗어난 것이 곧 번뇌가 소멸된 것이다.

열반을 명목상으로 분류하면 자성열반, 무주열반, 유여열반, 무여열반 등이 있다. 명목상 분류라고 한 이유는 이 중에 자성열반은 진정한 의미에서의 열반은 아니고 이름만 열반이라 붙였을 뿐이기 때문이다. 자성열반의 실제 의미는 공성을 가리킨다. 공성은 실재를 부정하는 의미인데, 실재라는 것은 제거할 필요 없이 본래부터 아예 존재한 적이 없으므로 '본래부터 열반해 있다' 즉, 자성열반이라고 표현한 것이다.

그 밖에 무주열반, 유여열반, 무여열반은 모두 진정한 의미에서의 열반이다. 무주열반은 윤회에도 머물지 않고 소승의 열반에도 머물지 않는 열반이라는 의미다. 무주열반, 대승열반, 부처의 열반은 모두 동의어다.

소승열반은 번뇌장만 제거하면 성취되지만, 대승열반은 번뇌장과 소지장(所知障), 즉 2장(二障)을 모두 제거해야 성취된다. 소지장이란 부처의 일체종지를 성취하는 데 주로 장애가 되는 것을 가리킨다. 자세한 설명은 잠시 후 다시 하기로 한다.

유여열반과 무여열반에 대해서는 소승학파들의 견해, 유식파의 견해, 중관파의 견해가 각각 다르므로 차례로 간략하게 설명하도록 하겠다.

먼저, 소승학파들의 견해에선 유여와 무여의 차이를 온(蘊)의 흐름이 끊어지고 끊어지지 않은 차이로 본다. 알기 쉽게 인간의 경우로 설명하면, 만약 어떤 사람이 2장(二障) 중에서 번뇌장만을 제거하고 아직 살아 있다면 그가 바로 유여아라한이고, 그가 성취한 열반이 유여열반이다. 그런 그가 죽음을 맞이하면 이제 무여열반에 들었다고 한다. 온(蘊)이 아무것도 남지 않은 열반이라는 의미다.

소승 학파의 견해에선 무여열반에 들면 죽기 전의 그 개인의 흐름은 영원히 끊어져 버리기 때문에 무여아라한이라는 것은 있을 수 없다. 그렇다면 "무여아라한이 존재하지 않는데 어떻게 무여열반은 있다고 말하는가? 무여열반을 성취할 수 있다면 그 무여열반을 성취한 자가 있어야 하는 것이 아닌가?"라고 반론하는 사람도 간혹 있지만, 여기에 논리적 모순은 없다.

비유하면 의자라는 것은 언제든지 소멸될 수 있고 실제로 과거나 현재나 수없이 소멸돼 왔으므로 의자의 소멸은 분명히 존재한다고 말할 수 있다. 그러나 의자가 이를테면 불에 타 없어져 버렸을 때 "소멸했다는 그 의자가 이제 없으므로 의자의 소멸 역시 있다고 말할 수 없지 않은가? 만약 의자의 소멸을 인정한다면 소멸된 그 의자의 존재 역시 인정해야 하지 않는가?"라고 말하는 것은 어리석은 이야기인 것과 같다.

무여열반과 함께 온의 흐름이 끊어진다는 경전의 전거는 "마치 등불이 꺼진 것과 같이 몸은 파괴되고, 생각[想]은 끊어지고, 일체 느낌[受]은 여의며, 행(行)은 적멸하고, 식(識)은 사라진다."라는 등의 소승경전의 말씀들이다.

두 번째로, 유식파의 견해는 수교행(隨敎行)유식파와 수리행(隨理行)유식파의 견해가 서로 다르다.

수교행유식파란 경전의 문자 그대로를 받아들이고자 하는 유식파를 의미하고, 수리행유식파란 인명학의 일곱 가지 논서를 따르는 유식파를 의미한다.

수교행유식파는 무여열반을 성취하면 온의 흐름이 완전히 끊어진다고 인정하는 점에서 소승의 학파들과 견해가 같다. 수리행유식파는 법칭(다르마끼르띠)이 『석량론(釋量論)』에서 의식의 흐름에 시작과

끝이 없음을 논증한 바와 같이 무여열반 이후에도 의식의 흐름이 끊어지지 않는다고 보므로 유여와 무여의 차이를 소승의 학파들과는 다르게 해석한다. 즉, 유여와 무여라는 것은 단순히 온을 두고 하는 말이 아니라 전생의 업과 번뇌에 의해 생겨난 고온(苦蘊)이 남아 있는가, 없는가의 차이라는 것이다.

다시 말해서 무여열반에 들어도 개인의 존재는 사라지는 것이 아니라 무여아라한으로서 존재하고, 무여아라한이 가지고 있는 온은 이제 전생의 업과 번뇌에 의해 생겨난 고온이 아니다. 또, 부처에게는 고온이 없으므로 대승열반은 반드시 무여열반이며, 유여열반은 오직 소승의 열반에만 존재한다.

무여열반 이후에 온의 흐름이 끊어지지 않는다는 경전의 전거는 『능가경』과 『법화경』에서 부처님이 소승의 무여아라한에게 대승도로 들어갈 것을 권고하는 내용 등이다.

마지막으로 중관파의 견해에서는 부처의 두 가지 색신인 보신과 화신에 오온이 있으므로 유여열반, 자성법신에 오온이 없으므로 무여열반으로 부르기도 하고, 또 중관귀류파의 논서에서는 법성을 직관하는 근본지(根本智)의 상태에 실재의 현현이 없으므로 무여, 근본지에서 나온 후득지(後得智)에 실재의 현현이 있으므로 유여라고 부르기도 하지만, 일반적인 의미에서는 수리행유식파와 마찬가지로 전생의 업과 번뇌에 의해 생겨난 고온이 남아 있는 열반을 유여열반, 고온이 남아 있지 않은 열반을 무여열반으로 본다. 그렇다면 대승열반은 반드시 무여열반인 것 역시 마찬가지다.

필자가 생각하기에는 개인의 존재가 단일한 실체가 없이 수많은 인연이 모여 만들어진 이상 언젠가는 분해되어 완전히 사라질 수밖에 없다고 생각되며, 그렇지 않고 그 흐름이 영원히 지속된다고 주장하는 것은 대단히 무리한 주장으로 보인다. 한 개인의 통일성과 연속성을 생과 생을 넘어 유지시켜 주는 인아집을 소멸시켜 버린 존재가 어떻게 죽음이라는 분해 이후에 다시 전생의 인격의 후속체로서의 개인으로 통합될 수 있을지 필자로선 짐작하기 어렵다.

그러나 이러한 반론에 그렇게 쉽게 무너지는 주장이라면 오랜 세월 동안 거의 매일같이 논쟁학습이 이루어진 티베트 불교 내에 이 주장에 대한 아무런 위협의 흔적이 보이지 않는 것도 이상한 일로 생각된다.

이 문제에 대해서는 차후의 깊은 연구를 기약하기로 한다.

귀경게의 두 번째 행에서 '중생 위해 이타 수행하는 이들'이란 보살을 가리킨다. 보살은 일체중생을 구제하기 위해 성불을 추구하고, 또 성불을 위해서는 복덕과 지혜의 두 가지 자량을 쌓아야 하는데, 복덕자량은 보리심을 바탕으로 한 보시 등의 이타행을 통해서 쌓아지므로 이렇게 말한 것이다.

'도지로써 세간 이익 성취하게 하시며'라고 한 이유는 보살이 궁극적으로 추구하는 바는 일체중생의 구제이고, 그것을 위해서는 일체종지가 필요하며, 또 일체종지를 이루기 위한 보살의 주요 수행이 바로 도지이기 때문이다.

도지의 정의는 '특수한 방편과 지혜를 바탕으로 한 대승 성자의 지각'이다. 특수한 방편이란 대승발심 즉, 보리심을 가리킨다. 특수한 지혜란 공성을 지각한 지혜를 가리킨다. 공성에 대해서는 2제를 설명할 때 자세히 설명하도록 하겠다.

'바탕으로 한'이라는 것은 영향 받고 있다는 말인데, 도지가 일어난 그 순간에 보리심과 공성을 지각한 지혜가 반드시 도지와 함께 동시에 존재할 필요는 없고, 그 이전에 언젠가 일어났던 보리심과 공성을 지각한 지혜의 영향력이 아직 미치고 있으면 된다는 의미다.

'대승 성자의 지각'이라 하였으므로 소승이나 범부에게는 없다.

기지가 반드시 소승의 주요 증득대상만을 지각하는 반면 도지는 반드시 대승의 주요 증득대상만을 지각하는 것은 아니다. 왜냐하면 도지에는 성문도를 아는 도지, 독각도를 아는 도지, 보살도를 아는 도지의 세 가지가 있는데, 이 중에 앞의 두 가지는 소승의 주요 증득대상에 머무는 도지이기 때문이다.

대승의 주요 증득대상이란 방편적 측면에서는 보리심, 지혜적 측면에서는 법무아(法無我)를 가리킨다.

대승의 수행자에게 법무아의 깨달음이 필요한 이유는 그것이 바로 소지장(所知障)의 근본대치법이기 때문이다. 소지장에 대해서는 유식파, 중관자립파, 중관귀류파의 견해가 각각 다르다.

먼저 유식파는 외경이 존재한다고 취하는 것을 법아집이자 소지장으로 본다. 외경이 존재한다고 취하는 것은 유식파가 보기에 다른 말로 주관과 객관을 별개의 실체라고 취하는 것과 같다. 법무아는 법아집이 취하는 내용의 정반대이므로 그렇다면 '외경의 부재'와 '주관과 객관이 별개의 실체가 아님' 등이 법무아가 된다. 그리고 그것이 바로 유식파가 주장하는 공성이다.

중관자립파는 실재를 취하는 것을 법아집이자 소지장, 일체법의 비실재성을 법무아와 공성으로 본다. 중관자립파 중에서도 요가행 중관자립파의 견해에서는 유식파와 마찬가지로 외경을 부정하므로 외경의 부재를 거친 법무아로, 일체법의 비실재성을 미세한 법무아로 본다. 두 가지 법무아 중에서 미세한 법무아가 공성이고 궁극적 실상이며, 거친 법무아는 세속제에 속한다.

중관귀류파는 실재를 취하는 것을 법아집으로 본다는 점에서는 자립파와 같지만 법아집을 소지장이 아닌 번뇌장으로 본다는 점에서는 자립파와 다르다. 법아집이 취하는 내용의 정반대가 법무아이므로 일체법의 비실재성이 법무아이자 공성이다.

그렇다면 귀류파가 소지장으로 주장하는 것은 무엇인가 하면, 번뇌의 습기와 이종현현(二種顯現)의 착란이다. 귀류파가 소지장은 번뇌장이 완전히 제거된 이후에야 비로소 제거되기 시작한다고 주장하는 이유가 바로 이것이다.

이종현현(二種顯現)의 착란이란 유식파의 교리에선 주관과 객관이 별개의 실체인 것처럼 보이는 현상을 가리키고, 중관파의 교리에선 세속제와 승의제가 별개의 실체인 것처럼 보이는 현상을 가리킨다.

귀경게의 세 번째 행에서 '원만구족하신'이라고 한 것은 부처가 일체종지를 갖추었음을 나타낸다. 일체종지란 일체법을 직관하는 부처의 지혜를 의미한다.

부처님들께서 갖가지의 모든 상(相)을 설하신다는 것은 부처님들이 세속제와 승의제를 모두 원만하게 가르치고, 중생의 갖가지 성향에 따라 근기에 맞는 법륜을 굴리신다는 뜻이다.

세속제란 일반적인 사실과 일반적 존재들을 가리키고, 승의제란 궁극적인 진리를 가리킨다. 세속과 승의의 2제에 대해선 잠시 후 다시 설명할 것이다.

법륜(法輪)에는 경전법륜과 증득법륜 두 가지가 있다. 경전법륜은 광대하게 분류하면 팔만사천 법온(法蘊)이 있고, 중간 분류로는 십이분교, 간략하게는 경·율·론 삼장의 분류가 있고, 또 다른 분류 방식으로 사제(四諦)법륜, 무상(無相)법륜, 선변(善辨)법륜 등의 삼전(三轉) 법륜이 있다. 이 부분에서 티베트 불교의 강원에서는 쫑카빠가 저술한『변요불요의선설장론(당에렉쌔닝뽀)』을 배우므로 필자가 번역한『불경의 요의와 불요의를 분별한 선설장론』을 참고하시기 바라며, 만약 여의치 않은 분들은 본서에 첨부된『선설장론』요약본을 읽어주시기 바란다.

증득법륜에 대해서는 소승에서는 오직 견도만을 인정하지만 대승에서는 5도를 모두 증득법륜으로 인정한다.

귀경게의 첫 행이 독각을 명시하진 않았지만 의미적으로 포함하고 있듯이 귀경게의 마지막 행 역시 그와 같이 보아야 한다. 즉, '성문, 보살, 부처 등의 성자들의 어머니께 예경합니다.'라는 말은 반야바라밀이 성문, 독각, 보살, 부처 등 네 종류의 성자를 탄생시키는 어머니와 같고, 또 이 성자들이 추구하는 바를 삼종지를 통해 이루게 하는 공덕이 있으므로 이러한 위대한 반야바라밀에 예경한다는 뜻이다.

반야바라밀의 의미에 대해서는 쫑카빠의 『선설금만소』에서는 여러 가지 다른 견해와 각각의 전거를 인용한 후 대승성자의 공성의 지각을 의미하는 것으로 결론 내린다. 그러나 쫑카빠의 제자 걜찹다르마린첸은 『소요장엄론』에서 반야바라밀은 반야의 궁극적 완성을 의미하므로 오직 부처에게만 있다는 진나(딕나가)의 견해를 받아들이며, 빤첸쐬남닥빠 역시 진나와 걜찹다르마린첸의 설명을 그대로 따라간다. 그 설명은 다음과 같다.

진정한 의미에서의 반야바라밀은 오직 부처에게만 있고, 반야바라밀경과 보살의 반야바라밀 수행은 가명(假名)의 반야바라밀이다.

먼저, 반야경에 반야바라밀이란 가명을 붙인 이유는 반야경이 반야바라밀을 명시적 내용으로 하고 있기 때문이며, 목적은 반야바라밀을 성취하기 위해서는 반야경을 배워 익혀야 함을 알도록 하기 위해서다.

다음으로, 보살의 반야바라밀 수행에 반야바라밀이란 가명을 붙인 이유는 보살의 반야바라밀 수행이 부처의 반야바라밀의 직접적 원인이기 때문이고, 목적은 반야바라밀을 성취하기 위해서 보살의 반야바라밀 수행이 필요함을 알도록 하기 위해서다.

반야경과 보살의 반야바라밀 수행이 진정한 의미에서의 반야바라밀이 아닌 이유는 궁극에 도달한 지혜가 아니기 때문이다.

이와 같이 인정한다면 마찬가지로 보시바라밀을 비롯한 나머지 바라밀들 역시 부처에게만 있는 것이고, 보살의 모든 바라밀 수행은 가명의 바라밀이라 인정해야 한다.

삼종지에 대한 반야경의 말씀은 다음과 같다.

"수보리여, 일체지성(一切智性)은 성문과 독각들의 것이다. 도지성(道智性)은 보살들의 것이다. 일체종지성(一切種智性)은 여래 살적 정등각자의 것이다."

"세존이시여, 어찌하여 일체지성이 성문과 독각들의 것입니까?"

"수보리여, 일체란 오직 안팎의 모든 법들이고, 그것들은 또한 성문과 독각들이 아는 것이며, 일체 도에 의해서도 아니고 일체 상(相)에 의해서도 아니다. 그러므로 성문과 독각들의 일체지성이라 한다."

"세존이시여, 어찌하여 도지성이 보살들의 것입니까?"

"수보리여, 보살들은 성문의 모든 도와 독각의 모든 도와 부처의 모든 도 일체를 생겨나게 하고 일체도를 알아야 한다. 또한 완전히 구족하고, 그들의 도의 행위 또한 행하며, 서원을 완전히 이루고 유정들을 완전히 성숙시키고 불토를 완전히 정화하기 전까지 보살들은 궁극의 진리를 실현하지 않는다. 그러므로 보살들의 도지성이라 한다."

"세존이시여, 어찌하여 일체종지가 여래 살적 정등각자의 것입니까?"

"수보리여, 모든 종류와 모든 표시와 모든 속성에 의해 법들을 표현하는 그 종류들과 표시들과 속성들을 여래가 통달한다. 그러므로 여래 살적 정등각자의 일체종지성이라 한다."

이와 같이 반야경전들에서 이미 삼종지를 비롯한 여덟 가지 현증에 대해 설하였으므로 그에 대해 다시 논서를 지을 필요가 무엇인가 하는 의문을 해소하기 위해『현증장엄론』의 게송은 이제 다음과 같이 설한다.

〔논서 저술의 의의〕

2. 부처님이 설하신
   일체상(一切相)을 아는 도
   다른 이가 경험할 수 없나니
   십법행(十法行)의 본질의

3. 경전 뜻을 기억하고서
   지혜로운 이들이 보고
   쉽게 이해할 수 있도록 함이
   이 논서를 짓는 목적이라네.

　'일체상을 아는 도'란 일체종지를 가리킨다. 일체종지는 오직 부처만이 경험하는 것이므로 부처가 아닌 이들이 이해하기는 어렵다. 그러므로 경전에서 일체종지를 설명하기 위한 발심 등의 열 가지 법, 즉 십법행에 대해 설한 의미를 저자 본인이 배워 기억해 두고서 그것을 지혜로운 이들이 쉽게 이해할 수 있도록 설명하기 위해 논서를 짓는다고 하였다.

여기에 명시된 것은 일체종지뿐이지만『현증장엄론』은 여덟 가지 현증에 대한 논서이므로 일체종지 외의 나머지 현증에 대해서도 역시 마찬가지로 이해할 수 있으리라 생각하고 생략한 것으로 보아야 한다. 즉, 일체종지를 비롯한 여덟 가지 현증은 그것을 성취하지 못한 자로서는 이해하기 어렵기 때문에 경전에서 설명한 내용을 저자 본인이 배워 기억해 두고서 다른 이가 이해하기 쉽게 설명하기 위해서 논서를 짓는다는 얘기가 된다. 그러므로 이 두 게송은『현증장엄론』의 주제, 단기적 목적, 궁극적 목적, 그리고 그것들 사이의 관련성 등을 나타낸다.

『현증장엄론』의 주제는 여덟 가지 현증이다.

단기적 목적은 이 여덟 가지 현증에 대해서 설한 반야경의 뜻을 쉽게 이해하도록 하기 위함이다. 궁극적 목적은 그러한 이해를 바탕으로 수행하여 성불하기 위함이다. 관련성은 궁극적 목적이 단기적 목적과 관련되고, 단기적 목적이 주제와 관련되고, 주제가 논서와 관련된다는 것이다.

〔팔사칠십의〕

4. 반야바라밀은 팔현증(八現證)으로
   올바르게 설명되나니
   일체종지(一切種智), 도지(道智)와

그 다음에 일체지(一切智),

5. 일체상의 원만현증과
   정(頂)현증과, 점차현증과,
   한 찰나의 현증과,
   법신 등의 여덟 가지네.

이것은 여덟 가지 현증을 열거한 것이다.

여기서 일체지란 기지와 동의어이고, 원만현증이란 원만가행과 동의어이다. 다시 말해 여덟 가지 현증, 즉 팔사는 일체종지, 도지, 기지(일체지), 원만가행, 정가행, 점차가행, 찰나가행, 법신 등이다.

삼종지에 대해서는 앞에서 설명하였다.

원만가행의 정의는 '삼종지의 행상(行相)을 수습(修習)하는 지혜를 바탕으로 한 보살의 수행'이다.

정가행의 정의는 '삼종지를 수렴한 수습이 대승자량도보다 수승한 지혜를 바탕으로 한 보살의 수행'이다.

점차가행의 정의는 '삼종지의 행상을 견고히 하기 위해서 삼종지의 행상을 차례로 수습하는 지혜를 바탕으로 한 보살의 수행'이다.

찰나가행의 정의는 '최단의 성사찰나 하나에 삼종지의 173 행상을 직접 대상할 수 있는 능력을 얻은 보살의 수행'이다.

과위법신의 정의는 '그것을 성취케 하는 방편인 4가행을 수습함으로써 성취한 구경의 과위'이다.

찰나에는 시변제(時邊際)찰나와 성사(成事)찰나라는 두 가지 다른 개념이 있다. 시변제찰나는 시간을 전과 후로 더 이상 쪼갤 수 없는 최단의 찰나를 가리키고, 성사찰나는 어떤 작용이 시작해서 끝나는 시점까지의 기간을 가리킨다. 그러므로 얼마든지 긴 시간도 하나의 성사찰나로 부를 수 있다. 중관파는 시변제찰나는 인정하지 않는다.

찰나가행의 정의에서 '최단의 성사찰나'란 성사찰나가 될 수 있는 시간의 길이 가운데서 가장 짧은 시간을 의미한다.

네 가지 가행에 대한 자세한 의미는 이후 각각의 장에서 설명된다.

6. 마음일으킴과, 교계(敎誡)와,

네 가지의 결택지(抉擇支),

수행들의 기반이 되는

법계성품의 자성,

7. 소연(所緣)들과, 구경목표와,

피갑행(被甲行)과, 취입행(趣入行),

자량행(資糧行)과, 정출행(定出行) 등은

부처님의 일체종지성(一切種智性).

이것은 다음과 같이 일체종지를 나타내는 열 가지 법을 열거한 것이다.

① 대승발심, ② 대승교계, ③ 대승결택지(대승가행도), ④ 자성주종성 (自性住種姓), ⑤ 대승행의 소연, ⑥ 대승행의 구경목표, ⑦ 피갑행, ⑧ 취입행, ⑨ 자량행, ⑩ 정출행.

네 번째의 자성주종성은 6번 게송의 '수행들의 기반이 되는 법계 성품의 자성'이 나타낸다.
각각의 의미에 대해서는 이후 차례로 설명할 것이다.

8. 무색하게 하는 것 등과,
   성문도와 독각도,
   금(今)과 후생 공덕에 의해
   이익이 큰 견도와,

9. 수도 안에 속하는
   작용들과, 신해와,
   찬탄, 공경, 칭송과,
   회향, 수희 등의 위없는

10. 마음가짐들과, 성취와,
    지극청정이라 부르는
    이와 같은 것들에 의해

보살 현자들의 도지 설명한다네.

도지를 나타내는 열한 가지 법은 다음과 같다.

① 도지지분(道智支分), ② 성문도를 아는 도지, ③ 독각도를 아는 도지,
④ 대승견도, ⑤ 대승수도의 작용, ⑥ 신해수도, ⑦ 신해수도의 공덕
(찬탄, 공경, 칭송), ⑧ 회향수도, ⑨ 수희수도, ⑩ 성취수도, ⑪ 청정수도.

8번 게송의 '무색하게 하는 것'이란 아만이 높은 천신들이 법을
배울 수 있는 근기가 되도록 만들기 위해서 부처님의 대광명으로 천
신들의 빛을 압도하여 아만을 꺾는다는 뜻이며, 그것은 다섯 가지
도지지분 중의 첫 번째이다.

11. 앎에 의해 유(有)에 머물지 않고,
    대비(大悲)로써 적멸에도 머물지 않고,
    방편 없음으로 인해 먼 것과,
    방편으로 인해 가까운 것과,

12. 이품(異品)들과, 대치품(對治品)들과,
    가행(加行)들과, 가행 평등성,
    성문 등의 견도 등

일체지는 이와 같이 본다네.

보살의 기지를 나타내는 아홉 가지 법은 다음과 같다.

① 지혜에 의해 유변에 머물지 않는 도지, ② 연민에 의해 적멸변에 머물지 않는 도지, ③ 반야바라밀의 과위에서 먼 기지, ④ 반야바라밀의 과위에 가까운 기지, ⑤ 이품기지, ⑥ 대치품기지, ⑦ 보살기지의 원인이 되는 가행, ⑧ 가행의 평등성, ⑨ 대승견도.

12번 게송 세 번째 행의 '성문 등의 견도'란 성문견도와 독각견도 등의 소승견도를 말하는 것이 아니라 보살기지의 원인이 되는 가행들의 결과로서의 대승견도를 가리킨다.

13. 행상(行相), 가행, 공덕과,

　　장애들과, 성상(性相)과

　　순해탈분, 순결택분과,

　　불퇴전의 유학(有學) 대중과

14. 유와 멸의 평등성,

　　불국토의 위없는 청정,

　　방편들에 탁월한 것 등

이는 일체상의 원만한 현증.

원만가행을 나타내는 열한 가지 법은 다음과 같다.

① 삼종지의 행상, ② 보살의 가행, ③ 보살가행의 공덕, ④ 보살가행의 장애, ⑤ 보살가행의 성상, ⑥ 대승순해탈분(대승자량도), ⑦ 대승순결택분(대승가행도), ⑧ 불퇴전의 표징을 얻은 보살, ⑨ 유적(有寂)평등성가행, ⑩ 청정불토가행, ⑪ 선교방편가행.

15. 표징, 복덕증장과,

　　견고, 마음 편주(遍住)와,

　　견도, 수도 각각의

　　단계들에 포함된

16. 네 가지의 분별의

　　네 가지의 대치와,

　　무간정(無間定)과, 전도행(顚倒行),

　　이것들은 정(頂)현증.

정가행을 나타내는 여덟 가지 법은 다음과 같다.

① 표징정가행(난위정가행), ② 복덕증장정가행(정위정가행), ③ 견고정가행(인위정가행), ④ 심편주(心遍住)정가행(세제일법위정가행), ⑤ 견도정가행, ⑥ 수도정가행, ⑦ 무간정가행, ⑧ 제거대상 전도행.

17. 점차현증 법들엔
    열세 가지가 있고
    찰나현증 법들엔
    성상 따라 네 가지.

점차가행을 나타내는 열세 가지 법은 다음과 같다.

① 보시바라밀, ② 지계바라밀, ③ 인욕바라밀, ④ 정진바라밀, ⑤ 선정바라밀, ⑥ 반야바라밀, ⑦ 불수념(佛隨念), ⑧ 법(法)수념, ⑨ 승(僧)수념, ⑩ 계(戒)수념, ⑪ 사(捨)수념, ⑫ 천(天)수념, ⑬ 비실재성을 아는 점차가행.

찰나가행을 나타내는 네 가지 법은 다음과 같다.

① 비이숙(非異熟)찰나가행, ② 이숙찰나가행, ③ 무상(無相)찰나가행, ④ 무이(無二)찰나가행.

18. 자성신과, 보신, 화신과,
    행업 가진 법신 등
    이것들에 의해 법신을
    올바르게 설하네.

마지막으로, 과위법신을 나타내는 네 가지 법은 다음과 같다.

① 자성법신, ② 지혜법신, ③ 보신, ④ 화신.

이상으로 논서가 설명하고자 하는 주요 내용인 여덟 가지 현증과 그 각각을 나타내는 칠십 가지 법, 즉 팔사칠십의가 먼저 총괄적으로 소개되었고, 이제부터 하나하나 설명이 시작된다.

1) 대승발심

19~21번 게송은 일체종지를 나타내는 10법 중의 첫 번째인 '대승발심'에 대한 설명이다.

19. 발심이란 이타를 위해
    정등각을 추구하는 것.
    추구 두 가지는 경전 속에서
    간략하고 자세하게 설했네.

여기부터가 일체종지장의 본론이라 할 수 있다.

『현증장엄론』의 1장이 일체종지를 설명하는 방식은 객관대상에 의해 주관을 나타내는 방식이다. 다시 말해, 일체종지의 대상인 대승발심 등의 10법을 설명함으로써 그 10법을 직관에 의해 지각하는 일체종지를 나타낸다는 것이다.

10법 중에서 대승발심이 가장 먼저 등장하는 이유는 대승발심이 바로 대승도의 입문이기 때문이다.

19번 게송에서 첫 두 행은 대승발심의 정의를 나타내고, 다음 두 행은 그 정의의 의미를 확정하는 요소인 두 가지 추구를 나타낸다.

먼저, 대승발심의 정의는 '이타를 위해 완전한 보리를 목표로 하고, 그것의 조력이 된 욕구와 상응하는, 대승도의 입문이 되는 특수한 심왕(心王)'이다. 여기서 '그것'이란 대승발심을 가리킨다. 대승발심의 조력이 된 욕구란 이타의 욕구와 성불에 대한 욕구 두 가지이며, 게송에서 '추구 두 가지'라 하였다.

그 두 가지 욕구와 상응한다는 말은 무슨 뜻인가 하면 먼저, 이타의 욕구와 대승발심은 인과관계로 상응한다. 중생을 구제하고자 하는 이타의 욕구가 원인이 되고, 그에 의한 결과로서 대승발심이 일어난다는 뜻이다.

다음으로, 성불의 욕구와 대승발심은 심왕과 심소(心所)의 관계로 상응한다. 정의에서 말했듯 대승발심은 심왕이고, 성불의 욕구는 심소이다. 심왕과 심소는 동시에 상응해서 일어난다. 심소란 각자 고유의 기능을 가진 정신작용들을 말하고, 심왕이란 왕이 특별한 일은

하지 않지만 모든 국정을 총괄하듯이 모든 심소의 중심이 되는 정신을 가리킨다.

대승발심이 최초로 일어나는 기반으로는 몸기반과 마음기반의 두 가지로 고찰한다.

먼저, 몸기반은 육도중생 모두의 몸에서 대승발심이 최초로 일어날 수 있다. 왜냐하면 경전에서 천신, 인간, 축생, 지옥 등에서 최초로 대승발심이 일어나는 경우를 설하였고, 지옥에서 보리심의 최초 발생이 가능하다면 그보다 더 유리한 조건의 아수라와 아귀의 경우에도 당연히 가능할 것이기 때문이다.

마음기반으로는 부처님을 향한 신심, 중생을 향한 연민, 보살의 고행을 감내하는 정진 등을 이야기한다.

대승발심을 일으키는 방법에는 일체중생을 어머니로 명상하는 7단계의 방법과, 자타평등교환법의 두 가지가 있다.

중생을 어머니로 명상하는 7단계는 ① 일체중생을 어머니로 알기, ② 어머니의 은혜 기억하기, ③ 보은의 마음, ④ 대자애, ⑤ 대연민(대비심), ⑥ 이타적 대열망, ⑦ 대승발심(보리심) 등으로 이루어진다. 이 방법은 미륵으로부터 아상가(무착)를 통해 전수된 방법이라고 한다.

일체중생을 어머니로 알기란 무엇인가 하면, 내가 무시이래로 윤회하며 무수히 환생하였으므로, 나의 어머니가 되었던 유정 역시 무수할 것이고, 그렇다면 모든 유정들이 과거에 나의 어머니였던 적이 있다는 것을 추론을 통해 지각하는 것을 가리킨다.

어머니의 은혜 기억하기란 현생의 어머니가 나를 키우기 위해서 온갖 고생과 희생을 감수하며 무한한 사랑을 베푼 것을 기억하고, 현생뿐만 아니라 무수한 생을 통해 무수히 그와 같이 나에게 사랑을 베풀었을 것임을 생각한 후 점차 범위를 넓혀 일체중생을 대상으로 그와 같이 명상하는 것을 가리킨다.

보은의 마음이란 그와 같이 은혜가 지중한 어머니들을 괴로움 속에 내버려 둔다면 지극히 부끄러운 일이라고 생각하여 반드시 은혜를 갚고자 하는 마음을 일으키는 것이다.

대자애란 나에게 은혜가 지중한 어머니가 행복하기를 바라는 마음을 가까운 대상에서부터 시작해서 점차 범위를 넓혀 일체중생을 대상으로 일으키는 것이다.

대연민이란 고고, 괴고, 행고 등의 윤회계의 세 가지 고를 사유하고 나서, 나에게 은혜가 지중한 어머니가 이러한 모든 고에서 벗어나기를 바라는 마음을 가까운 대상에서부터 시작해서 점차 범위를 넓혀 일체중생을 대상으로 일으키는 것이다.

이타적 대열망이란 은혜가 지중한 나의 어머니들이 윤회하며 고통 받고 있으므로 내가 반드시 그들을 모두 구제해야겠다는 마음을 일체중생을 대상으로 일으키는 것이다.

이와 같은 여섯 가지 단계를 거쳐 일곱 번째 단계에서 일체중생 구제를 위해 성불을 추구하는 보리심이 일어나게 된다.

자타평등교환법은 나와 남이 모두 고통을 싫어하고 행복을 원한다는 점에서 평등하다는 것과 자신을 아끼는 마음을 버리고 남을 더

귀하게 여기는 마음 등을 닦아 보리심을 일으키는 방법이다. 이 방법은 문수로부터 용수(나가르주나), 적천(샨띠데와) 등을 거쳐 전수된 방법이라고 한다.

대승발심 즉, 보리심을 분류하면 원(願)보리심과 행(行)보리심이 있다.

그 차이는 중관자립파는 육바라밀 중의 어느 한 가지 행이 이루어지고 있는 상태의 보리심을 행보리심, 그렇지 않은 상태의 보리심을 원보리심으로 구분하고, 중관귀류파는 보살계를 받기 이전의 보리심을 원보리심, 보살계를 받은 이후의 보리심을 행보리심으로 구분한다.

또 명목상으로 분류하면 세속보리심과 승의보리심이 있다. 이 중에 진정한 의미의 보리심은 세속보리심이고, 승의보리심은 이름만 보리심이라 붙였을 뿐 실제 의미는 공성의 직관적 지각을 의미한다.

또 서원의 양상에 따라 분류하면 일체중생을 먼저 성불시키고 나서 자신이 성불하겠다고 하는 목자와 같은 발심, 자타가 모두 함께 성불하겠다고 하는 뱃사공과 같은 발심, 자신이 먼저 성불한 이후 일체중생을 구제하겠다는 왕과 같은 발심 등의 세 가지가 있다. 이 역시 명목상의 분류이며, 이 중에 오직 왕과 같은 발심만이 진정한 의미의 보리심이다.

또 비유를 통해 스물두 가지로 분류하는 방법이 있는데, 아래 이어지는 두 게송에서 열거된다.

20. 땅과, 황금, 달과, 불,

　　보고, 보배 근원과,

　　바다, 금강, 산과, 약,

　　선지식과, 여의주와, 해,

21. 노래, 대왕, 곳간과,

　　큰길, 탈것, 샘물과,

　　악기, 강과, 구름 등

　　발심에는 스물두 가지.

스물두 가지 발심과 비유의 의미는 다음과 같다.

① 땅과 같은 발심 : 소품자량도 단계의 보리심. 모든 도와 선법
　의 기반이 되기 때문에 모든 것의 기반이 되는 땅에 비유한
　것. 그러나 일반적으로 모든 보리심이 땅과 같은 발심이라고
　한다. 이와 같이 스물두 가지 발심의 분류는『현증장엄론』이
　명시적으로 나타낸 의미가 그렇다는 것일 뿐 일반적으로 정
　확히 의미와 단계를 규정하는 분류는 아니다.

② 황금과 같은 발심 : 중품자량도 단계의 보리심. 보리를 이룰
　때까지 쇠퇴하지 않기 때문에 변하지 않는 황금에 비유한 것.

③ 초승달과 같은 발심 : 대품자량도 단계의 보리심. 사념주 등의
　일체 선업이 점점 증장하기 때문에 앞으로 점점 커져갈 초승달

에 비유한 것.

④ 불과 같은 발심 : 가행도 단계의 보리심. 가행도 단계에서 삼종
지의 장애의 현행이 사라지기 때문에 땔감을 태워버리는 불에
비유한 것.

⑤ 보고와 같은 발심 : 보살초지의 보리심. 보살초지 즉, 환희지
는 보시바라밀의 공덕이 두드러지므로 빈곤을 해소할 수 있
는 보고에 비유한 것.

⑥ 보배의 근원과 같은 발심 : 보살2지의 보리심. 이구지는 지계
바라밀의 공덕이 두드러지고, 지계는 공덕의 근원과 같으므
로 보배의 근원에 비유한 것.

⑦ 바다와 같은 발심 : 보살3지의 보리심. 발광지는 인욕바라밀의
공덕이 두드러지므로 깨끗하고 더러운 모든 물을 받아들이면
서도 별다른 변화 없이 지긋한 바다에 비유한 것.

⑧ 금강과 같은 발심 : 보살4지의 보리심. 염혜지는 정진바라밀이
두드러지므로 굳건한 금강에 비유한 것.

⑨ 산과 같은 발심 : 보살5지의 보리심. 난승지는 선정바라밀이
두드러지고, 선정은 대상에 따라 마음이 흔들리지 않으므로
안정된 산에 비유한 것.

⑩ 약과 같은 발심 : 보살6지의 보리심. 현전지는 반야바라밀이
두드러지고, 반야는 번뇌장과 소지장을 치유하므로 병을 치
유하는 약에 비유한 것.

⑪ 선지식과 같은 발심 : 보살7지의 보리심. 원행지는 방편바라밀

이 두드러지고, 사무량심의 방편으로 항시 중생을 버리지 않고 인도하므로 선지식에 비유한 것.

⑫ **여의주와 같은 발심** : 보살8지의 보리심. 부동지는 원(願)바라밀이 두드러지고, 오신통에 의해 서원을 성취하는 데 탁월하므로 모든 소원을 성취시켜 주는 여의주에 비유한 것.

⑬ **해와 같은 발심** : 보살9지의 보리심. 선혜지는 역(力)바라밀이 두드러지고, 사섭법에 의해 중생을 성숙시키므로 모든 식물을 성장시키는 태양에 비유한 것.

⑭ **노래와 같은 발심** : 보살10지의 보리심. 법운지는 지(智)바라밀이 두드러지고, 사무애지에 의해 교화대상들에게 환희심을 일으키는 훌륭한 법을 설하므로 듣기 좋은 노래에 비유한 것.

⑮ **대왕과 같은 발심** : 신통을 갖춘 삼정지(8. 9. 10지)의 보리심. 신통력으로 이타를 이루는 데 능하므로 커다란 권능을 가진 대왕에 비유한 것.

⑯ **곳간과 같은 발심** : 복덕자량과 지혜자량을 갖춘 삼정지의 보리심. 복덕과 지혜의 두 자량이 많이 쌓였으므로 양식과 물품 등이 쌓인 곳간에 비유한 것.

⑰ **큰길과 같은 발심** : 삼십칠도품을 갖춘 삼정지의 보리심. 삼세의 모든 성자가 그 길로 지나가므로 수많은 사람이 지나다니는 대로에 비유한 것.

⑱ **탈것과 같은 발심** : 연민과 통찰을 갖춘 삼정지의 보리심. 연민에 의해 소승의 열반에도 떨어지지 않고, 지혜에 의해 윤회

에도 떨어지지 않으며, 성불의 길로 수월하게 태워서 가므로 탈것에 비유한 것.

⑲ 샘물과 같은 발심 : 다라니와 변재를 갖춘 삼정지의 보리심. 들은 법을 다라니의 힘으로 잊어버리지 않고 변재의 힘에 의해 막힘없이 설하므로 끊임없이 흘러나오는 샘물에 비유한 것.

⑳ 악기와 같은 발심 : 보살10지의 최후무간도의 보리심. 해탈을 원하는 유정들에게 오랜 윤회로부터의 해탈을 알리는 듣기 좋은 소리를 들려주므로 아름다운 소리를 내는 악기에 비유한 것.

㉑ 강과 같은 발심 : 부처의 일승도를 갖춘 발심. 일체중생을 교화할 수 있는 능력을 얻음으로써 끊임없이 이타행을 하므로 끊임없이 흐르는 강에 비유한 것.

㉒ 구름과 같은 발심 : 부처의 법신을 갖춘 발심. 화신의 십이행적을 나타낼 수 있는 능력이 있고, 그러한 행적이 중생 각각의 성숙도에 따라 이익을 주므로 작물 각각의 성숙도에 따라 이익을 주는 비를 내리는 구름에 비유한 것.

2) 대승교계

22. 대승행과, 진실들,
    부처 등의 삼보와,
    무탐착과, 지침 없음과,

도(道)의 철저한 호지,

23. 다섯 가지 눈들과,
　　　육신통과, 견도와,
　　　수도 등에 대한 열 가지
　　　교계들을 알아야 하네.

　　이것은 일체종지를 나타내는 10법 중의 두 번째인 '대승교계(大乘
教誡)'에 대한 설명이다.

　　발심을 설한 이후 대승교계를 설한 이유는 대승발심의 목표가 성
불임을 알았으므로 이제 어떻게 하면 그것을 성취할 수 있는가 하는
가르침에 대한 설명이 필요하기 때문이다. 이에 다음과 같은 열 가
지 대승교계를 설하였다.

① 대승행, ② 2제와 4제, ③ 삼보, ④ 무탐착, ⑤ 지침 없음, ⑥ 도
(道)의 호지, ⑦ 오안, ⑧ 육신통, ⑨ 대승견도, ⑩ 대승수도.

[진속 2제]

진속 2제, 즉 승의제와 세속제에 대한 교리는 불교의 4대 학파마다
견해가 조금씩 다르다.

티베트 불교에서는 비바사파, 경부파, 유식파, 중관파의 순서로 견해가 수승해진다고 보고, 특히 하위교파에서 상위교파로 차례로 2제에 대한 견해의 차이를 살피는 것이 존재들의 실상에 대한 이해를 심화하는 데 대단히 유용하다고 설명한다.

본서에서는 중관파 이외의 하위 교파의 견해는 간략하게 설명하고 넘어가기로 한다.

(1) 비바사파가 보는 2제

－승의제 : 부수거나 생각으로써 부분을 각각으로 나눌 때, 그것을 취하는 심식이 버려질 수 없는 대상. 예를 들면, 최소입자, 시변 제찰나의 심식, 무위허공 따위.

－세속제 : 부수거나 생각으로써 부분을 각각으로 나눌 때, 그것을 취하는 심식이 버려질 수 있는 대상. 예를 들면, 항아리, 염주 따위.

이해하기 쉽게 비유하면 레고블록으로 이루어진 세상을 상상해 보면 된다. 여러 가지 종류의 기본 레고블록들이 있고, 그것의 다양한 조합에 의해 다양한 존재들이 이루어진다. 이 중에서 기본 레고블록들은 승의제이고, 그것의 조합으로 이루어진 존재들은 세속제라는 것이다.

이러한 사고방식은 고대의 자연 철학자들이 가진 세계관과도 상당히 유사하다.

(2) 경부파가 보는 2제

- 승의제 : 언어와 분별식에 의한 가립에 의존하지 않고, 그 자신의 존재방식의 방면으로부터, 논리에 의한 고찰을 견뎌냄으로써 성립하는 법. 예를 들면, 물질, 심식, 불상응행 등의 일체 유위법.
- 세속제 : 분별식에 의한 가립에 의해서만 성립하는 법. 예를 들면, 열반, 무위허공 등의 일체 무위법.

간단히 말해서 경부파의 견해에서는 '유위법=승의제, 무위법=세속제'이다.

경부파는 2제를 '추상적 존재인가, 구체적이고 경험적 존재인가'의 개념으로 파악한 듯하다.

(3) 대승의 학파가 보는 2제

유식과 대승의 모든 학파는 다음과 같이 본다.

- 승의제 : 궁극적 진실.
- 세속제 : 일반적 진실.

궁극적 진실이 무엇인가에 대한 유식파와 중관파의 견해는 또 다르므로 그 차이는 잠시 후 공성 부분에서 설명할 것이다.

두 가지 다른 차원의 진실인 2제는 꿈에 비유해서 생각해 볼 수 있다. 세속제를 꿈속에서의 진실로, 승의제를 꿈에서 깬 상태에서의 진실로 비유하는 것이다. 예를 들어 어떤 사람이 꿈속에서 여행을 떠났다. 차를 타고 산을 넘고 배를 타고 강을 건너고 배가 고파서 중간에 음식을 먹고 피곤해서 길바닥에 앉아 쉬기도 하였다. 그런데 꿈을 깨고 나면 그는 자신이 침대에서 한 발짝도 움직인 적이 없음을 알게 된다. 차를 탄 적도 없고, 배를 탄 적도 없고, 음식을 먹은 적도, 길바닥에 앉아 쉰 적도 없다. 그것이 바로 꿈에서 깬 상태에서의 진실이다.

이와 같이 무명의 꿈에 빠진 상태에서 보이는 진실과 무명의 꿈을 깬 상태에서 보이는 진실은 서로 다르다. 그러나 그 두 가지가 서로를 배격하는 것은 아니다. 꿈속에서 여행을 했다는 사실이 생시에 여행을 하지 않았다는 사실을 부정하는 것이 아니고, 생시에 여행을 하지 않았다는 사실이 꿈속에서 여행을 했다는 사실을 부정하는 것이 아니듯이 세속제와 승의제는 서로를 부정하지 않고 동시에 성립한다.

2제의 이름풀이를 하면, 세속제에서의 세속이란 범어에선 은폐한다는 의미를 갖고 있다. 무엇을 은폐하는가 하면 궁극적 진리를 은폐한다. 즉, 무시이래로 이어져 내려온 실집의 습기에 의해 가려져서 궁극적 진리를 직관하지 못하는 일반 범부들의 정신 상태를 의미한다. 그러므로 세속제란 이러한 일반적인 정신 상태에서의 진실이라는 말뜻을 가지고 있다.

반대로 승의제에서의 승의란 궁극적 진리를 직관하는 초월적 정신 상태를 가리킨다. 그러므로 승의제란 이러한 초월적 정신 상태에서의 진실이라는 말뜻이 된다. 그러나 이것은 이름풀이일 뿐이고, 이해의 단초를 제공해 주는 것일 뿐이지, 2제의 의미를 정확히 규정하는 것은 아니다. 왜냐하면 일반적 정신 상태인 범부의 분별식으로도 궁극적 진리를 지각할 수 있고, 초월적 정신 상태인 부처의 일체종지 역시 세속제를 지각하기 때문이다.

그러면 이제 2제의 정확한 의미를 규정하는 정의에 대해 설명할 차례다.

쫑카빠가 중론의 주석서인『중론정리해소(中論正理海疏: 짜쌔띡첸)』에서 제시한 정의와 걜찹다르마린첸이『소요장엄론』에서 제시한 정의가 조금 다른데, 빤첸쐬남닥빠는 그 중에서 어느 것을 채택하건 상관없다는 입장을 취하였다. 그러나 걜찹다르마린첸이 제시한 정의는 설명하려면 난해하고 번잡한 논의가 필요해지며, 또 논란거리도 있으므로 상대적으로 설명하기 간결한 쫑카빠의 정의를 채택하기로 한다.

'궁극을 고찰하는 이지량(理知量)에 의해 발견되는 대상이자, 그 이지량이 그것을 대상으로 궁극을 고찰하는 이지량이 되는 것'이 승의제의 정의, '언어관습적 차원에서 고찰하는 바른지각에 의해 발견되는 대상이자, 그 바른지각이 그것을 대상으로 언어관습적 차원에서 고찰하는 바른지각이 되는 것'이 세속제의 정의다.

바른지각이란 범어 쁘라마나를 필자가 번역한 말이다. 한역으로는 양(量)이라 한다. 의미는 자신의 주요 대상을 올바르게 지각한 심식을 가리킨다. 분류하면 바른직관(현량: 現量)과 바른추론(비량: 比量)이 있다.

2제의 정의 모두 두 가지 조건을 포함하고 있는데, 첫 번째 조건의 의미는 앞서의 설명을 통해 대략적으로 이해할 수 있다. 두 번째 조건이 필요한 이유는 예를 들어 궁극을 고찰하는 이지량에 속하는 부처의 일체종지는 승의제뿐만 아니라 세속제도 역시 지각하므로 만약 승의제의 정의가 '궁극을 고찰하는 이지량에 의해 발견되는 대상'뿐이라면 모든 세속제가 이 조건을 충족시키므로 승의제가 되는 오류가 된다.

그러나 두 번째 조건이 추가된다면 세속제는 이 두 번째 조건을 충족시키지 못하므로 승의제가 되는 오류는 없어진다. 왜냐하면, 일체종지와 근본지(根本智)는 승의제를 대상으로 해서 궁극을 고찰하는 이지량이 되는 것이지, 세속제를 대상으로 궁극을 고찰하는 이지량이 되는 것은 아니기 때문이다.

세속제의 정의 역시 마찬가지로 응용하면 알 수 있지만 같이 한 번 확인해 보자.

공성은 승의제이지만 '공성이 존재한다'라는 진실은 세속제에 포함된다. 그런데 공성이 존재한다는 것을 지각하는 언어관습적 차원의 바른지각은 공성 역시도 지각하고 있으므로 만약 세속제의 정의가 '언어관습적 차원에서 고찰하는 바른지각에 의해 발견되는 대상'뿐이라면 승의제인 공성 역시 이 조건을 충족시키므로 세속제가 되는 오류가 된다. 그러나 두 번째 조건이 추가된다면, 공성이 존재한다는 것을 지각하는 언어관습적 차원의 바른지각은 '공성이 존재함'을 대상으로 언어관습적 차원에서 고찰하는 바른지각이 되는 것이지 공성 그 자체를 대상으로 언어관습적 차원에서 고찰하는 바른지각이 되는 것은 아니므로 공성이 세속제가 되는 오류는 없어진다.

그렇다면 2제의 구체적인 예는 무엇인가 하면, 승의제에 속하는 것으로는 항아리의 비실재성, 항아리가 승의에서 존재하지 않음, 항아리의 공성, 항아리의 법성 따위가 있다.

공성, 법성, 승의제, 진제, 궁극적 진리 모두 같은 의미다.

세속제의 구체적인 예는 어떤 것이 있는가 하면, 항아리, 기둥, 마음, 육체, 인과, 제행무상, 사성제, 해와 달, 은하계, 우주, 지구의 자전과 공전, 에너지보존의 법칙, 필자가 2015년에 『현증장엄론』의 역주를 쓰고 있었다는 사실 등 한 마디로 승의제를 제외한 모든 존재와 일반적 사실들이 세속제다.

세속제를 분류하면 정(正)세속과 전도(顚倒)세속이 있다.

전도세속이란, '거울 속의 얼굴의 모습'의 경우처럼 그것이 나타나는 모습이 실상과 다르다는 것을 범부도 쉽게 알 수 있는 세속제를 가리킨다.(거울 속에 비친 얼굴의 모습은 진짜 얼굴처럼 나타나지만 진짜 얼굴이 아니라는 것을 누구나 쉽게 아니까.) 정세속이란 '항아리' 나 '기둥'의 경우처럼 그것의 나타난 모습이 실상과 다르다는 것을 범부가 쉽게 알 수 없는 세속제를 가리킨다.('항아리'나 '기둥'이 실재가 아니면서 실재처럼 보인다는 것을 범부는 알기 어려우니까.)

빤첸쐬남닥빠는『바라밀고찰(파르친타쬐)』에서 이러한 의미로 정세속과 전도세속을 규정하는 방식에 대해 다음과 같이 반론한다.

"만약 그와 같이 규정한다면 거울 속의 얼굴의 모습은 전도세속이 아니라 정세속이 된다. 왜냐하면 범부는 거울 속의 얼굴의 모습이 외경(外境)으로 나타나지만 외경으로 성립하지 않는다는 것을 지각하지 못하기 때문이다."

그러나 이러한 반론에는 오류가 있다. 왜냐하면 나타나는 모습이 실상과 다르다는 사실에는 다양한 수준의 내용이 있는데 나타나는 모습과 실상의 불일치를 알기 위해서 그 모든 것들을 다 알아야만 하는 것은 아니기 때문이다.

예를 들어 어떤 사람이 10년 만에 만난 친구를 보고서 뭔가 달라졌다는 것을 알아차린다. 그러나 그 친구의 변화된 모든 것을 다 아는 것은 아니다. 변화된 백 가지 중에서 한 가지만 알아차려도 그는 변화를 알아차린 것이다. 만약 백 가지 변화 중에서 어떤 것을 알아차리지 못했으니 변화를 알아차린 것이 아니라고 한다면 그것은 말도 안 되는 소리인 것과 마찬가지다.

이와 같이 생각한다면 무상(無常)에 대한 지각에서도 어떤 것이 매 순간순간 변한다고 하는 미세한 무상을 지각하지 못하고, 깨진다든지 하는 거친 무상만을 지각했더라도 무상을 지각한 것으로 인정해야 한다. 그러나 티베트 불교에서는 오직 미세한 무상인 찰나멸을 지각해야 무상을 지각한 것으로 주장한다. 그러므로 빤첸의 주장은 그러한 무상의 지각에 대한 티베트 불교의 교리와 일관성을 유지하기 위해 필연적인 선택일 것이다. 그리고 이 부분에서 만약 필자의 견해를 받아들인다면 마찬가지로 티베트 불교의 여러 교리들이 수정되어야 하는 것 역시 필연적인 일이다. 이러한 것들을 주의해서 보아야지, 서로 모순되는 주장을 부주의하게 아무렇게나 뒤섞어서는 곤란하다.

그렇다면 이번엔 빤첸이 규정한 정의를 살펴보자.

'세속제이면서 그것을 현현경(나타나는 대상)으로 가진 심식에 나타난 바가 나타난 바대로 성립하는 부류에 머무는 것'이 정세속의 정의, '세속제이면서 그것을 현현경으로 가진 심식에 나타난 바가 나타난 바대로 성립하지 않는 부류에 머무는 것'이 전도세속의 정의이다.

여기서 '부류에 머무는 것'이란 티베트어로 릭쑤내빠(rigs su gnas pa)인데, 참 골치 아픈 용어다. 왜냐하면 이것은 명확하게 의미를 설명할 수가 없고, 단지 예를 들어 A의 정의 안에 그 말이 없으면 A에 속하면서도 A의 정의에 부합하지 않는 사례가 있을 경우 그러한 것들을 구원하기 위해 붙이는 말이기 때문이다.

지금 이 경우에도 정세속은 모두 '그것을 현현경으로 가진 심식에 나타난 바가 나타난 바대로 성립'하지 않는다. 그래서 이 '부류에 머무는 것'을 이용해서 정세속의 정의에 부합하지 못할 정세속들을 정세속의 정의에 부합하는 것으로 간주한다. 즉, "……로 성립하는 것은 아니지만 ……로 성립하는 부류에 머무는 것이다."라고 말하는 것이다. 그런데 이것은 참으로 이상한 말이 아닌가? A의 부류에 머문다면 A여야 하지 않는가?

필자가 티베트어 실력이 부족한 것도 사실이지만 이것은 필자의 티베트어 실력이 부족해서 오해하고 있는 그런 문제는 결코 아니다. 왜냐하면 만약 A는 아닌데 어째서 A의 릭쑤내빠인지, 어떻게 하는 것이 A의 릭쑤내빠인지를 명확하게 말로 표현할 수 있었다면 바로 그러한 설명을 '릭쑤내빠' 대신 정의 안에 포함시켰을 것이기 때문이다.

물론 방대한 불교 교리을 미세한 부분까지 세밀하게 모두 정립하고자 하면 이렇게 말해도 모순을 피할 수 없고, 저렇게 말해도 모순을 피할 수 없고, 그렇다고 정의를 제시하지 않기도 부적절하고, 그런 곤란한 상황에 빠질 때가 많을 것이므로 이와 같은 최후의 수단을 사용한 것은 대단히 이해할 만한 일이다.

만약 필자가 뺀첸의 입장에서 같은 작업을 하려 한다면 뺀첸이 해낸 백분의 일이라도 과연 해낼 수 있을지 의문이다. 하지만 어쨌든 학문을 하고 비판하는 입장에서 이 릭쑤내빠(부류에 머무는 것) 같은 해결 방식은 참으로 불만스러운 것도 사실이다.

2제에 있어서의 승의와 세속의 의미는 이상으로 대략적인 설명을 마쳤다. 그러나 승의와 세속은 또 다른 의미로 사용되는 경우가 있다. '승의에서 존재하는가, 세속적 차원에서 존재하는가?'를 논할 때가 바로 그러한 경우다.

승의에서 존재한다는 것은 실재라는 말과 같다. 또 다른 말로 '논리에 의한 고찰을 견뎌내고 성립한다'고 한다. 그렇다면 승의에서 존재하지 않는다는 말은 비실재, '논리에 의한 고찰을 견뎌내고 성립한 것이 아니다'는 말이다.

세속적 차원에서 존재한다는 것은 '일반적으로 존재한다', '언어 관습적 차원에서 존재한다'는 말과 같다. 이러한 경우의 승의와 세속의 의미와 2제에 있어서의 승의와 세속의 의미는 전혀 다르다. 왜냐하면 공성은 승의제이지만 승의에서 존재하는 것은 아니고, 세속적 차원에서 존재하는 것이지만 세속제는 아니기 때문이다.

이와 같이 승의와 세속에는 두 가지 다른 의미가 있으므로 혼동하지 않도록 반드시 개념 정리를 정확히 하고 넘어가야 한다. 『선설장론』 요약본의 '6. 승의와 세속의 의미' 부분을 참고하기 바란다.

승의와 세속의 2제에 대한 대략적인 설명을 마쳤으므로 이제 승의제인 공성의 내용에 대해 구체적으로 설명할 차례다.

〔긍정존재와 부정존재〕

공성을 이해하려면 먼저 부정존재의 개념에 대해 알아야 한다. 부정존재란 '대상을 지각할 때 그것의 배격대상을 직접 배격하는 방식으로 지각되는 존재'를 의미한다.

긍정존재는 그와 반대로 '대상을 지각할 때 그것의 배격대상을 직접 배격하는 방식이 아닌 방식으로 지각되는 존재'를 의미한다.

부정존재를 분류하면 부분부정존재와 전체부정존재가 있다.

부분부정존재란 그것의 배격대상을 배격한 나머지로 다른 긍정존재를 나타내는 부정존재를 의미한다. 분류하면 다른 긍정존재를 직접 나타내는 부분부정존재, 간접적으로 나타내는 부분부정존재, 직간접 두 가지 모두로 나타내는 부분부정존재, 상황에 의해 나타내는 부분부정존재 등의 네 가지가 있다.

직접 나타내는 부분부정존재는 예를 들면 '나무 없는 산' 따위가 있다. 이것은 나무를 배격한 나머지로 산을 직접 나타내기 때문이다.

간접적으로 나타내는 부분부정존재의 예는 '뚱뚱한 데와닷따가 낮에는 음식을 먹지 않는다' 따위이다. 이것은 뚱뚱한 데와닷따가 낮에 음식을 먹는 것을 배격한 나머지로 밤에 음식을 먹는 것을 간접적으로 나타내기 때문이다.

직간접 모두로 나타내는 부분부정존재의 예는 '뚱뚱한 데와닷따가 낮에는 음식을 먹지 않는데 건강하다' 따위이다. 이것은 밤에 음식을 먹는 것을 간접적으로 나타내고 건강하다는 것을 직접적으로 나타낸다.

상황에 의해 나타내는 부분부정존재는 예를 들어 어떤 사람이 바라문이나 왕족 둘 중의 하나임이 분명할 때 '저 사람은 왕족이 아니다'라고 말한 경우 따위다. 이것은 그 사람이 바라문이라는 것을 상황에 의해서 나타낸다.

전체부정존재란 어떤 것을 배격한 나머지로 다른 긍정존재를 나타내지 않는 부정존재를 의미한다. 분류하면 자신의 배격대상이 일반적으로 존재하는 전체부정존재와 일반적으로 존재하지 않는 전체부정존재 두 가지가 있다.

자신의 배격대상이 일반적으로 존재하는 전체부정존재의 예는

'무탐착' 따위이다. 이것은 탐착을 배격하기만 할 뿐 그 밖의 다른 긍정존재를 나타내지 않으며, 자신의 배격대상인 탐착이 일반적으로는 존재하는 것이기 때문이다.

자신의 배격대상이 일반적으로 존재하지 않는 전체부정존재의 예는 '창조주는 없다' 따위이다. 이것은 창조주를 배격만 할 뿐 그 밖의 다른 긍정존재를 나타내지 않으며, 자신의 배격대상인 창조주가 일반적으로도 존재하지 않기 때문이다.

한 가지 혼동할 수 있는 경우는 '바라문은 술을 마시지 않는다'와 같은 경우이다. 이것은 자신의 배격대상이 일반적으로 존재하는 전체부정존재인데, 이것이 다른 긍정존재인 바라문을 나타낸다고 생각해서 부분부정존재라고 혼동하는 경우가 있다. 그러나 여기서 바라문은 술을 마시는 것을 배격한 나머지로 나타낸 대상이 아니라 배격한 나머지가 있는지 없는지를 따질 밑바탕이다.

다시 말해 바라문이라는 밑바탕에서 음주를 배격한 후 배격한 나머지로 다른 것을 나타내는지 나타내지 않는지를 따지는 것이므로 여기에 바라문은 나타내고 나타내지 않는 것을 따지는 대상에 해당되지 않는다. 만약 '바라문은 술을 마시지 않고 물을 마신다'라고 한다면 바라문이라는 밑바탕에서 음주를 배격한 나머지로 물을 마신다는 것을 나타냈으므로 이것은 부분부정이 된다.

공성을 이해하기 위해서 이러한 지식이 필요한 이유는 공성이 전체부정존재라는 것을 알아야 하기 때문이다. 왜냐하면 만약 공성을 생각하면서 공성의 배격대상을 배격한 나머지로 다른 어떤 긍정존재를 떠올리고 있다면 그것은 공성을 제대로 포착하지 못한 것이기 때문이다.

또, 공성이 부정존재이므로 그것을 지각하는 심식이 무엇을 배격하는가 하는 그 배격대상을 올바로 포착하지 못한다면 당연히 그것을 올바로 배격할 수도 없으므로 역시 공성을 올바로 포착하지 못하게 된다. 그러므로 공성을 이해하는 데에는 배격대상의 확인이 필수적 과정이며, 바로 그러한 뜻으로 적천(샨띠데와)은 『입보살행론』에서 "덧붙여진 무엇에 접하지 않고서는 그 무엇의 부재를 취할 수 없다." 라고 하였다.

비유를 들어 설명하면 만약 어떤 사람이 "당신 방에는 꾼따뽈라가 있습니까?" 하고 묻는다면 대부분의 사람들이 "꾼따뽈라가 뭔데요?" 하고 반문할 것이다. 왜냐하면 꾼따뽈라가 무엇인지를 먼저 확정하지 않는다면 그것이 내 방에 있는지 없는지 또한 확정할 수가 없기 때문이다.

또, 어떤 사람이 만약 코끼리가 무엇인지 모르고서 사자를 코끼리로 생각하고 있다면 그 사람이 아무리 "내 방에 코끼리가 없다."고 말해 보았자 그가 하는 말의 의미는 사실 "내 방에 코끼리가 없다." 가 아니라 "내 방에 사자가 없다."일 뿐이다.

이와 마찬가지로 공성의 배격대상을 먼저 정확하게 파악하지 못했다면 그는 공성을 이해할 수도 없고, 그가 아무리 공성의 내용을 정확하게 말로 표현하고 있다 하더라도 역시 그가 말하는 것은 말 뿐이지 그 안에 정확한 이해는 없다.

공성의 배격대상을 파악하는 데 있어서 두 가지 실수가 일어날 수 있다. 첫째는 배격대상을 너무 작게 파악하는 것이고, 둘째는 배격대상을 너무 크게 파악하는 것이다.

너무 작게 파악하면 배격해야 할 것을 다 배격하지 않아서 없는 것을 있다고 하는 유변(有邊)에 머물게 된다. 비유하면 집 안에 든 도둑을 일부만 쫓아내고 일부는 남은 것과 같다.

너무 크게 파악하면 배격하지 말아야 할 것까지 배격하여 엄연히 존재하는 것을 없다고 하는 무변(無邊)에 머물게 된다. 비유하면 도둑을 쫓아내려다 도둑이 아닌 손님이나 주인까지 쫓아내는 것과 같다.

이와 같은 유와 무의 양변에서 벗어나 중도에 머무는 것이 공성을 올바로 포착하고 있는 것이다.

유변은 다른 말로 상변(常邊) 또는 증익변(增益邊)이라 하고, 무변은 다른 말로 단변(斷邊) 또는 손감변(損減邊)이라 한다.

"공성이 궁극적 진리라면 그것은 그저 있는 그대로일 텐데 어떻게 부정존재가 될 수 있는가?"라고 생각할 수도 있다. 필자가 보기에 이것은 대단히 지혜로운 의심이다. 그러나 간과하기 쉬운 한 가지 사실에 주의하지 않았다. 먼저 비유를 하자면, 가운데에서 누군가가 왼쪽으로 한 발 움직였다면 그가 다시 가운데에 위치하기 위해선 오른쪽으로 한 발 움직여야 한다. 그런데 여기서 만약 "오른쪽으로 움직인다면 그것은 가운데에서 벗어난 것이 아닌가?"라고 말한다면 이것은 가운데에서 이미 왼쪽으로 벗어나 있음을 간과한 말이다.

마찬가지로 중생에겐 실집이란 것이 있다. 실집이란 존재하지도 않는 실재를 취하였으므로 거짓을 취하고 있다. 그렇다면 진실을 가리키기 위해선 그 거짓을 부정하는 것밖에 다른 도리가 없다. 바로 그래서 공성이 부정존재가 되는 것이다.

부정해야 할 것만을 부정하고 나서 다른 것을 떠올리지 말아야 하는 이유도 비유를 통해 알 수 있다. 왼쪽으로 한 발 벗어났던 사람이 오른쪽으로 한 발 움직여서 제자리로 돌아온 후 다시 어느 쪽으로든 걸음을 옮기면 또 다시 제자리에서 벗어나는 것과 마찬가지로 부정해야 할 것을 부정한 후 다른 어떤 것을 떠올리면 또 다시 궁극적 실상에서 벗어난 망상이 되는 것이다.

〔공성〕

소승의 학파들은 공성을 인정하지 않고, 오직 대승의 학파들만 공성을 주장한다. 그러나 대승의 각 파가 주장하는 공성의 내용은 또 저마다 다르므로 구분해서 이해하도록 한다.

(1) 유식파가 보는 공성

유식파의 견해에서는 외경(外境), '주관과 객관이 별개의 실체임', '의타기가 변계소집된 바가 승의에서 성립함' 등이 모두 공성의 배격대상이다.

이 중에 마지막 것에 대해서는 『선설장론』을 통해 자세히 이해하시기 바란다.

외경을 배격하고, 주관과 객관이 별개의 실체임을 배격하는 논리는 주로 꿈의 비유를 통해서 이루어진다. 꿈을 꿀 때 우리는 여러 가지 대상을 보고 경험하지만, 그러한 대상들은 실제로 존재하는 것이 아니고 우리의 의식의 표현에 불과하다. 그와 같이 일체법이 오직 심식에 의존한 심식의 본질일 뿐 심식과 동떨어진 별개의 실체인 외경이 아니다. 그러므로 외경이란 존재하지 않는다.

그렇다면 유식파의 견해에서 중도가 무엇인가 하면, 심식이 실재가 아니라는 단변에서도 벗어나고, 외경이 존재한다는 상변에서도 벗어난 것이 중도가 된다. 3성에 적용해서 말하면, 의타기와 원성실이 승의에서 존재하지 않는다는 단변과 변계소집이 승의에서 존재한다는 상변을 여읜 것이 중도다.

외경을 배격하는 주요 논거는 '반드시 함께 소연된다는 논거'이다. 논증식을 예로 들면 다음과 같다.

"파랑색과 파랑색을 취한 심식은 별개의 실체가 아니다. 그 두 가지는 반드시 함께 소연되기 때문에. 예를 들면 꿈속의 코끼리와 꿈속의 코끼리를 취한 심식처럼."

여기서 '반드시 함께 소연된다'는 말의 의미에 대해 쫑카빠의 세 명의 수제자인 갤찹다르마린첸, 캐둡겔렉뺄상, 겐뒨둡이 모두 다르게 설명한다. 필자가 보기엔 겐뒨둡의 견해가 가장 정확하다고 생각되므로 겐뒨둡의 『양리장엄론(量理莊嚴論: 채마릭걘)』을 인용하면 다음과 같다.

파랑색은 파랑색을 취한 심식과 반드시 함께 소연된다. (파랑색은) 파
랑색을 취한 심식과 다른 것이고, 파랑색을 소연하면 반드시 파랑색
을 취한 심식을 소연하는 본질로 발생하고, 그것(파랑색을 취한 심식)
을 소연하면 또한 반드시 파랑색을 소연하는 본질로 발생하기 때문
이다. 이것이 바로 다르못따라(법승: 法勝)의 견해이다. 왜냐하면 다
르못따라의 주석에서 "지식대상을 소연하면 심식을 소연하는 본질
일 뿐 다른 것이 아니고, 심식을 소연하는 것 역시 지식대상을 소연
하는 본질이다."라고 하셨기 때문이다.

(2) 중관파가 보는 공성

중관파의 견해에서는 실재, '승의에서 성립함' 등이 공성의 배격
대상이다.

실재를 배격하는 논증에는 주로 다음의 다섯 가지가 있다.

① 하나와 다수를 배격하는 논증 : "새싹은 실재가 아니다. 승의에
   서 하나로도 여럿으로도 성립하지 않기 때문에."
② 금강파편의 논증 : "새싹은 승의에서 발생하지 않는다. 승의에
   서 자신으로부터 발생하는 것도 아니고, 승의에서 다른 것으

로부터 발생하는 것도 아니고, 승의에서 자타 두 가지 모두로
부터 발생하는 것도 아니고, 승의에서 원인 없이 발생하는 것
도 아니기 때문에."

③ 유무의 발생을 배격하는 논증 : "새싹은 승의에서 발생하지 않
는다. 자신의 원인의 시점에서 있으면서 승의에서 발생하는
것도 아니고, 자신의 원인의 시점에서 없으면서 승의에서 발
생하는 것도 아니기 때문에."

④ 네 가지 경우의 발생을 배격하는 논증 : "새싹은 승의에서 발생
하는 것이 아니다. 승의에서 하나의 원인에서 다수의 결과가
발생하는 것도 아니고, 승의에서 다수의 원인에서 하나의 결
과가 발생하는 것도 아니고, 승의에서 다수의 원인에서 다수
의 결과가 발생하는 것도 아니고, 승의에서 하나의 원인에서
하나의 결과가 발생하는 것도 아니기 때문에."

⑤ 연기(緣起) 논증 : "새싹은 실재가 아니다. 다른 것에 의지하고
상대해서 성립하는 것이기 때문에."

이 다섯 가지 중에서 첫 번째가 요가행중관자립파의 개조인 샨따락
시따와 그 제자인 까말라실라가 가장 선호하는 논증이라고 한다. 설
명하면 다음과 같다.

만약, 새싹이 실재 즉, 승의에서 성립하는 것이라면 승의에서 하
나이거나 여럿이거나 둘 중의 하나여야만 한다. 그런데 만약에 승의
에서 하나라면 여러 부분들로 이루어져 있다는 것은 모순이 된다.

세속적 차원 즉, 일반적 사실에서라면 여러 부분들이 모여 하나의 존재를 이룬다는 것에는 아무런 모순이 없다. 왜냐하면 일반적 사실이란 본래 어떤 것의 실상과 일치하지 않는 모습이 나타나는 착란을 가진 일반적 심식에 의해 정립된 사실이기 때문이다.

그러나 이러한 존재방식을 넘어서 승의에서 성립하는 것이라면 이와 같이 나타나는 모습과 실상의 불일치는 없어야 한다. 그렇지 않다면 그것은 승의에서 성립한 것이 아니라 세속적 차원에서 성립한 것이기 때문이다. 이와 같이 새싹이 승의에서 하나라는 것이 부정되고 나면 이제 승의의 존재에게 남은 가능성은 승의에서 다수라는 것이다. 그런데 다수라는 것은 두 개 이상이 모인 것이다. 그러므로 그 안에 승의에서 하나인 존재를 포함한다. 그런데 그 승의에서 하나인 존재는 앞서의 논리에 의해 부정되므로 다수를 구성할 하나, 하나가 없어서 다수 역시 존재할 수 없게 된다. 그러므로 새싹이 승의에서 다수라는 것 역시 부정된다.

여기서 보듯이 나타나는 모습과 실상의 불일치라는 개념은 공성을 이해하는 데 있어서 대단히 중요하다. 이것은 주로 다음과 같은 환술의 비유로 설명한다.

어떤 환술사가 구경꾼을 모아놓고 비밀스런 약을 풀어서 구경꾼의 눈을 오염시킨다. 그리고 나서 돌멩이와 나무토막을 말과 소로 보이게 만든다. 여기서 다음과 같은 세 가지의 경우가 발생한다.

첫 번째, 눈이 오염된 구경꾼에게는 돌멩이와 나무토막이 말과 소로 보이기도 하고, 자기가 보는 말과 소가 사실 돌멩이와 나무토막이라는 것을 알지 못하므로 그것들이 틀림없이 말과 소라고 집착한다.

두 번째, 환술사는 자기 눈도 오염되어 있기 때문에 돌멩이와 나무토막이 말과 소로 보이기는 하지만 그것들이 사실은 돌멩이와 나무토막이라는 것을 알고 있으므로 그것들이 말과 소라고 집착하지 않는다.

세 번째, 뒤늦게 와서 눈이 오염되지 않은 구경꾼은 환술사가 앞에 내어 놓은 돌멩이와 나무토막이 그대로 돌멩이와 나무토막으로 보일 뿐 말과 소로 보이지 않고, 당연히 말과 소라고 집착하지도 않는다.

첫 번째 경우는 공성을 이해하지 못한 범부의 경우와 비슷하다. 왜냐하면 무시이래로 이어져온 실집에 오염된 심식에 모든 존재가 실재처럼 보이고 또 그렇게 집착하기 때문이다.

두 번째 경우는 공성을 이해하였지만 아직 실집의 오염을 제거하지 못한 자의 경우와 비슷하다. 왜냐하면 그는 모든 존재가 실재라고 생각하지는 않지만 여전히 모든 존재가 실재처럼 나타나 보이기 때문이다.

세 번째 경우는 실집의 오염을 완전히 제거한 부처의 경우와 비슷하다. 왜냐하면 부처는 모든 존재가 실재라고 생각하지 않을 뿐만 아니라 심식에 실재처럼 나타나지도 않기 때문이다.

그렇다면 이제 범부의 심식에 나타나는 존재의 모습과 실상이 어떻게 다른가, 실재처럼 나타난다고 하는 그 실재란 어떻게 나타나는 것을 두고서 하는 말인가를 설명해야 한다.

여기서 중관자립파와 중관귀류파의 견해가 갈라진다.

자립파의 견해에서 모든 존재는 오류 없는 심식에 의해 설정된 것이기도 하지만 자기방면으로부터도 역시 성립하는 것이다. 자기방면으로부터의 성립은 다른 말로 자상(自相)에 의한 성립이라고도 말한다. 다시 말해 자립파의 견해에서 자상은 공성의 배격대상이 아니다. 그러나 귀류파가 보기에는 자상에 의해 성립한다면 그것은 승의에서 성립한 것이므로 자상은 공성의 배격대상이다.

자립파 역시 언어관습적 차원을 넘어서 고찰하면 모든 것이 성립하지 않는다고 주장하고, 일체법이 논리의 고찰을 견뎌내지 못한다고 주장하기는 한다. 그러나 존재들이 단지 분별식에 의해 가립된 것에 불과하지 않고, 가립이 가리키는 바를 찾으면 얻어진다고 주장하므로 귀류파가 보기에 그러한 자립파의 견해는 역시 언어관습적 차원을 넘어선 고찰에 의해 성립한 대상을 취한 것이고, 논리의 고찰을 견뎌내고 성립한 대상을 취한 것이다.

그렇다면 자립파가 공성의 배격대상으로서 실재를 배격할 때 구체적으로 무엇을 배격하는가 하면 '오류 없는 심식에 나타남에 의해 설정된 것이 아닌, 자신의 존재방식에 의해서 성립한 것'이다.

여기서 혼동하기 쉬운데, 다시 말하지만 자립파는 모든 존재가 자신의 존재방식에 의해 성립한다고 생각하므로 여기서 배격되는 것은 '자신의 존재방식에 의해서 성립한 것'이 아니다. 그렇다면 그것이 배격대상의 내용에 왜 포함되었는가 하면, 만약 전반부 즉, '오류 없는 심식에 나타남에 의해 설정된 것이 아닌 것'만을 공성의 배격대상이라고 말하면, 그것은 토끼뿔이라든지 상일주재의 자아, 변하지 않는 물체 등 존재하지 않는 것들을 부정할 때 역시 완벽하게 배격되므로 겨우 토끼뿔 따위가 존재하지 않는다는 것을 이해하고 나서 공성을 이해했다고 말해도 된다는 오류가 되기 때문이다.

다시 말해서, 존재하지 않는 것들 역시 오류 없는 심식에 의해 설정된 것이 아니다. 그러므로 단지 '오류 없는 심식에 나타남에 의해 설정된 것이 아닌 것'만 배격해서는 공성을 이해하는 데 필요한 미세한 배격대상을 다 배격시키지 못한다.

그런데 자립파가 보기에 존재하는 것들을 대상으로 그것이 오류 없는 심식에 나타남에 의해 설정된 것이 아니라 자신의 존재방식에 의해서만 성립된 것이라고 본다면 그것이 바로 범부가 궁극의 실상에서 어긋난 정확한 지점이다. 다시 말해 궁극의 실상인 공성을 지각하기 위해 배격해야 할 정확한 배격대상이다.

오류 없는 심식이란 착란이 없는 심식과는 의미가 다르다. 예를 들어 공성을 지각하는 범부의 심식은 실재가 아닌 것을 실재가 아니라고 지각하므로 오류가 없다. 그러나 그 비실재성이 여전히 실재처럼 나타나 보이므로 착란은 있다. 또 분별식은 자신이 인식하는 대상과 대상의 관념상이 섞여서 나타나므로 모든 분별식은 예외 없이 착란식이다. 그러나 분별식 중에서 이를테면 올바른 추론에 의해 대상을 올바르게 지각한 분별식은 대상을 올바르게 지각하므로 오류 없는 심식이라 한다.

오류 없는 심식은 티베트어로 '로뇌메(blo gnod med)'라 한다. 직역하면 '가해가 없는 심식'이란 뜻이다. 비폭력의 심식 따위로 엉뚱하게 들릴 소지가 있는데, 그렇다면 약간 조정해서 '가해 받지 않는 심식'이라 하면 되지 않을까 싶지만, 여전히 엉뚱한 의미로 들릴 소지가 다분하다. 그래서 필자가 오류 없는 심식이라 번역하는 것이다. 이렇게 번역해도 의미상으로 아무 문제가 없는 이유는 '로뇌메'는 동의어인 '로된튄(blo don mthun)'으로 종종 대치되기도 하는데, 로된튄은 사실과 일치하는 심식이란 의미이기 때문이다. 만약 착란이 있는 심식을 오류 없는 심식이라고 부를 수 없다면 마찬가지 이유로 착란이 있는 심식을 사실과 일치하는 심식으로 불러서도 안 될 것이다.

로뇌메를 직역해서 설명하면, 가해가 없다는 것은 다른 바른지각에 의해 해를 입지 않는다는 뜻이다. 예를 들어 변하지 않는 물체가 존재한다고 취한 전도된 심식은 모든 물체는 변한다고 취한 바른지각에 의해 제거된다. 즉, 해를 당하는 것이다. 그러나 반대로 바른지각은 전도된 심식에 의해 해를 당하지 않는다. 왜냐하면 바른지각은 또 다른 진실에 의해 확고히 뒷받침되고 있기 때문이다.

마지막으로, 중관귀류파가 보는 공성의 배격대상은 무엇인가 하면, 자상(自相), '존재들이 분별식에 의해 가립된 것에 불과하지 않음' 등이다.

귀류파가 모든 존재가 분별식에 의해 가립된 것에 불과하다고 주장한다고 해서 분별식으로 아무렇게나 상상한 것들과 엄연히 존재하는 것들을 똑같이 보는 것은 아니다. 왜냐하면 존재는 바른지각에 의해 성립하는 것이어야 하기 때문이다. 예를 들어 항아리도 분별식에 의해 가립되고 토끼뿔도 분별식에 의해 가립되지만 바른지각에 의해 성립하고 못 하고의 차이가 있으므로 존재하는 것과 존재하지 않는 것은 서로 같아지지 않는다.

그렇다면 이제 중관파가 보는 중도가 무엇인지에 대해서도 알 수가 있다. 자립파와 귀류파가 공통적으로 인정하는 것으로 말하자면, 존재들이 세속적 차원에서조차 존재하지 않는다는 무변과, 존재들이 승의에서 존재한다는 유변을 여윈 것이 중도다.

자립파만의 견해에서 말하자면, 존재들이 자상에 의해 성립하지 않는다는 무변과, 존재들이 오류 없는 심식에 나타남에 의해 설정된 것이 아닌, 자신의 존재방식에 의해 성립한다는 유변을 여윈 것이 중도다.

귀류파만의 견해에서 말하자면, 존재들이 세속적 차원에서조차 존재하지 않는다는 무변과, 존재들이 자상에 의해 성립한다는 유변을 여윈 것이 중도다.

〔사성제〕

사성제의 이름을 풀이하면, '제'라는 것은 진실 즉, 설한 바 그대로 거짓이 없다는 뜻이고, 성인의 지혜에 의해 알려지는 것이지 범부가 스스로 알기 어려운 진실이므로 '성제'라 한다.

사성제에는 고성제, 집성제, 멸성제, 도성제, 이렇게 네 가지가 있다. 줄여서 고집멸도 4제라 한다.

부처님께서 고집멸도를 차례로 설하신 순서는 자연스런 관심의 흐름에 따른 것이고, 철저히 실천적인 순서다. 병이 났을 때에 비유하면, 몸이 아픈 것을 느끼면 무엇인가가 잘못됐다는 것을 인식하게 된다. 즉, 병을 인식하게 되는 것이다. 그러면 그 다음엔 "왜 아프지?" 하고 병의 원인을 생각하게 된다. 그런 다음엔 치유할 수 있을지를 생각하게 되고, 그 다음에 치유를 위해서 어떻게 해야 하는가를 생각한다. 이것이 바로 고집멸도의 순서다. 즉, 고제는 병과 같고, 집제는 병의 원인, 멸제는 병의 치유, 도제는 병의 치유를 위한 방법에 해당한다.

자신에게 만약 중병이 있는데 그것을 인식하지 않는다면 그는 계속 병에 시달리게 될 것이다. 그러므로 의사가 환자에게 병에 대해 알려주는 것은 환자의 병을 치료하기 위해서이지 쓸데없이 환자를 불행하게 만들려는 것이 아니듯이, 부처님께서 고제를 설하신 것 역시 중생이 고로부터 벗어나게 하고자 하는 훌륭한 목적을 위해서이지, 그저 인생을 한탄하고 있는 것이 아니다.

간혹 부처님의 가르침을 잘못 이해한 이들 중에서 불교가 비관론이라고 생각한 이들이 종종 있다. 그러나 있는 것을 있는 그대로 말하는 것은 사실주의일 뿐 결코 비관론이라 할 수 없다. 더욱이 불교는 고에서 완전히 벗어난 가장 바람직한 상태를 추구하므로 이것을 비관론이라 말한다는 것은 전혀 얼토당토않은 얘기다. 만약 환자가 중병을 앓고 있고, 그것을 충분히 치유할 수 있는데도 불구하고 낙관적인 사고방식이랍시고 아무런 병도 없으니 안심하라고 환자를 속인다면 그것이야말로 어리석고 해로운 행위일 뿐이다.

낙관주의건 비관주의건 사실을 왜곡하거나 불필요한 불행을 초래하는 사고방식은 결코 좋다고 할 수 없다. 가장 좋은 것은 있는 것을 있는 그대로 인식해서 그 상황에 가장 적합하고 올바른 행위를 선택할 수 있게 하는 사고방식이다. 가장 적합하고 올바른 행위란 당연히 정확한 상황 판단에서 나올 뿐, 왜곡된 상황 판단 하에서는 나올 수 없다. 예를 들어 길에 큰 구덩이가 있는데도 불구하고 그것이 없는 것처럼 생각하고 지나간다면 구덩이에 빠져 다치게 될 것이다.

그러면 이제 고집멸도의 네 가지 진실에 대해 차례로 알아보도록 하자.

고제란 부정한 유정세간과 기세간이 모두 고(苦)라는 것이다. 고(苦)를 분류하면 고고(苦苦), 괴고(壞苦), 행고(行苦) 등의 세 가지가 있다.

고고(苦苦)란 고통이나 괴로운 느낌을 말한다. 여기엔 육체적 괴로움과 정신적 괴로움이 있다. 이것은 누구나 고라는 것을 알고 있는 것이므로 더 자세히 설명할 필요가 없을 것이다.

괴고(壞苦)란 유루의 행복하거나 좋은 느낌을 가리킨다. 여기에도 마찬가지로 육체적인 좋은 느낌과 정신적인 좋은 느낌이 있다. 유루라는 것은 이후 다시 설명이 나오지만 일단 쉽게 얘기하면 번뇌에 오염된 것을 의미하고, 번뇌 그 자신도 당연히 포함된다.

유루의 행복 등을 어째서 고라고 하였는가 하면, 그것들은 결국

변해서 괴로움이 되기 때문이다. 그래서 무너지는 고, 즉 괴고다. 또 비유하면 유루의 행복은 마치 가려운 곳을 긁을 때 느껴지는 쾌감과 같다. 그런데 사실 가렵다가 긁어서 얻는 행복보다는 아예 처음부터 가렵지 않은 것이 낫다. 그런데 왜 가려운 곳을 긁을 때 쾌감이 느껴지는가 하면 가려움이 괴로웠기 때문이다. 그 괴로움이 해소되면서 해소되는 괴로움의 양만큼 그것이 쾌감으로 느껴진 것이다. 그러니 그것은 알고 보면 고에 불과하다.

그러나 무루의 행복은 경우가 조금 다르다. 괴로움의 증상이 아닌 괴로움의 원인을 제거하는 것이고, 또한 확고한 진실에 입각한 지혜에 의해 제거하는 것이므로 그 상태는 진실에 의해 지탱되어 안정되며, 결국 괴로움의 원인을 완전히 뿌리 뽑아 궁극적으로 해결하기 때문이다.

마지막의 행고(行苦)는 세 가지 고 중에서 가장 지각하기 어렵다. 행고는 고고와 괴고를 제외하고 업과 번뇌에 의해 생겨난 모든 유루의 온(蘊)을 가리킨다. 중생의 몸도 행고이고, 중생이 윤회하는 세계인 삼계 모두가 행고이고, 고락이 아닌 유루의 중립적 느낌도 이 행고에 포함된다. 이것들을 고라고 한 이유는 업과 번뇌에 오염되고 속박된 채로 매 순간마다 끊임없이 생멸하기 때문이다.

모든 유위법이 한순간도 끊임없이 매 순간 순간 변화한다는 찰나 멸의 가르침은 과거에는 대단히 믿기 어려운 이야기였을 것이다. 왜냐하면 눈으로 보기에는 분명히 책상이나 바위 따위들이 찰나는 고사하고 며칠 또는 몇 달이 지나도 변함없이 그대로인 것처럼 보이기 때문이다. 그러나 원자와 소립자의 실상을 속속들이 파헤친 현대과학의 혜택을 받은 우리는 찰나멸을 아주 쉽게 당연하다는 듯이 받아들일 수 있게 되었다.

경전에는 이러한 고고, 괴고, 행고의 3고 외에도 생로병사의 4고, 또 거기에 애별리고(사랑하는 것과 헤어지는 괴로움), 원증회고(싫어하는 것과 만나는 괴로움), 구부득고(원하는 것을 얻지 못하는 괴로움), 오음성고(오온에서 생기는 괴로움) 등을 합해 8고를 설하기도 하였다.

다음으로 집제란 고의 원인이라는 의미로서, 번뇌와, 유루의 업이 모두 여기 포함된다.

번뇌를 분류하면 여섯 가지 근본번뇌와 스무 가지 수(隨)번뇌가 있다.

여섯 가지 근본번뇌란 탐(貪), 진(瞋), 만(慢), 염오무명(染汚無明), 염오견(染汚見), 염오의(染汚疑) 등을 가리킨다.

스무 가지 수번뇌란 분(忿), 한(恨), 뇌(惱), 부(覆), 간(慳), 질(嫉), 첨(諂), 광(誑), 교(憍), 해(害), 무참(無慚), 무괴(無愧), 혼침(昏沈), 도거(掉擧), 불신(不信), 해태(懈怠), 망념(妄念), 방일(放逸), 산란(散亂), 부정지(不正知) 등을 가리킨다.

유루업에는 유루복업, 비복업, 유루부동업 등의 세 가지가 있다.

복업이란 인간계와 욕계천상에 태어나게 하는 업을 가리킨다.

비복업이란 지옥, 아귀, 축생의 삼악도에 태어나게 하는 업을 가리킨다.

부동업이란 색계와 무색계에 태어나게 하는 업을 가리킨다. 이것을 부동업이라 하는 이유는 다른 업으로 변하지 않기 때문이다. 예를 들어 초선천에 태어나게 하는 업이 형성되면 이것은 2선천이나 3선천 등으로 태어나는 업으로 바뀌지 않는다.

고를 없애기 위해서는 고의 원인을 없애야 하고, 고의 원인 중에서도 가장 뿌리가 되는 것은 인아집이므로 결국 인아집을 뿌리 뽑아야 고에서 완전히 벗어날 수 있다는 결론이다.

어떤 사람은 못된 짓만 하면서도 호의호식하며 온갖 쾌락을 누리고 살고, 어떤 사람은 선량하기 그지없는데도 태어나면서부터 줄곧 고통만 받다가 죽는 경우가 있다. 이러한 두 가지 경우의 고락의 차이를 만드는 원인을 그들 자신의 업과 번뇌로부터 찾으려 한다면 한 생만 가지고서는 불가능하므로 사성제를 인정한다면 윤회 역시 인정할 수밖에 다른 도리가 없다.

세 번째로, 멸제란 도제에 의해서 번뇌나 소지장의 일부 또는 전체가 제거된 것을 말한다. 번뇌와 소지장의 제거가 가능한 이유는 그것들이 그릇된 인식이고, 그릇된 인식은 그와 반대되는 진실을 봄으로써 사라질 수밖에 없기 때문이다. 예를 들면 견도 해탈도의 이계(離繫), 수도 해탈도의 이계, 열반 등이 모두 멸제이다.

견도 해탈도의 이계란 견소단이 견도 무간도에 의해 제거된 것을 의미한다.

마지막으로, 도제란 멸제를 실현하게 하는 길이란 의미인데, 구체적 사례에 대해서는 견해가 조금씩 다르다. 『대승아비달마집론』에서는 자량도, 가행도, 견도, 수도, 무학도 등의 5도가 모두 도제라 하였다.

쫑카빠는 이 견해를 따르고, 뺀첸쐬남닥빠는 이것이 명목상의 도제와 진정한 의미에서의 도제를 구분하지 않은 말씀일 뿐 자량도와 가행도는 도제가 아니라 하였으며, 그 근거로 "도제를 성취하지 못한 자가 범부"라는 『구사론』의 구절과, "범부란 성인의 법을 성취하지 못한 자를 의미한다."는 『대승아비달마집론』의 구절을 인용하였다. 그러므로 뺀첸은 견도, 수도, 무학도를 도제로 보고 있다는 얘기가 된다.

뺀첸이 규정한 도제의 정의는 '그것의 이계과인 멸제를 성취하게 하는 부류에 머무는, 성자의 현증'이다. 예를 들어 견도의 무간도는 견소단을 공격하여 다음 찰나인 해탈도에서 견소단이 제거된 이계과를 성취하게 한다. 이 이계과는 멸제이므로 견도 무간도는 멸제를 성취하게 하는 도제인 것이다. 수도의 무간도 역시 모두 마찬가지다.

견도와 수도의 해탈도는 멸제를 성취하게 하는 것은 아니지만 '부류에 머무는'이라는 말에 의해 포섭된다. 무학도 역시 마찬가지다.

경전에서 도제의 사례로 주로 설한 것은 정견(正見), 정사유(正思惟), 정어(正語), 정업(正業), 정명(正命), 정정진(正精進), 정념(正念), 정정(正定) 등의 팔정도이다.

이러한 사성제에 명상의 대상으로서 각각 네 가지씩의 핵심적 내용이 있어서 그것을 사성제의 16행상(行相)이라 한다.

먼저, 고제의 4행상은 무상(無常), 고(苦), 공(空), 무아(無我) 등의 네 가지이다. 이것은 고제인 것에 대해서 상(常), 락(樂), 정(淨), 아(我) 등으로 보는 네 가지 전도견에 대한 대치이다. 이를테면 다음과 같다.

유루의 온(蘊)은 무상(無常)하다. 왜냐하면 인연 따라 생겨난 것이기 때문에.

유루의 온은 고(苦)다. 왜냐하면 업과 번뇌에 속박된 것이기 때문에.

유루의 온은 공(空)하다. 왜냐하면 온과는 별개의 청정한 자아가 없기 때문에.

유루의 온은 무아(無我)다. 왜냐하면 자재하는 자아가 없기 때문에.

고제 4행상에서의 공(空)은 소승의 교파도 인정하는 것이고, 대승 불교 학파에서 말하는 공성의 내용과는 다르다.

집제의 4행상은 인(因), 집(集), 생(生), 연(緣) 등이다. 이것은 고(苦)에 원인이 없다는 것, 하나의 원인만 있다는 것, 자재천 따위의 창조주가 만들었다는 것, 본질로서는 항상하지만 현상으로서는 무상하다는 것 등의 네 가지 전도견에 대한 대치이다. 이를테면 다음과 같다.

유루의 업과 번뇌는 인(因)의 행상이다. 왜냐하면 고의 뿌리이기 때문에.

유루의 업과 번뇌는 집(集)의 행상이다. 왜냐하면 고를 계속적으로 발생시키기 때문에.

유루의 업과 번뇌는 생(生)의 행상이다. 왜냐하면 고를 맹렬히 발생시키기 때문에.

유루의 업과 번뇌는 연(緣)의 행상이다. 왜냐하면 고를 발생시키는 조건이기 때문에.

멸제의 4행상은 멸(滅), 정(靜), 묘(妙), 이(離) 등이다. 이것은 해탈이 없다는 것, 유루의 어떤 것을 해탈로 보는 것, 번뇌에 속한 어떤 것을 해탈로 보는 것, 번뇌를 한번 뿌리 뽑았더라도 다시 생겨난다고 보는 것 등의 네 가지 전도견에 대한 대치이다. 이를테면 다음과 같다.

업과 번뇌를 남김없이 제거한 이계(離繫)는 멸(滅)의 행상이다. 왜냐하면 고를 소멸시킨 이계이기 때문에.

업과 번뇌를 남김없이 제거한 이계는 정(靜)의 행상이다. 왜냐하면 번뇌가 적정해진 이계이기 때문에.

업과 번뇌를 남김없이 제거한 이계는 묘(妙)의 행상이다. 왜냐하면 이익과 안락의 본질인 이계이기 때문에.

업과 번뇌를 남김없이 제거한 이계는 이(離)의 행상이다. 왜냐하면 고가 다시는 생겨나지 않는 이계이기 때문에.

도제의 4행상은 도(道), 여(如), 행(行), 출(出) 등이다. 이것은 해탈의 길이 없다는 것, 무아를 지각하는 지혜를 해탈의 길로 보지 않는 것, 특정 사마디의 상태를 해탈로 보는 것, 고를 뿌리 뽑는 길이 없다고 보는 것 등의 네 가지 전도견에 대한 대치이다. 이를테면 다음과 같다.

무아를 직관적으로 지각하는 사마디는 도(道)의 행상이다. 왜냐하면 해탈에 이르도록 하는 길이기 때문에.

무아를 직관적으로 지각하는 사마디는 여(如)의 행상이다. 왜냐하면 이치에 어긋나는 인식으로부터 생긴 번뇌를 대치하는 것이기 때문에.

무아를 직관적으로 지각하는 사마디는 행(行)의 행상이다. 왜냐하면 여실한 지각을 통해 마음이 전도되지 않게 하는 수행이기 때문에.

무아를 직관적으로 지각하는 사마디는 출(出)의 행상이다. 왜냐하면 고와 번뇌로부터 완전히 벗어나도록 하는 길이기 때문에.

〔삼보〕

대승행과, 2제와 4제 등의 진실에 대한 교계에 이어서 세 번째는 삼보에 대한 교계다.

삼보(三寶)란 불보(佛寶), 법보(法寶), 승보(僧寶) 등 불교도가 믿고 의지하는 세 가지 대상을 말한다.

뺀첸쐬남닥빠의 『종의개론서』에는 '삼보를 귀의의 대상으로 승인하는 자'가 불교도의 정의라 하였다. '삼보에 귀의하는 자'라고 하지 않은 이유는 부처는 불교도이지만 삼보에 귀의하지 않기 때문이다. 왜냐하면 귀의란 무엇인가로부터 벗어나기 위해 도움이 될 능력자에게 의지하는 것인데, 부처는 이미 궁극의 경지에 도달하였으므로 그러한 것이 필요가 없기 때문이다. 그러나 본인이 제자들에게 삼보에 귀의하라고 하였으므로 삼보를 귀의의 대상으로 승인한다는 불교도의 정의에는 부합한다.

무엇을 삼보로 보는가는 소승과 대승의 견해가 서로 다르다.

먼저, 소승의 학파들에서는 부처의 내면의 무루지(無漏智)를 불보, 열반을 법보, 성자의 내면의 무루지를 승보로 본다. 부처의 육신은 성불하기 전의 육신과 동류이기 때문에 불보로 인정하지 않는다.

대승의 학파들의 견해는 다음과 같다. '자리와 이타가 궁극에 달한 귀의처'가 불보의 정의다. 자리가 궁극에 달했다는 것은 법신의 성취를 가리키고, 이타가 궁극에 달했다는 것은 두 가지 색신인 보신과 화신의 성취를 가리킨다.

자성법신, 지혜법신, 보신, 화신 등 부처의 4신이 모두 불보에 포함된다.

또, 인위(因位)의 불보와 과위(果位)의 불보가 있다. 인위의 불보란 자신의 스승이 되는 불보를 의미하고, 과위의 불보란 자신이 성취할 불보를 의미한다. 법보와 승보에서도 마찬가지로 이해하면 된다.

'멸제나 도제에 속하는 성자의 청정제(淸淨諦)'가 법보의 정의다. 견도, 수도, 무학도, 이계과, 열반 등이 모두 법보에 포함된다.

'증득이나 이계의 공덕을 가진 성자'가 승보의 정의다. 여기서 증득의 공덕이란 무아를 직관하는 무간도를 가리키고, 이계의 공덕이란 그러한 무간도에 의해 제거대상이 뿌리 뽑힌 이계과를 성취한 해탈도를 가리킨다. 이러한 공덕은 견도 이상의 성자에게 있으므로 견도, 수도, 무학도의 모든 성자가 승보에 포함된다. 부처는 불보와 승보 두 가지 모두에 해당한다.

삼보에 귀의하는 방식에는 대소승의 공통적 귀의방식과 대승만의 특수한 귀의방식의 두 가지가 있다.

대소승의 공통적 귀의방식이란 삼악도의 두려움과 윤회 일반의 폐해를 사유하고 그로부터 벗어나기 위해 진심으로 삼보를 믿고 의지하는 것이다.

대승만의 귀의방식이란 번뇌장과 소지장의 폐해를 사유하여 자타의 일체중생이 그로부터 벗어나도록 하기 위해 진심으로 삼보를 믿고 의지하는 것이다.

삼귀의의 공덕에는 불교의 모든 계율의 기반이 되고, 업장이 소멸하고, 복덕이 증장되는 등의 공덕이 있다고 하며, 무엇보다 핵심적인 이익은 해탈과 성불을 이루는데 크나큰 도움이 된다는 데 있다. 수행뿐만 아니라 모든 배움과 발전에는 좋은 스승을 믿고 따르는 경우와 그렇지 않은 경우 두 가지가 헤아릴 수 없이 큰 차이가 나는 것과 같다.

[무탐착, 지침 없음, 도의 호지]

삼보 다음으로는 22번 게송의 3, 4행에 무탐착, 지침 없음, 도의 철저한 호지 등의 세 가지를 설하였는데, 이것들은 나태함에 대한 대치법이다.

나태함에는 하열한 것에 탐착하는 나태, 게으른 나태, 자신을 얕보는 나태 등의 세 가지가 있다. 하열한 것에 탐착하는 나태란 예를 들어 컴퓨터게임 등의 부질없는 것에 빠져서 좀 더 가치 있는 일에 소홀한 것을 말한다. 이러한 나태를 없애기 위해 부처님께서 무탐착을 설하셨다. 탐착하지 말아야 할 대상에도 부질없는 행위나 악한 행위가 있고, 또 무엇인가를 실재인 것으로 취하는 것도 포함된다. 대승경전에는 부처님께서 세속제를 설하신 이후 바로 이어서 공성을 설하신 경우가 많은데, 이것은 설하신 대상들에 대해 제자들이 실집을 일으키지 못하도록 하기 위해서다.

게으른 나태란 일반적인 게으름을 말하는 것이므로 더 설명할 필요가 없을 것이다. 이에 대한 대치법은 당연히 정진이다. 앞서 설명했듯이 불교에서는 열심히 하더라도 하열한 것을 열심히 하는 것은 정진이 아니라 나태라고 말하므로 정진이란 올바르고 훌륭한 행위를 열심히 하는 것만을 포함한다.

자신을 얕보는 나태란 하려고만 하면 충분히 할 수 있는데도 불구하고 자신에게 그것을 할 능력이 없다고 생각하는 것을 말한다. 여기서는 대승의 길을 감당할 수 있는 자가 마음의 위축 등으로 소승의 길로 떨어지는 것을 가리키고, 이에 대한 대치법으로 '도의 철저한 호지'를 설하였다.

여기서 오해하지 말아야 할 것은 소승의 길을 가고자 하는 마음이 '자신을 얕보는 나태'가 되는 것은 오직 대승인을 기준으로 하는 말이지 일반적으로 모든 경우를 말하는 것이 아니라는 점이다. 비유하면 100kg을 들 수 있는 사람이 50kg을 든다면 너무 가벼운 것을 든다고 말할 수 있지만, 50kg밖에 들 수 없는 사람이 50kg을 드는데 너무 가벼운 것을 든다고 말하는 것은 전혀 맞지 않는 얘기인 것과 같다.

소승의 길은 부처님과 대승의 대논사들께서 모두 올바른 길로 인정한 것이고, 『현증장엄론』 자체도 보살은 대소승의 모든 길을 잘 배워서 중생을 각각의 근기에 맞게 인도해야 한다고 설하고 있다. 이점에 대해서는 다른 장에서도 계속 설명할 것이다.

하여튼 경전에선 대승의 수행자가 역경에 부딪쳐서 좌절하는 등의 어떤 인연에 의해 소승으로 떨어지는 것을 방지하기 위해 대승수행의 광대한 공덕에 대해 자주 설하였다.

[오안]

오안(五眼)이란 육안(肉眼), 천안(天眼), 혜안(慧眼), 법안(法眼), 불안(佛眼) 등의 다섯 가지를 말한다.

오안 중에서 첫 번째인 육안이란 백 요자나를 비롯해서 삼천대천세계 이내의 형상들을 볼 수 있는 의식(意識)을 가리킨다. 경전에서 다음과 같이 설하였다.

"사리자여, 대보살이 육안으로 백 요자나를 볼 수가 있다. 그와 같이 이백, 삼백, 사백, 오백, 천 요자나, 남섬부주, 2주(洲), 3주(洲), 4주(洲), 소천세계, 중천세계, 대천세계를 볼 수가 있다."

요자나란 인도의 거리 단위의 하나다. 한문 음역으로는 '유순'이라 한다. 1요자나는 8끄로샤(한문 음역으로는 구로사)이고, 1끄로샤는 어른이 두 팔을 벌린 길이의 오백 배라 한다. 그 당시에 인도의 어른이 두 팔을 벌린 길이가 어느 정도였는지는 모르겠지만 대충 1.7m로 놓고 계산해 보면 1끄로샤는 850m, 1요자나는 6.8km, 100요자나는 680km가 된다. 한반도의 남북 길이가 약 1100km, 동서 폭이 약 300km니까 백 요자나를 볼 수 있는 육안을 성취하면 동해안에서 서해안을 볼 수 있고 한반도의 가운데에 있으면 한반도 전체를 다 보고도 남는다는 얘기다.

두 번째인 천안이란 유정들이 죽어서 다음 생에 어디서 어떤 몸을 받고 태어나는지를 보는 의식을 가리킨다. 이것은 선정에 의해 얻어지는 경우와 색계 천상에 태어남으로써 자연적으로 얻게 되는 두 가지 경우가 있다.

세 번째로, 혜안이란 무아를 직관하는 의식을 가리킨다. 육안과 천안은 범부와 외도에게도 있지만 혜안부터는 오직 견도 이상의 성자에게만 있다.

네 번째로, 법안이란 성자들 각각의 근기를 직관하는 의식을 가리킨다.

다섯 번째로, 불안이란 일체법을 직관하는 의식을 가리킨다. 이것은 오직 부처에게만 있다.

〔육신통〕

육신통이란 다음과 같은 여섯 가지 신통을 가리킨다.

① **신족통**(神足通) : 허공을 날거나 분신을 나투거나 물 위를 걷거나 땅 속으로 들어가거나 대지를 진동시키는 등의 능력을 나타내는 선(禪)의 본정.
② **천안통**(天眼通) : 세상의 거칠고 미세한 모든 물체와 형상을 직관하는 선의 본정.
③ **천이통**(天耳通) : 세상의 크고 작은 모든 소리를 직관하는 선의 본정.

④ **타심통**(他心通) : 타인의 마음상태를 직관하는 선의 본정.

⑤ **숙명통**(宿命通) : 자신과 타인의 과거생을 직관하는 선의 본정.

⑥ **누진통**(漏盡通) : 번뇌를 완전히 뿌리 뽑은 상태의 선의 본정.

앞의 오신통은 범부와 외도에게도 있지만 누진통은 오직 아라한에게만 있다. 그러나 아라한이라고 해서 모두 누진통을 성취하는 것은 아니다. 왜냐하면 소승의 아라한에는 장엄된 아라한과 장엄되지 않은 아라한이 있는데, 후자는 선의 본정을 성취하지 않은 아라한을 가리키기 때문이다. 다시 말해 장엄되지 않은 아라한 역시 번뇌를 완전히 뿌리 뽑기는 했지만, 누진통이란 단지 그것만을 말하는 것이 아니라 선의 본정인 것을 요구하기 때문에 장엄되지 않은 아라한에게 누진통이 있다고 말할 수는 없다는 얘기다.

보살들이 오안과 육신통을 추구하는 이유는 그것들이 더 많은 중생에게 이익을 주고 인도하는 데에 도움이 되기 때문이다.

[대승의 견도와 수도]

열 가지 대승교계 중의 아홉 번째와 열 번째는 대승견도와 대승수도이다. 이것은 성불에 이르는 실질적인 과정을 나타낸다.

해탈을 성취하기 위해서는 번뇌장만 뿌리 뽑으면 되지만 부처가 되기 위해서는 소지장까지 뿌리 뽑아야 한다. 즉, 대승의 주요 제거대상은 소지장이다.

이 소지장을 뿌리 뽑는 데 필요한 근본대치법은 법무아의 지혜다. 그러나 이 법무아의 지혜 중에서도 분별식 정도로는 충분치 않고 반드시 눈으로 생생히 보는 듯한 직관이 필요하다. 비유하면 밤중에 나무가 괴물로 보일 때 '저건 괴물이 아니고 나무야'라고 생각하더라도 여전히 괴물로 보이지만, 만약 등불을 비추어서 나무를 눈으로 직접 보면 그 순간 괴물은 사라지는 것과 같다.

이와 같이 법무아를 지각하는 사마디의 상태에서 분별식을 여의고 최초로 법무아의 직관이 일어나는 때가 바로 대승견도에 들어가는 때다. 소승의 경우엔 인무아를 지각하는 사마디의 상태에서 분별식을 여의고 최초로 인무아의 직관이 일어나는 때가 소승견도에 들어가는 때다.

이와 같이 인무아나 법무아를 직관하는 사마디의 지혜를 근본지(根本智)라 한다. 근본지는 무간도와 해탈도로 나누어진다. 무간도는 제거대상에 대해 대치법을 쓰고 있는 상태의 근본지이고, 해탈도는 그로 인해 제거대상이 뿌리 뽑힌 상태의 근본지이다. 여기서 해탈이란 윤회로부터의 해탈 또는 번뇌로부터의 완전한 해탈을 의미하는 것이 아니라 어떤 특정한 제거대상으로부터 벗어났음을 의미한다.

근본지 이후의 지혜는 후득지(後得智)라 한다. 그러므로 견도는 크게 나누면 근본지와 후득지, 좀 더 세분하면 무간도, 해탈도, 후득지의 순서가 된다. 첨부한 '대승 5도 10지표'를 참고하시기 바란다.

성불을 위해서는 지혜자량과 복덕자량을 쌓아야 하는데, 지혜자량은 근본지에 의해 쌓아지므로 견도 후득지의 상태에서 보살들은 복덕자량을 쌓기 위해 보시를 비롯한 여러 가지 바라밀 수행을 한다. 그러다가 필요한 만큼의 복덕자량을 쌓은 이후 다시 법무아를 직관하는 사마디에 들면 그때가 바로 수도에 들어가는 때다. 수도의 근본지도 역시 무간도와 해탈도로 이어지고, 마찬가지로 근본지에서 나오면 이제 후득지다. 견도에선 이 과정이 한 번이지만 수도에서는 이것이 아홉 번 반복된다. 무간도, 해탈도, 후득지 이 세 가지 연속과정을 아홉 번 반복한 이후 이제 최후의 무간도가 되는데, 그것을 다른 말로 금강유정(金剛喩定) 즉, 금강과 같은 사마디라 하며, 이 역시 근본지에 포함된다. 금강유정에 의해서 최후의 가장 미세한 소지장을 완전히 뿌리 뽑으면 그때가 바로 대승무학도인 부처를 성취하는 때다.

이러한 단계는 소승도에서도 마찬가지인데 다만 명상대상과 제거대상과 증득대상이 다를 뿐이다. 소승의 최후무간도 역시 금강유정이라 부른다. 최후무간도를 금강유정이라 이름 붙인 이유는, 이 사마디에 의해서 번뇌장이나 소지장의 가장 미세한 최후의 제거대상이 완전히 뿌리 뽑히기 때문에 견고한 금강에 비유한 것이다.

견도와 수도의 무간도가 지각하는 대상은 대승의 경우엔 오직 법무아뿐이고, 소승의 경우엔 오직 인무아뿐이다. 그러나 견도와 수도의 제거대상엔 차이가 있다. 대승견도의 제거대상은 변계법아집, 대승수도의 제거대상은 구생법아집이며, 소승견도의 제거대상은 변계인아집, 소승수도의 제거대상은 구생인아집이다. 변계아집은 철학이나 교리에 의해서 생겨난 아집이고, 구생아집은 철학이나 교리에 상관없이 모든 중생이 무시이래로 자연적으로 갖고 있는 아집이다.

명상대상이 한 가지인데 명상에 의해 제거되는 대상이 다른 이유는 비유하면 빨래를 할 때 비누칠을 하고 비비는 행위는 한 가지인데 시간의 흐름에 따라 거친 때가 먼저 빠지고 점차 미세한 때가 빠져나가는 것과 같다.

미세하고 오래된 때일수록 빼는 데 오래 걸리듯이 변계아집보다 구생아집을 제거하는 것이 훨씬 어렵고 오래 걸리기 때문에 수도에 아홉 단계가 배치된 것이다. 첨부된 '구품수도표'를 참고하시기 바란다.

수도를 소, 중, 대, 세 단계로 나누고 다시 각각을 소, 중, 대로 나누어 소소, 소중, 소대, 중소, 중중, 중대, 대소, 대중, 대대 이렇게 아홉 단계가 된다. 그러므로 수도의 제거대상 즉 수소단(다른 말로 수혹)도 역시 아홉 개가 된다. 그런데 마지막에 최후무간도가 있으므로 맨 마지막 제거대상인 소소품 수소단을 다시 거친 소소품과 미세한 소소품의 둘로 나눈다.

수도의 첫 번째인 소소품 수도에서는 대대품 수소단이 제거되고, 두 번째인 소중품 수도에서는 대중품 수소단이 제거되며, 이런 식으로 죽 이어져서 마지막으로 최후무간도가 미세한 소소품 수소단을 공격하여 미세한 소소품 수소단이 뿌리 뽑히는 순간이 무학도가 된다.

소와 소, 대와 대가 서로 상대가 되지 않고 거꾸로 소와 대, 대와 소가 서로 상대가 되는 이유는 제거하는 능력은 시간이 지날수록 커지지만 제거되는 대상은 시간이 지날수록 미세해지기 때문이다. 즉, 능력은 마지막이 가장 크고 제거되는 대상은 마지막이 가장 미세하다.

견도가 최초로 성취되는 기반으로는 몸기반과 마음기반 두 가지가 있다. 먼저, 몸기반으로는 구랍바주(북구로주의 동쪽에 있는 섬)와 남녀의 성별이 불분명한 자를 제외한 인간과 욕계천신에게서 최초로 일어날 수 있다. 색계와 무색계에 견도의 최초 발생이 없는 이유는 그곳의 범부들에게서는 염리심이 강하게 일어날 수 없기 때문이다.

마음기반으로는 소승견도의 경우엔 4선(禪) 6지(地)가 모두 최초 발생의 기반이 된다. 4선 6지란 초선 근분정, 초선 단주본정, 초선 승진본정, 제2선 본정, 제3선 본정, 제4선 본정 등을 가리킨다. 4선정에 대해선 이후 설명할 것이다.

대승견도의 경우엔 제4선 본정이 기반이 된다. 왜냐하면 대승견도의 직전인 대승가행도의 세제일법위 대품에서 반드시 제4선 본정을 성취하며, 공성에 대한 최초의 직관이 일어나기 위해선 지관의 균형이 가장 잘 이루어진 제4선 본정이 가장 용이하기 때문이다.

수도가 일어나는 기반에 대해 설명하면, 먼저 몸기반으로는 성문수도의 경우 삼계 모두에서 최초 발생이 있고, 독각수도의 최초 발생은 오직 욕계에만 있으며, 대승수도의 최초 발생은 욕계와 색계에는 있고 무색계에는 없다. 무색계에 대승수도의 최초 발생이 없는 이유는 대승견도의 보살이 무색계에는 환생하지 않기 때문이다. 그것은 왜냐하면 무색계에서는 복덕자량을 쌓기 어려운데 수명은 대단히 길므로 무색계에 환생할 경우 성불이 너무 지연될 것이기 때문이다.

마음기반으로는 소승수도의 경우 초선부터 무소유처정까지의 일곱 가지 본정이 모두 최초 발생의 기반이 된다. 욕계의 마음은 산란하여 기반이 되지 못하고, 비상비비상처정은 지(止)가 너무 강한 반면 관(觀)이 약해서 기반이 되지 못한다.

대승수도의 경우 방편에 숙달한 대승견도의 보살이 욕계의 마음과 비상비비상처정을 이용해서도 대승수도를 일으킬 수 있으므로 삼계 9지(地)가 모두 최초 발생의 마음기반이 된다. 삼계 9지란 욕계 마음, 4선 본정, 4무색 본정 등을 가리킨다.

수도와 견도에 대해서는 이후에도 계속 설명할 것이다.

〔이십승보〕

24. 예리하고 둔한 근기와,

   신심, 견득(見得), 가가(家家)와,

   일간(一間), 중반(中般), 생반(生般)과,

   유행반(有行般)과, 무행반(無行般),

25. 요혜(樂慧), 삼종초월(三種超越)과,

   요정(樂定), 색탐 끊은 자,

   현반(現般), 신증(身證), 인유독각(麟喩獨覺)을

   이십 가지 승보라 하네.

이것은 삼보 중에서 승보의 예를 든 것이다. 이십승보라고 하였지만 게송 중에 스무 가지가 모두 명시되진 않았다. 이에 두 가지 다른 견해가 있는데, 성해탈군은 명시된 것이 열여섯 가지, 암시된 것이 네 가지라 하였고, 사자현은 명시된 것이 열일곱 가지, 암시된 것이 세 가지라 하였다.

먼저 성해탈군의 견해는 다음과 같다.

명시된 열여섯 가지 : ① 예류향(預流向) 둔근(鈍根), ② 예류향 이근(利根), ③ 천가가(天家家), ④ 인가가(人家家), ⑤ 일래향(一來向), ⑥ 일간(一間), ⑦ 불환향(不還向), ⑧ 생반(生般), ⑨ 중반(中般), ⑩ 유행반(有行般), ⑪ 무행반(無行般), ⑫ 상류(上流), ⑬ 무색계행불환과(無色界行不還果), ⑭ 현반(現般), ⑮ 신증(身證), ⑯ 인유독각(麟喩獨覺).

암시된 네 가지 : ① 예류과, ② 일래과, ③ 불환과, ④ 아라한향.

사자현의 견해는 다음과 같다.

명시된 열일곱 가지 : ① 예류향 둔근, ② 예류향 이근, ③ 천가가, ④ 인가가, ⑤ 일래향, ⑥ 일간, ⑦ 불환향, ⑧ 생반, ⑨ 중반, ⑩ 유행반, ⑪ 무행반, ⑫ 전초(全超), ⑬ 반초(半超), ⑭ 변몰(遍沒), ⑮ 현반, ⑯ 신증, ⑰ 인유독각.

암시된 세 가지 : ① 단주(但住)예류과, ② 단주일래과, ③ 아라한향.

두 논사가 명시된 것으로 보는 것 중에 ① ~⑪ 번과 마지막 세 가지가 일치한다. 다른 점은 성해탈군은 게송의 '요혜(樂慧), 삼종초월(三種超越), 요정(樂定)'을 모두 ⑫번째의 상류불환과 한 가지로 헤아렸고, ⑬ 번째의 무색계행불환과는 게송의 '색탐 끊은 자'가 나타낸다.

사자현은 삼종초월이 모두 요혜에 속하므로 요혜는 헤아리지 않고 삼종초월을 ⑫, ⑬, ⑭ 번째로 헤아리고, 요정과 '색탐 끊은 자'를 한 가지로 보고 또 현반과 신증을 색탐 끊은 자에 속하는 것으로 보아 요정과 색탐 끊은 자를 따로 헤아리지 않았다.

게송에서 '색탐 끊은 자'가 나타낸다는 무색계행불환과란 욕계에서 불환과를 성취한 이후 바로 다음 생에 욕계나 색계에 태어나지 않고 무색계에 태어나 그곳에서 열반을 성취하게 될 불환과를 의미한다. 반면 요정은 색계행불환과에 속하는데 색계행불환과란 욕계에서 불환과를 성취한 이후 바로 다음 생에 색계에 태어나는 불환과를 의미한다. 그러므로 사실 요정과 무색계행불환과는 서로 모순이다.

또 현반이란 견도를 최초로 성취한 그 생에 아라한과를 성취하게 되는 불환과를 의미하므로 현반과 무색계행불환과 두 가지 역시 모순이다. 그래서 사자현의 이러한 주석 방식을 두고서 과거의 티베트의 한 학자는 "말은 소이고, 소를 분류하면 염소와 양이 있다."는 말과 같다고 비판하였다.

이러한 비판에 대해 뺀첸쐬남닥빠는 『바라밀개론(파르친찌된)』에서 "잠시 판단을 보류하는 것이 죄를 적게 짓는 일이 될 것 같다."는 단 한 마디만 하고 넘어간다.

　이 문제에 대해 학승들의 그럴 듯한 해석을 언급하자면 다음과 같다.

　"사자현의 주석이 만약 소승의 이십승보에 대한 것이라면 그러한 비판이 옳다. 그러나 24, 25번 게송은 소승의 이십승보를 통해 대승의 사십팔승보를 나타낸 것이고, 사자현의 설명은 이십승보와는 분류와 의미가 다른 대승의 사십팔승보에 대해 말한 것이므로 오류가 없다."

　『현증장엄론』은 대승의 수행자를 위한 대승법을 설명한 논서이므로 승보에 대해 설명할 때에도 대승의 승보를 예로 설명하는 것이 적절하다. 그러나 대승의 사십팔승보는 설명하기가 좀 더 까다로우므로 상대적으로 용이한 이십승보를 직접적으로 설하고 간접적으로 대승의 승보를 이해하도록 한 것이라 설명한다.

　하여튼 논서에서 직접적으로 설한 이십승보는 이와 같이 사향사과를 중심으로 몇 가지 분류가 추가된 것이다.

　사향사과(四向四果)란 예류향, 예류과, 일래향, 일래과, 불환향, 불환과, 아라한향, 아라한과 등의 여덟 가지를 가리킨다. 이러한 사향사과를 설정한 기준은 제거대상을 어디까지 제거했는가의 차이에 따른 것이다. 예류과는 견소단(견도의 제거대상)의 번뇌까지 제거한 상태이고, 일래과는 수소단(수도의 제거대상) 중의 욕계 번뇌를 여섯 번째(중소품) 이상 제거하고 아홉 번째(소소품)는 제거하지 못한 상태이며, 불환과는 아홉 번째까지 모두 제거한 상태이고, 수소단 중의 상계(색계와 무색계) 번뇌까지 모두 제거하면 아라한과다.

예류향을 비롯한 사향은 이러한 사과를 향해 나아가는 상태다.

불환과의 불환이란 욕계의 번뇌를 모두 끊어서 욕계로 다시는 돌아오지 않는다는 말이다.

일래과의 일래는 욕계의 번뇌가 조금 남았기 때문에 욕계에 한 번 더 돌아온다는 말이다.

빤첸쐬남닥빠는 수소단의 욕계번뇌가 제거됐다는 것은 욕계의 인아집도 제거된 것이고, 욕계의 인아집이 제거됐다는 것은 삼계의 모든 번뇌 역시 제거된 것이고, 그렇다면 아라한과를 성취한 것이므로 모순이 되고, 또 수도를 성취하지 않은 자가 수소단을 제거한다는 것도 모순이므로 일래와 불환을 구분할 때 말하는 수소단의 제거란 말 그대로 수소단의 제거가 아니라 '세간의' 수소단의 제거를 의미하는 것으로 해석한다. 세간의 수소단이란 해탈의 길이 되는 출세간도가 아닌 세간 수도의 선정에 의해 제거되는 대상이란 뜻이다. 이와 같은 주장의 전거로는 『구사론』 현성품(6장)의 "수도는 두 가지", "세간인의 해탈과 무간도의 차제와 같이" 등의 구절들을 제시한다.

본서에서는 전통적 설명 방식에 따라 설명할 것이므로 빤첸의 견해를 받아들인다면 이러한 내용을 염두에 두고 이해하면 될 것이다.

그러면 이제 사향사과와 그 분류를 차례로 설명하도록 하겠다.

(1) 예류향

예류향은 예류과를 주로 증득하기 위해 나아가는 성자이다.

근기에 따라 분류하면 '신심에 따른 예류향'과 '법에 따른 예류향' 두 가지가 있다. 제거대상을 제거하는 방식에 따라 분류하면 차제단(次第斷)예류향과 초월단(超越斷)예류향 두 가지가 있다.

차제단과 초월단의 차이는 욕계의 수소단을 먼저 제거한 이후 그 다음에 상계의 수소단을 제거하는가, 아니면 욕계와 상계의 수소단을 동시에 제거하는가를 의미하는 것이지, 1품부터 9품까지의 수소단을 차례로 제거하는가, 한꺼번에 제거하는가의 의미가 아니다.

예류향이 5도 중에 어느 단계에 있는가 하면 오직 견도의 무간도에만 있다. 왜냐하면 견도의 해탈도부터는 최소 예류과 이상이기 때문이다.

무착은 『대승아비달마집론』에서 예류향을 가행도의 마지막 단계인 세제일법위에서부터 설정하였지만 사자현은 『구사론』의 견해를 따라 사향사과에는 오직 견도 이상의 성자만이 있는 것으로 인정하며, 쫑카빠, 걜찹다르마린첸, 뺀첸쐬남닥빠 모두 이 점에서 『구사론』을 따른다.

(2) 예류과

예류향이었던 자가 견도의 무간도에 의해 견소단을 제거함과 동시에 해탈도로 넘어가면 그가 바로 예류과이다.

분류하면 앞서와 마찬가지로 차제단예류과와 초월단예류과 두 가지가 있다.

차제단예류과를 수행 상태에 따라 분류하면 차제단 단주(但住)예류과와 차제단 승진(勝進)예류과 두 가지가 있다. 단주와 승진의 의미는 윗 단계의 과위를 성취하기 위해서 정진하는 무간도 상태에 있는 경우를 승진, 그렇지 않은 경우를 단주라 한다. 그러므로 차제단 승진예류과는 일래향이기도 하다.

차제단예류과를 환생 방식에 따라 분류하면 칠반생(七返生)예류과와 가가(家家)예류과 두 가지가 있다.

칠반생예류과의 칠반생이라는 것은 비바사파에 의하면 인간의 중유(中有) 일곱 번과 생유(生有) 일곱 번, 욕계천신의 중유 일곱 번과 생유 일곱 번, 이렇게 모두 합해 스물여덟 번의 유(有)를 취하는 것으로 해석한다. 환생할 때 중유를 거쳐 생유를 받는 것이므로 이것은 인간으로 일곱 번, 욕계천신으로 일곱 번, 합쳐서 열네 번 환생한다는 말이다.

경부파는 인간과 욕계천신을 모두 합해 일곱 번 환생하는 것으로 해석한다. 무착은 이 중에 비바사파의 견해를 받아들이며, 쫑카빠와 갤찹다르마린첸 역시 여기서 무착을 따른다.

환생하는 방식은 인간의 몸으로 최초로 예류과를 성취한 경우엔 다음 생엔 욕계천신, 그 다음 인간, 다시 욕계천신, 인간, 이런 식으로 번갈아가며 환생하다가 마지막 열네 번째에 인간의 몸으로 태어나 그 생에 열반을 성취한다. 오직 욕계에서만 태어나는 이유는 열세 번째 생에 가서야 일래과를 성취하고 마지막 열네 번째 생에 가서야 불환과를 성취하기 때문이다.

욕계천신의 몸으로 예류과를 최초로 성취한 경우엔 다음 생에 인간, 그 다음 생에 욕계천신, 마지막 열네 번째 생은 욕계천신이 된다.

그러나 칠반생예류과라 할지라도 열네 번의 환생을 다 채우지 않고 열반에 드는 경우도 있다고 한다.

칠반생예류과는 수소단의 욕계번뇌를 하나도 제거하지 못한 상태이고, 가가예류과는 수소단의 3품(대소품) 또는 4품(중대품) 욕계번뇌까지 제거한 상태다. 그러므로 가가예류과는 더 적게 환생하여 같은 종류의 욕계의 생을 두 번 또는 세 번 취하며, 네 번째를 취하기 전에 열반을 성취한다. 여기서도 '같은 종류의'라고 말한 것에 주의해야 한다. 예를 들어 인간으로 세 번, 욕계천신으로 세 번 태어난다면 모두 여섯 번이지만 이것은 같은 종류의 욕계의 생을 세 번 취한 것이다.

칠반생예류과와 가가예류과는 모두 그 생에 최초로 예류과를 성취한 예류과 중에서 분류한 것이므로 칠반생예류과가 몇 생 이후에 대소품 수소단을 끊는다고 해서 가가예류과가 되는 것은 아니다.

가가를 분류하면 천가가와 인가가 두 가지가 있다. 천가가는 욕계천신의 몸으로 가가예류과를 성취한 경우로서, 다음 생에 인간,

욕계천신, 인간, 욕계천신의 방식으로 환생하여 다음 두 번째나 세 번째 욕계천신의 몸으로 열반을 성취한다. 인가가는 인간 몸의 가가이며 다음 생에 욕계천신, 인간, 욕계천신, 인간의 방식으로 환생하여 다음 두 번째나 세 번째 인간의 몸으로 열반을 성취한다.

차제단예류과의 경계가 어디까지인가 하면 견도 해탈도에서부터 수소단 6품(중소품)의 욕계번뇌를 대치하는 무간도에까지 존재한다. 왜냐하면 수소단 6품의 욕계번뇌가 제거된 해탈도가 성취되는 동시에 일래과가 되기 때문이다.

초월단예류과는 견도 이전에 수소단을 한 개도 제거하지 않은 상태에서 초선의 근분정(近分定)에 의해 견도의 해탈도를 성취한 자로서 앞으로도 사선과 사무색의 본정의 성취 없이 오직 근분정에 의해서만 삼계의 수소단을 제거하여 아라한을 성취하게 된다.

근분정이란 사선과 사무색의 본정(本定)에 들어가기 전에 거치는 사마디를 가리킨다. 사선정과 사무색정을 합해 본정이 여덟 가지이므로 근분정 역시 여덟 가지가 된다. 구체적으로 표시하면 다음과 같다.

초선 근분정 – 초선 본정 – 제2선 근분정 – 제2선 본정 – 제3선 근분정 – 제3선 본정 – 제4선 근분정 – 제4선 본정 – 공무변처 근분정 – 공무변처 본정 – 식무변처 근분정 – 식무변처 본정 – 무소유처 근분정 – 무소유처 본정 – 비상비비상처(유정처) 근분정 – 비상비비상처 본정

초월단예류과는 수소단 번뇌 중에서 욕계 번뇌만을 따로 제거하

지 않으므로 일래와 불환을 거치지 않고 아라한과를 성취한다.

수행 상태에 따라 분류하면 역시 초월단 단주예류과와 초월단 승진예류과 두 가지가 있다. 초월단 승진예류과는 초월단아라한향과 같은 의미다.

초월단예류과는 견도 해탈도에서부터 수도의 최후무간도까지 이어진다.

(3) 일래향

일래향은 일래과를 주로 증득하기 위해 나아가는 성자이다.

과위를 증득하는 방식에 따라 분류하면 차제증(次第證)일래향과 초월증(超越證)일래향의 두 가지가 있다. 차제증과 초월증의 차이는 하위단계를 차례로 거치는가, 거치지 않는가의 차이다.

차제증일래향은 차제증 승진예류과와 같은 뜻이다. 초월증일래향은 견도 이전에 이미 수소단 6품(중소품)의 욕계 번뇌를 제거한 일래향이다. 그러므로 견도를 성취함과 동시에 예류향과 예류과를 건너뛰고 일래향이 되는 것이다.

일래와 불환은 모두 차제단 뿐이므로 제거방식에 따른 분류는 없다.

일래향의 경계는 견도에서부터 일래과를 성취하기 이전까지다.

(4) 일래과

일래향이었던 자가 해탈도를 성취하면 일래과가 된다.

일래과를 근기에 따라 분류하면 신해(信解)일래과와 견득(見得)일래과 두 가지가 있다.

증과방식에 따라 분류하면 차제증일래과와 초월증일래과가 있다. 차제증일래과와 '예류과를 거친 일래과'는 같은 뜻이다. 초월증일래과와 '견도 이전에 수소단 6품(중소품)의 욕계 번뇌를 제거한 일래과', '예류과를 거치지 않은 일래과'는 모두 같은 뜻이다.

수행 상태에 따라 분류하면 단주일래과와 승진일래과가 있다. 앞서 설명했듯 단주와 승진은 윗 단계의 과위를 성취하기 위해 정진하는 무간도의 상태에 있는가, 그렇지 않은가에 따른 구분이므로 승진일래과와 불환향은 같은 뜻이다.

승진일래과에는 또 승진일간(一間)일래과라는 것이 있는데, 수소단의 욕계 번뇌를 7품(소대품)이나 8품(소중품)까지 제거한 승진일래과로서 욕계천신으로 한 번 더 환생한 후 그 생에서 열반을 성취하는 자이다.

일래과라는 것은 일반적으로 욕계에 한 번 더 태어난다는 뜻이지만 일래과라면 반드시 욕계에 한 번 더 태어나는 경우만 있는 것은 아니다. 왜냐하면 일래과를 성취한 그 생에 불환과를 성취하는 자 또한 존재하기 때문이다.

반대로 욕계에 두 번 더 환생하는 경우도 있는데 왜냐하면 욕계

천신으로 한 번, 인간으로 한 번 태어나는 경우도 일래과로 인정하기 때문이다. 이것은 앞서 열네 번 환생하는 예류과를 같은 종류에서 일곱 번이므로 칠반생예류과로 이름 붙인 경우와 마찬가지다.

일래과의 경계는 초월증일래과의 경우 견도의 해탈도에서부터 수소단 9품(소소품)의 욕계번뇌를 대치하는 무간도까지이고, 차제증일래과의 경우 수소단 6품(중소품)의 욕계번뇌를 제거한 해탈도에서부터 수소단 9품의 욕계번뇌를 대치하는 무간도에까지 존재한다.

(5) 불환향

불환향은 불환과를 주로 증득하기 위해 나아가는 성자이다.

증과방식에 따라 분류하면 차제증불환향과 초월증불환향이 있다. 차제증불환향은 '예류과를 거친 불환향'과 같은 뜻이고, 초월증불환향은 '이탐(離貪)을 먼저 거친 불환향'과 같은 뜻이라 한다. 이탐을 먼저 거쳤다는 것은 견도 이전에 이미 수소단 9품의 욕계 번뇌를 모두 제거했다는 의미다. 그러므로 예류와 일래는 거치지 않는다.

불환향의 경계는 차제증불환향의 경우 수소단 7품의 욕계 번뇌를 대치하는 무간도에서부터 9품의 욕계 번뇌를 대치하는 무간도까지이며, 초월증불환향의 경우 오직 견도의 무간도에만 존재한다. 왜냐하면 초월증불환향은 견도 해탈도를 성취하면 불환과가 되기 때문이다.

분류에서 한 가지 필자의 의문을 말하자면, 먼저 설명했듯이 초월증일래과는 예류과를 거치지 않는다. 그렇다면 초월증일래과가 불환향이 된 경우 일단 차제증불환향에는 포함되지 않는다. 그렇다면 초월증불환향에 속하는가 하면 그렇지도 않다. 왜냐하면 일래과이므로 당연히 수소단 9품의 욕계 번뇌를 제거하지 못했기 때문이다. 그러므로 이러한 경우를 포함하기 위해 차제증과 초월증 중의 한 쪽에서 기준을 달리 규정했어야 하지 않나 생각된다. 아래 불환과의 분류에서도 마찬가지다.

(6) 불환과

불환과는 수소단 9품의 욕계 번뇌를 모두 제거하고 상계 번뇌는 제거하지 못한 성자이다.

근기에 따라 분류하면 신해불환과와 견득불환과가 있다. 수행 상태에 따라 분류하면 단주불환과와 승진불환과가 있다. 승진불환과는 차제단아라한향과 같은 뜻이다.

증과방식에 따라 분류하면 차제증불환과와 초월증불환과가 있다. 차제증불환과는 '예류과를 거친 불환과'와 같은 뜻이고, 초월증불환과는 '이탐을 먼저 거친 불환과' 즉, 견도 이전에 이미 수소단 9품의 욕계 번뇌를 모두 제거한 불환과와 같은 뜻이다.

무아를 지각하는 출세간도라면 선의 본정이 아닌 근분정만으로

도 삼계의 번뇌를 모두 제거할 수 있지만 세간도에 의해서 세간수소단 9품의 욕계 번뇌를 제거하기 위해선 반드시 선의 본정이 필요하기 때문에 불환과는 모두 선의 본정을 성취한 자들이다.

불환과를 또 성도(聖道)와 관련된 방식에 따라 분류하면 욕계에서 성도를 여러 생에 거친 불환과와 거치지 않은 불환과 두 가지가 있다.

전자는 칠반생예류과나 가가예류과를 거친 불환과 등을 말한다.

욕계에서 성도를 여러 생에 거치지 않은 불환과는 견도를 성취한 바로 그 생에 불환과를 성취한 욕계의 성자이다. 반드시 욕계의 성자여야 하는 이유는 견도를 최초로 성취하는 곳은 반드시 욕계이기 때문이다. 그것은 왜냐하면 견도를 최초로 성취하기 위해선 윤회에 대한 염리심을 바탕으로 커다란 정진을 일으켜야 하는데 범부가 상당한 괴로움을 경험하지 않고서는 그렇게 할 수 없기 때문이다.

욕계에서 성도를 여러 생에 거치지 않은 불환과를 분류하면 색계행불환과, 무색계행불환과, 현반, 신증 등의 네 가지가 있다.

색계행불환과는 욕계의 성자이면서 바로 다음 생에 색계에 태어나는 불환과이다. 분류하면 색계행중반(中般), 생반(生般), 유행반(有行般), 무행반(無行般), 상류(上流) 등의 다섯 가지가 있다. 이 중에 유행반과 무행반은 생반 안에 포함되지만 중요한 의미를 나타내기 위해서 이렇게 병렬해 놓은 듯하다.

색계행중반은 욕계에서 죽어서 색계의 중유에서 열반을 성취한다. 분류하면 속반(速般), 비속반(非速般), 경구반(經久般) 등의 세 가지가 있다. 속반은 중유에 나는 즉시 열반하는 자이고, 비속반은 중유에서 어느 정도 머물러서 생유를 구하는 생각이 일어나기 전에 열반하며, 경구반은 생유를 구하는 생각이 일어나는 순간 열반한다.

색계행생반은 욕계에서 죽어서 색계에 태어나 그 생에 열반을 성취한다. 분류하면 생즉반, 유행반, 무행반 등의 세 가지가 있다. 생즉반은 태어나는 즉시 열반하는 자이고, 유행반은 대단한 노력을 기울여서 열반하는 자이며, 무행반은 큰 노력 없이 열반하는 자이다.

색계행상류에는 요혜(樂慧)와 요정(樂定)의 두 가지가 있다. 요혜는 욕계에서 죽어서 색계에 태어난 후 다시 색계의 색구경천에 태어나 그곳에서 열반을 성취한다. 삼계 중에 혜(慧)가 가장 강한 곳이 제4선천이고, 그 중에서도 색구경천이 최상이므로 혜를 좋아한다는 뜻으로 요혜라 이름 붙인 것이다. 요정은 욕계에서 죽어 색계에 태어난 후 다시 무색계의 유정천(비상비비상천)에 태어나 그곳에서 열반을 성취한다. 제4무색천인 유정천이 삼계 중에서 정(定: 사마디)이 가장 강하므로 정을 좋아한다는 뜻으로 요정이라 하였다.

요혜를 분류하면 전초(全超), 반초(半超), 변몰(遍沒) 등의 세 가지가 있다. 전초는 욕계에서 죽어서 범중천에 태어난 후 마지막으로 색구경천에 태어나 그곳에서 열반을 성취한다. 색계의 가장 아래인 범중천과 가장 높은 색구경천 사이의 모든 색계천을 뛰어넘었다는 의미로 전초라 한다. 첨부한 '천계도표'를 참고하기 바란다.

반초는 욕계에서 죽어서 범중천에 태어난 후 다시 무열천(無熱天), 무번천(無煩天), 선현천(善現天) 셋 중의 한 곳에 태어난 후 마지막으로 색구경천에 태어나 그곳에서 열반을 성취한다. 일부분을 뛰어넘었다는 의미로 반초이다.

변몰은 욕계에서 죽어서 대범천(大梵天)을 제외한 색계의 모든 천상에 한 번씩 태어난 후 마지막에 색구경천에서 열반을 성취한다. 색계의 모든 곳에서 사몰(死沒)했다는 의미로 변몰이라 한다. 대범천에 태어나지 않는 이유는, 대범천은 자신이 세상을 창조했다고 생각하는 커다란 전도견을 가진 곳이기 때문이라 한다.

요정의 분류는 『현증장엄론』의 주석서들에서는 보이지 않는다.

무색계행불환과는 욕계의 불환과로서 바로 다음 생에 무색계에 태어나 그곳에서 열반을 성취하는 성자이다. 분류하면 무색계행 생반, 유행반, 무행반 등의 세 가지가 있고 무색계에는 중유가 없으므로 무색계행중반이란 존재하지 않는다.

현반(現般)은 견도를 최초로 성취한 그 생에 열반하는 불환과이다.

신증(身證)은 팔해탈을 성취한 후 퇴락하지 않은 불환과이다. 분류하면 욕계에서 열반을 성취하는 신증, 색계에서 열반을 성취하는 신증, 유정천에서 열반을 성취하는 신증의 세 가지가 있다.

팔해탈이란 유색관색(有色觀色)해탈, 무색관색(無色觀色)해탈, 정색(淨色)해탈, 사무색(四無色)해탈, 멸진(滅盡)해탈 등의 여덟 가지를 말한다. 이에 대해선 4장에서 설명할 것이다.

불환과의 경계는 차제증불환과의 경우 수소단 9품 욕계번뇌를 제거한 해탈도에서부터 9품 상계번뇌를 대치하는 무간도에까지 있고 초월증불환과의 경우 견도 해탈도에서부터 수소단 9품 상계번뇌를 대치하는 무간도에까지 있다.

(7) 아라한향

아라한향은 아라한과를 주로 성취하기 위해 나아가는 성자이다.

분류하면 차제단아라한향과 초월단아라한향이 있다. 차제단아라한향은 승진불환과와 같은 뜻이고, 초월단아라한향은 초월단승진예류과와 같은 뜻이다.

경계는 차제단아라한향의 경우 수소단 9품의 욕계번뇌를 제거한 이후 남은 상계의 번뇌를 대치하는 무간도에서부터 수소단 9품의 상계번뇌를 대치하는 무간도에까지 있고, 초월단아라한향의 경우 수소단 1품의 삼계번뇌를 한꺼번에 대치하는 무간도에서부터 9품의 삼계번뇌를 한꺼번에 대치하는 무간도에까지 있다.

(8) 아라한과

아라한과는 삼계의 번뇌를 모두 제거한 성자이다.

뺀첸쐬남닥빠는 『바라밀고찰(파르친타쬐)』에서 아라한과를 번뇌장만을 제거했다는 점에 의해 설정한 성자로 규정하여 독각아라한과 대승아라한은 아라한이지만 아라한과는 아니라는 구분을 한다. 왜냐하면 독각아라한은 번뇌장만을 제거한 것이 아니라 거친 소지장까지 제거하였고, 대승아라한은 미세한 소지장까지 제거하였기 때문이라는 것이다.

아라한과를 분류하면 차제단아라한과와 초월단아라한과가 있다. 차제단아라한과는 불환과를 거친 아라한과와 같은 뜻이고, 초월단아라한과는 초월단예류과를 거친 아라한과와 같은 뜻이다.

근기에 따라 분류하면 퇴법(退法)아라한, 사법(思法)아라한, 호법(護法)아라한, 안주법(安住法)아라한, 감달법(堪達法)아라한, 부동법(不動法)아라한 등의 여섯 가지가 있다.

퇴법아라한은 악연을 만나면 퇴락하는 아라한이다. 사법아라한은 퇴락의 위험이 있을 시에 자살하는 아라한이다. 호법아라한은 퇴락하지 않기 위해서 방호하는 아라한이다. 안주법아라한은 특별히 심한 악연을 만나지 않는 한 퇴락하지 않지만 향상도 없는 아라한이다. 감달법아라한은 상대적으로 근기가 수승하여 근기를 닦아 부동법아라한에 이를 수 있는 아라한이다. 부동법아라한은 가장 수승한 근기로서 어떤 일이 있어도 퇴락하지 않는 아라한이다.

근기에 따른 분류에는 또 신해로부터 발생한 아라한과 견득으로부터 발생한 아라한이 있는데 앞의 다섯 가지 아라한은 전자에 속하고 마지막 부동법아라한은 후자에 속한다.

여기서 퇴락한다는 말의 의미에 대해 비바사파는 아라한과에서 퇴락한다는 뜻으로 해석하지만 경부파와 대승의 학파들은 아라한과에서 퇴락하는 일은 있을 수 없다고 생각하므로 현법낙주(現法樂住)에서의 퇴락으로 해석한다. 현법낙주란 현생에서 사마디에 의해 심신이 안락하게 머무는 것을 말하며, 사무색정과 멸진정을 현법낙주5도라 한다.

아라한과의 경계는 5도 중에 무학도에 있다.

(9) 인유독각

독각에는 인유독각(麟喩獨覺: 무소와 같은 독각)과 부행독각(部行獨覺: 대중과 함께 머무는 독각)의 두 종류가 있다.

인유독각은 무소처럼 혼자 있기를 좋아하고, 성문도를 거치지 않고 처음부터 독각도로 들어간 자이며, 부행독각은 먼저 성문도로 들어간 이후 나중에 독각도로 옮겨간 자이다.

두 종류 모두 마지막 생에 스승을 의지하지 않고 아라한을 성취하며, 둘 중에 인유독각이 상대적으로 근기가 더 수승하다.

3) 대승가행도

26~37번 게송은 일체종지를 나타내는 10법 중의 세 번째인 '대승가행도'에 대한 설명이다.

26 . 소연, 행상, 원인과,
   전면호지(全面護持)에 의해
   보살들을 구호해 주는
   난위 등의 본질 따라서

27 . 네 가지의 분별 대하는

　　대, 중, 소의 수행은

　　무소 등의 독각과

　　성문보다 수승하다네.

　　이것은 대승가행도가 소승가행도보다 수승한 이유를 총괄적으로 서술한 것이다. 어떠한 점에서 수승한가 하면, 소연, 행상, 원인, 전면호지, 제거대상 등의 다섯 가지 점에서 수승하다고 한다. 어떻게 수승한지는 아래 게송들에서 설명될 것이다.

　　'난위 등'이란 난위(煖位), 정위(頂位), 인위(忍位), 세제일법위(世第一法位) 등의 가행도의 네 단계를 가리킨다. 이 네 단계가 각각 네 가지 실집을 대치하여 실집이 일어나지 못하도록 제압하므로 '네 가지의 분별 대하는'이라 하였다.

　　'대, 중, 소의 수행'이란 대승가행도의 네 단계 각각을 다시 소품, 중품, 대품으로 나눈 것이다. 그러면 난위 소품에서 세제일법위 대품까지 모두 12단계가 된다. 소승가행도는 오직 난위 등의 네 단계로 나눌 뿐 이렇게 세분하지 않고, 대승가행도만 이렇게 세분하는 이유는 보살은 일체중생 구제와 일체종지를 목표로 하므로 무아를 명상할 때도 단순하게 하지 않고 다양하고 수많은 논리와 대상을 통해서 명상하기 때문에 그와 같이 많은 단계를 설정한 것이다.

28. 사성제를 바탕으로 한

무상(無常) 등을 소연하고, 행상은

집착 등을 배격하며, 삼승을

전부 성취하는 원인이 되네.

29. 색법 등의 집산, 무주와,

머묾, 가립, 불가설,

이것은 대승가행도 난위의 대, 중, 소 3품이 소연, 행상, 원인의 측면에서 소승가행도보다 수승한 점을 설명한 것이다.

먼저, 원인의 측면에서 수승한 이유는, 성문, 독각, 대승 등의 3승의 수행자가 깨달아야 할 모든 것을 깨닫는 원인이 되기 때문이다. 이것은 대승가행도의 이하 모든 단계에 똑같이 적용된다.

소연과 행상은 다음과 같다.

- 소품의 소연 : 무상 등의 사제 16행상.('사성제를 바탕으로 한 무상 등을 소연하고'가 나타냄)

- 소품의 행상 : 사제 16행상을 기반으로 한 실집을 배격하는 지혜.(행상은 집착 등을 배격하며)

- 중품의 소연 : 색 등의 모임과 흩어짐의 비실재성을 특성으로 한 사성제.(색법 등의 집산)

- 중품의 행상 : 명칭의 머묾과 머물지 않음이 승의에서 성립하지 않음을 지각하는 지혜.(무주와 머묾) 여기서 명칭이란 오온 중에서 색온을 제외한 나머지 수, 상, 행, 식 등을 의미한다.

- 대품의 소연 : 색 등이 기호에 의해 가립된 언어관습적 차원의 존재임을 특성으로 한 사성제.(가립)
- 대품의 행상 : 색 등이 승의에서 불가설임을 지각하는 지혜.(불가설)

보다시피 난위의 대, 중, 소의 모든 단계가 사성제를 소연으로 하고, 행상은 모두 공성을 지각하는 지혜이다. 이것을 여러 가지 다양한 방식으로 표현한 것은 경전의 여러 말씀을 수행단계의 교리에 꿰어 맞추고, 또 대승의 수행 방식은 한 가지 대상을 다양하고 무수한 논리를 통해 통달해야 한다는 것을 나타내기 위해서일 뿐, 『현증장엄론』에서 표현한 꼭 그대로여야 할 필요는 없다고 생각된다. 요점은 반복해서 말하지만 사성제를 소연으로 해서 공성을 다양한 논리를 통해 지각하는 것이다. 이하 모든 단계에서 이와 같이 이해하면 된다.

난위라고 이름 붙인 이유는 무아를 직관하는 견도의 무분별지를 불로 비유하여 그러한 불이 일어나기 위해 서서히 뜨거워지고 있다는 의미에서다.

색법 등의 자성 없는 까닭에

그것들에 머묾이 없고,

30. 그것들의 본성 같으며

무상(無常) 등에 머물지 않고

그것들의 자성 공하고

그것들의 본성 같으며

31. 일체법을 붙들지 않고

상(相)을 보지 않기 때문에

지혜로써 철저하게 알아서

일체법에 대할 것이 없다네.

이것은 대승가행도 정위의 대, 중, 소, 3품의 소연과 행상에 대한 설명이다.

이 부분에서 성해탈군과 사자현의 해석이 다른데, 쫑카빠, 걜찹제, 빤첸쐬남닥빠 등이 모두 성해탈군의 해석을 따르므로 여기서도 그에 따라 설명하기로 한다.

대승가행도 정위 소품의 소연과 행상은 다음과 같이 진실을 규정하지 않은 경우와, 진실을 규정한 경우의 두 가지로 나누어 설하였다고 해석한다.

ㄱ. 진실을 규정하지 않은 경우

– 소품의 소연 : 색 등이 자성이 없는 까닭에 승의에서 머물지 않음.('색법 등의 자성 없는 까닭에 그것들에 머묾이 없고'가 나타냄)

– 소품의 행상 : 색 등과 그것들의 법성의 동일한 본성을 지각하는 지혜.(그것들의 본성 같으며)

ㄴ. 진실을 규정한 경우

– 소품의 소연 : 색 등의 자성이 공한 까닭에 그것들이 승의에서 무상(無常) 등으로 머물지 않음을 특성으로 한 사성제.(무상 등에 머물지 않고 그것들의 자성 공하고)

– 소품의 행상 : 무상(無常) 등과 그것들의 법성의 동일한 본성을 지각하는 지혜.(그것들의 본성 같으며)

30번 게송의 첫 행과 마지막 행이 보다시피 똑같긴 한데, 그렇다고 해서 유독 정위의 소품에만 이렇게 '진실을 규정하지 않은 경우와 규정한 경우'라는 희한한 구분을 둔 것은 이해하기 좀 어렵다.

사자현의 해석을 따르면, 29번 게송의 후반 두 행이 소품의 소연을 나타내고, 30번 게송의 첫 두 행이 소품의 행상, 그 다음 두 행이 중품의 소연, 31번 게송의 첫 행이 중품의 행상, 두 번째 행이 대품의 소연, 31번 게송의 마지막 두 행이 대품의 행상을 나타낸다.

다시 성해탈군의 해석에 따라 이어 설명하면 다음과 같다.

- 중품의 소연 : 법들의 상(相)을 승의에서 취하지 않음을 특성으로 한 사성제.(일체법을 붙들지 않고)
- 중품의 행상 : 색 등의 상(相)을 비실재로 지각하는 지혜.(상을 보지 않기 때문에)

- 대품의 소연 : 지혜에 의한 철저한 고찰을 특성으로 한 사성제.(지혜로써 철저하게 알아서)
- 대품의 행상 : 일체법을 승의에서 소연할 바가 없음을 지각하는 지혜.(일체법에 대할 것이 없다네.)

난위 이하에서는 전도견에 의해 선근이 끊어지는 일이 가능하지만 정위부터는 선근이 무르익을 대로 무르익어서 더 이상 전도견에 의해 흔들리는 일이 없는 정점에 도달했다는 의미로 정위라 한다.

32. 색법 등의 자성 없음과,
   무자성의 자성과
   무생, 무출리와, 정화와,
   그것들의 무상(無相)과,

33. 상(相)에 의지하지 않는 까닭에
   무신해와 무작의,

이것은 대승가행도 인위의 대, 중, 소, 3품의 소연과 행상에 대한 설명이다.

- 소품의 소연 : 색 등이 승의에서 자성이 없음을 특성으로 한 사성제.('색법 등의 자성 없음'이 나타냄)
- 소품의 행상 : 색 등이 승의에서 자성이 없음을 언어관습적 차원에서 자성으로 지각하는 지혜.(무자성의 자성)

- 중품의 소연 : 윤회와 열반이 승의에서 성립하지 않음을 특성으로 한 사성제.(무생, 무출리)
- 중품의 행상 : 사성제를 그와 같은 이치로 명상함으로써 정화됨을 지각하는 지혜.(정화)

- 대품의 소연 : 색 등의 상이 승의에서 성립하지 않음을 특성으로 한 사성제.(그것들의 무상과)
- 대품의 행상 : 색 등의 상을 실재로 보지 않음으로써 실재에 대한 신해와 작의가 없는 지혜.(상에 의지하지 않는 까닭에 무신해와 무작의)

인위에 도달하면 업과 번뇌에 의해 악도에 떨어지는 일이 없게 되고, 무생법에 대한 두려움이 없는 무생법인(無生法忍)을 성취한다는 의미로 인위라 한다.

사마디와 그 작용,

수기, 교만 없음과,

34. 세 가지의 동일한 본성,

사마디의 무분별,

가행도는 이상과 같은

대, 중, 소로 이루어졌네.

이것은 대승가행도 세제일법위의 대, 중, 소, 3품의 소연과 행상
에 대한 설명이다.

- 소품의 소연 : 세제일법위의 사마디와 동일한 본성을 특성으로
  한 사성제.('사마디'가 나타냄)
- 소품의 행상 : 사마디가 애씀 없이 진행되는 지혜.(그 작용)

- 중품의 소연 : 수기를 받는 특수한 원인과 동일한 본성을 특성
  으로 한 사성제.(수기)
- 중품의 행상 : 삼륜을 실재로 취하는 교만이 억제된 지혜.(교만 없음)

- 대품의 소연 : 삼륜이 비실재로서의 동일한 본성을 가졌음을
  특성으로 한 사성제.(세 가지의 동일한 본성)
- 대품의 행상 : 사마디의 도중에 분별이 없는 지혜.(사마디의 무분별)

세제일법위란 범부의 법 중에서는 최고라는 뜻이다. 왜냐하면 세제일법위의 다음 찰나인 견도부터는 성자의 도이기 때문이다.

34번 게송의 후반 두 행은 대승가행도의 난위, 정위, 인위, 세제일법위 등의 네 단계 각각의 소품, 중품, 대품의 소연과 행상이 상술한 바와 같다고 마무리하였다.

35. 기반과 그 대치에 따라
   소취분별 두 가지가 있으며
   미혹들과 온의 구분에 따라
   그것들에 각각 아홉 가지가 있네.

35번 게송과 아래 36번 게송은 대승가행도가 수승한 이유 중에서 제거대상에 대한 설명이다.

먼저 35번 게송은 대승가행도의 네 가지 제거대상 중에 염오소취분별과 청정소취분별의 두 가지 소취(所取)분별에 대해 말하였다.

염오소취분별이란 번뇌를 대상으로 그것이 객체로서 실재한다고 취한 분별을 가리킨다.

청정소취분별이란 번뇌의 대치법을 대상으로 그것이 객체로서 실재한다고 취한 분별이다.

게송의 첫 두 행이 바로 이러한 의미를 나타낸다. 즉, 첫 행의 '기반'이란 여기서 번뇌를 의미한다.

다음 두 행은 이러한 두 가지 소취분별을 다시 미혹 등의 대상의 구분에 따라서 아홉 가지씩으로 분류한다고 하였다.

여기서 가행도의 제거대상이라고는 하였지만, 가행도 단계에서는 제거대상이 완전히 뿌리 뽑히지는 않고 다만 일어나지 않도록 억제될 뿐이다.

36. 실(實)과 가(假)의 기반 따라서
   능취에도 두 가지가 있으며
   자재아와 온 등의
   기반 따라 위와 같다네.

이것은 대승가행도의 네 가지 제거대상 중에서 집실(執實)과 집가(執假)의 두 가지 능취(能取)분별에 대한 설명이다.

집실능취분별이란 실유(實有)를 취한 마음을 대상으로 그것이 주체로서 실재한다고 취한 분별을 가리킨다.

집가능취분별이란 가유(假有)를 취한 마음을 대상으로 그것이 주체로서 실재한다고 취한 분별이다.

이 두 가지 각각에도 자재아와 온 등의 대상의 구분에 따라 각각 아홉 가지가 있다.

대승가행도의 네 가지 제거대상의 순서가 이와 같은 이유는 객체와 주체 중에서 객체를 대상으로 한 실집을 제거하기가 더 쉽고, 주체를 대상으로 한 실집은 제거하기 더 어렵기 때문에 먼저 소취분별, 그 다음에 능취분별의 순서가 되고, 소취분별에서는 번뇌와 대치법 중에 대치법을 대상으로 한 실집을 제거하기가 더 어렵기 때문에 염오소취분별과 청정소취분별의 순서가 되며, 능취분별에서는 실유를 취한 마음보다 가유를 취한 마음을 대상으로 한 실집을 제거하기가 더 어렵기 때문에 집실능취분별과 집가능취분별의 순서가 되는 것이다.

그렇다면 실유와 가유의 의미가 무엇인가 하면, 중관자립파는 가립이 가리키는 바를 찾으면 얻어진다고 주장하는데, 그렇게 찾아서 얻어진 것을 실유, 실유인 무엇을 기반으로 가립된 존재는 가유라 한다. 예를 들면 데와닷따의 의식은 실유이고 데와닷따의 의식을 기반으로 가립된 데와닷따라는 사람은 가유다. 반면 중관귀류파는 가립이 가리키는 바를 찾으면 얻어지는 것은 아무것도 없다고 주장한다. 그러므로 모든 존재가 가유다. 그러나 실유가 없다고 해서 집실능취분별을 설명하는 데에 문제가 생기는 것은 아니다. 왜냐하면 실유가 없더라도 실유를 취한 마음은 있기 때문이다.

37. 위축 없는 마음 따위와,
　　　자성 없음 등의 교설과,
　　　그것들의 반대쪽을 버린 것
　　　이를 전면호지라 하네.

이것은 대승가행도가 소승가행도에 비해 전면호지에 의해서 수
승한 이유를 말한 것이다.

전면호지에는 외적(外的) 전면호지와 내적(內的) 전면호지가 있다.
외적 전면호지란 보살에게 공성을 설하는 스승을 말하고, 내적 전면
호지란 중생을 향한 보살 자신의 대연민을 말한다.

여기서 성해탈군은 '위축 없는 마음 따위'가 내적 전면호지를 명
시하고, '자성 없음 등의 교설'이 외적 전면호지를 명시한다고 해설
하였고, 사자현은 37번 게송 전체가 외적 전면호지를 명시하고, 내
적 전면호지는 암시적으로 나타낸다고 보았다.

대승가행도가 최초로 일어나는 몸기반과 마음기반 두 가지가 있
다. 먼저, 몸기반으로는 난위와 정위 두 가지는 인간, 욕계천신, 색
계 등에 최초 발생이 있고, 인위와 세제일법위는 오직 인간과 욕계
천신에게서만 최초로 발생한다. 색계와 무색계에 대승가행도의 인
위와 세제일법위의 최초 발생이 없는 이유는 그 곳에선 대승견도의
최초 발생이 없고, 대승견도가 최초로 발생하는 몸과 대승가행도의
인위와 세제일법위가 최초로 발생하는 몸은 같은 몸이기 때문이다.

마음기반은 오직 4선 중의 어느 하나의 본정이어야 한다. 왜냐하
면 대승가행도의 전 단계인 대승자량도 대품에서 반드시 본정을 성
취하는데 가행도를 성취하기 쉬운 본정을 두고서 더 어려운 근분정
에 의지해 가행도를 성취하려 할 이유가 없기 때문이다.

4) 자성주종성(自性住種姓)

38. 여섯 가지 증득법,

    대치행(對治行)과, 능단행(能斷行),

    소단영진(所斷永盡)의 행과,

    지비쌍운(智悲雙運)의 행과,

39. 불공유학(不共有學)의 행과,

    차제이타(次第利他)의 행과,

    애씀 없는 지혜의 행의

    기반 되는 것이 종성이라네.

　　이것은 일체종지를 나타내는 10법 중의 네 번째인 '자성주종성'에 대한 설명이다.

　　자성주종성은 6종 증득법(證得法), 대치행(對治行), 능단행(能斷行), 소단영진행(所斷永盡行), 지비쌍운행(智悲雙運行), 불공유학행(不共有學行), 차제이타행(次第利他行), 무공용지행(無功用智行) 등의 열세 가지 대승행의 기반이라 하였다.

　　이 열세 가지 대승행은 세 가지 방식의 분류를 함께 병렬한 것이다.

　　먼저, 여섯 가지 증득법이란 난위, 정위, 인위, 세제일법위, 견도, 수도 등의 여섯 가지를 가리킨다.

　　다음으로 대치행, 능단행, 소단영진행은 제거대상과 관련한 분류다. 대치행과 능단행은 모두 제거대상에 대해 대치법을 쓰고 있는 무간도로서 같은 것이지만, 대치법을 쓰고 있다는 의미와 그에 의해 제거대상이 제거될 것이라는 의미를 각각으로 나타내고 있다. 소단영진행은 무간도에 의해 제거대상이 완전히 뿌리 뽑힌 해탈도를 가리킨다.

마지막의 네 가지는 보살 8지 이상의 단계에 대한 분류다.

지비쌍운행은 보살 8지, 불공유학행은 보살 9지, 차제이타행은 보살 10지의 후득지, 무공용지행은 보살 10지의 최후무간도를 가리킨다.

이 열세 가지 대승행은 서로 겹칠 수 있다. 예를 들어 보살 8지의 무간도는 수도이자, 대치행이자, 능단행이자, 지비쌍운행이다.

게송에서 종성이 가리키는 것은 자성주종성이지만, 일반적으로 종성에는 자성주(自性住)종성과 수증(隨增)종성 두 가지가 있다.

유식파는 무루지(無漏智)의 씨앗이 배움의 인연에 의해 활성화된 것이 수증종성, 무루지의 씨앗이 배움의 인연에 의해 활성화되지 않은 것이 자성주종성이라 주장한다.

중관파는 무루지의 씨앗을 수증종성, 중생의 마음의 공성을 자성주종성으로 본다. 중관파 견해에서 수증종성의 정의는 '부처의 종성이자, 유위의 부처의 몸으로 변할 수 있는 것', 자성주종성의 정의는 '그것의 기반이 되는, 장애가 제거되지 않은 심식의 법성이자, 자성법신으로 변할 수 있는 것'이다.

수증종성의 정의에서 유위의 부처의 몸이란 두 가지 색신인 보신과 화신을 가리킨다. 자성주종성의 정의에서 '그것의 기반이 되는'이란, 장애가 제거되지 않은 심식이 자성주종성의 기반이라는 뜻이다. 왜냐하면 장애가 제거되지 않은 심식의 공성이 자성주종성이기 때문이다.

'자성법신으로 변할 수 있는'이란, 중생의 심식의 공성이 성불 이후에 부처의 일체종지의 공성인 자성법신이 된다는 뜻이다. 공성은 무위법이므로 변하는 것이 아니지만, 중생이었을 때는 자성주종성이라 불렸던 것이 성불 이후엔 자성법신이라 불리므로 그러한 의미에서 변한다고 말한 것이다.

자성주종성이 열세 가지 대승행의 기반이라고 말한 이유는, 보살이 자신의 마음의 공성을 명상함으로써 수행의 능력이 점차 향상돼가기 때문이다. 그렇다면 자성주종성은 대승자량도의 기반이기도 한데 어찌해서 게송에서는 자량도는 빼놓고 가행도에서부터 언급하였는가 하면, 문사수의 세 가지 지혜 중에 수혜를 통해 공성을 명상할 수 있는 것은 가행도에서부터기 때문이라고 한다.

수혜를 통해 공성을 명상한다는 것은 공성을 대상으로 한 지관쌍수를 가리킨다.

40. 법성에는 차별 없으니
    종성에도 어찌 차별 있는가 하면
    의지하는 법의 구별 따라서
    종성에도 종류 말할 수 있네.

이것은 자성주종성을 공성으로 주장하는 데 대한 반론과 그에 대한 답변이다.

먼저 반론인 첫 두 행은 "자성주종성이 만약 공성이라면 공성에는 차별이 없으므로 성문의 종성, 독각의 종성, 대승의 종성 등으로 어떻게 구분할 수 있는가?"라는 말이다.

이에 대한 답변인 후반 두 행은 "비유하면 똑같은 하나의 항아리를 두고서 그 안에 무엇을 넣었는가에 따라 예를 들어 물을 넣으면 물 항아리, 꿀을 넣으면 꿀 항아리라고 다르게 부를 수 있는 것처럼 자성주종성은 공성이기 때문에 본질적으로 차별은 없지만 그 공성을 의지하고 있는 존재의 차별에 따라서 성문의 종성, 독각의 종성, 대승의 종성 등으로 구분해서 말할 수 있다."라는 의미이다.

삼승 각각의 종성이 깨어난 표징은 다음과 같이 설명한다.

어떤 이가 성문의 길에 들어서기 전에 인무아의 설명을 듣고서 이해를 잘하고 환희심 등의 특별한 감흥을 느끼는 등의 표징을 보면 성문의 종성이 깨어난 것으로 추측할 수 있고, 독각의 길에 들어서기 전에 능소이공(주관과 객관이 별개의 실체가 아님)의 설명을 듣고서 이해를 잘하고 환희심 등의 특별한 감흥을 느끼는 등의 표징을 보면 독각의 종성이 깨어난 것으로 추측할 수 있으며, 대승의 길에 들어서기 전에 중생에 대한 자비심이 대단한 등의 표징을 보면 대승의 종성이 깨어난 것으로 추측할 수 있다.

5) 대승행의 소연

41. 소연하는 것은 일체법이니
    이를테면 선악 등을 비롯해
    세간도의 증득과,
    출세간의 추구와,

42. 유루법과 무루법,
    유위법과 무위법,
    유학(有學)들의 공통의 법과
    불공불법(不共佛法)이라네.

이것은 일체종지를 나타내는 10법 중의 다섯 번째인 '대승행의 소연'에 대한 설명이다.

반야경에선 다음과 같이 설하였다.

"대보살은 일체법을 지각해야 하느니라."

이에 대해 수보리가 "세존이시여, 일체법이란 무엇입니까?"라고 질문하자 부처님께서 다음과 같이 대답하셨다.

"수보리여, 일체법이란 선, 악, 무기(선도 악도 아닌 것), 세간, 출세간,

유루, 무루, 유위, 무위, 유죄, 무죄, 공통인 것, 공통이 아닌 것 등이 니, 수보리여, 이것들을 일체법이라 한다."

여기서 일체법을 지각해야 한다는 말은 문자 그대로 존재하는 모든 것을 일일이 다 지각해야 한다는 의미는 아닐 것이다. 그렇지 않고 만약, 옆집에 바퀴벌레가 몇 마리가 있는지, 아프리카 우간다에 살고 있는 아무개 처녀의 엉덩이에 점이 몇 개가 있는지, 보살은 그런 것까지 모두 알아야 한다고 주장한다면 참으로 황당한 이야기가 될 것이다.

그러한 의미에서 수보리의 질문 역시 일체법의 일반적인 의미를 묻는 것이 아니라, 여기서 일체법을 지각해야 한다고 말씀하신 진의를 재확인한 질문일 것이며, 마찬가지로 이어진 부처님의 대답 역시 일체법의 일반적인 의미를 규정한 대답으로는 볼 수가 없다.

어쨌거나 보살이 알아야 하는 것들의 보기로서 게송에서 언급한 열한 가지 대승행의 소연은 선, 악, 무기, 세간도, 출세간도, 유루, 무루, 유위, 무위, 공통적인 성취, 불공불법(不共佛法) 등이다.

이와 같이 설한 이유는, 보살이 대승의 수행을 하기 위해 취해야 할 것과 버려야 할 것을 먼저 알아야 하므로 선악과 무기에 대해 설하고, 취해야 할 바인 선법 중에서도 윤회에서 벗어나게 하는 수행과 그렇지 못한 수행을 분별할 줄 알아야 하므로 세간도와 출세간도를 설하고, 출세간도가 무엇으로써 무엇을 제거하는지를 알아야 하므로 유루와 무루를 설하고, 무루인 대치법이 소연하는 대상인 공성과, 대치법에 의해 성취되는 멸제가 무위법이므로 유위와 무위를 설하고, 성취 목표 중에서도 궁극의 성취 목표인 부처의 불공법을 알아야 하므로 공통적인 성취와 불공불법에 대해 설한 것이다.

(1) 선악과 무기

뺀첸쐬남닥빠에 의하면 선악과 무기의 정의는 다음과 같다.

선 : 유기(有記)이자, 안락의 원인이 되는 부류에 머무는 것.
악 : 유기이자, 고의 원인이 되는 부류에 머무는 것.
무기 : 선도 악도 아닌 법(존재).

유기라는 것은 무기의 반대말이다. 무기는 다른 의미로 쓰일 때도 있지만, 선악과 관련해서는 선도 아니고 악도 아닌 중립적인 것을 의미한다.

티베트 불교에서 선악의 정의는 모두 이와 같이 미래에 좋은 과보를 가져오는가, 아니면 나쁜 과보를 가져오는가를 기준으로 규정한다. 그러나 필자가 보기에 여기에는 몇 가지 난점이 존재한다. 대표적으로, 선인선과, 악인악과 즉, 선한 일을 하면 좋은 과보를 받고, 악한 일을 하면 나쁜 과보를 받는다는 말이 무의미한 말이 된다. 왜냐하면 "미래에 좋은 과보를 받을 행위를 하면 미래에 좋은 과보를 받는다."는 말은 동어반복에 불과하기 때문이다.

선인선과, 악인악과를 말할 때 이러한 무의미한 동어반복을 한 것이 아니라면 미래의 좋고 나쁜 결과의 의미와는 별도로 선과 악의 의미에 대해 생각했다는 얘기다. 그렇다면 바로 그러한 의미를 포착해서 정의를 규정해야 한다. 물론 이것은 대단히 어려운 일이다. 지구상에 철학이 시작된 이후로 수많은 철학자가 선악에 대해 사유하고 논쟁하였지만 아직까지도 명쾌한 합의점에 이르지 못하였을 정도니까 말이다.

또 어떤 행위가 안락의 원인이 될지 고의 원인이 될지를 어떻게 알 수 있을까? 정의에서 안락이나 고의 원인이 된다고 한 말은 장기적인 관점에서 생각해야 하고, 고와 안락의 총합을 비교해야 한다. 왜냐하면 도둑질을 하고서도 단기적으로는 그 결과로서 안락을 누릴 수 있지만, 그러한 행위를 안락의 원인이라고 하지는 않기 때문이다.

어떤 사람은 무고한 수많은 사람을 죽이고, 고문하고, 억압함으로써 평생 부귀를 누리며 즐겁게 살다가 간다. 설령 그가 마음 한 편으로 분명히 괴로움을 갖고 있을 거라고 말하더라도 그 괴로움이 선량하고 불운한 사람들이 평생 고생하면서 받는 어떤 괴로움보다도 더 크다고 말할 수는 결코 없을 것이다. 그렇다면 이러한 경우에도 역시 한 생만으로는 선악을 설명할 수가 없게 된다.

어떤 행위의 결과로서 생겨나는 고와 안락의 총합을 여러 생을 포함한 장기적 관점에서 서로 비교할 수 있는 능력이란 아무리 생각해도 필자가 보기엔 전지자만의 능력이다.

그러나 선악은 불교 교리에서 극은폐분(極隱蔽分)이 아니고 약(弱)은폐분이다. 극은폐분이란 오직 오류가 없다는 것이 확실한 경전 말씀 등을 통해서만 지각되는 대상을 의미하고, 약은폐분이란 범부가 처음 그 대상을 지각할 때 사세비량(경전 등에 근거하지 않고 스스로 지각할 수 있는 사실들만을 근거한 추론)을 통해서 지각되는 대상을 의미한다. 그러나 필자로선 도대체 무슨 수로 저러한 선악의 정의를 사세비량을 통해 지각할 수 있다는 것인지 의문이다. 참고로 윤회 역시 극은폐분이 아니고 약은폐분이라 주장하며, 이것은 법칭(다르마끼르띠)이 『석량론』에서 윤회를 논증한 바에 주로 근거하고 있는 듯하다.

여기서 한 가지 오해하지 말아야 할 중요한 사실은, 선악에 대해 설령 명확히 규정하기 어렵더라도 선의 추구가 전혀 무의미한 일이 되지는 않는다는 것이다. 예를 들어 '가운데'라는 것을 생각해 보자. 어떤 사람이 어떤 공간의 가운데에 위치하려고 하는데, 사실 가운데란 대충 가리킬 순 있어도 정확한 가운데를 규정한다는 것은 아마도 불가능할 것이다.

그렇다면 가운데에 위치하려는 시도는 완전히 무의미한 일인가? 그렇지 않다. 가운데를 완전히 정확하게 규정할 순 없더라도 가운데에 위치하고자 하는 사람과 가장자리에 위치하고자 하는 사람 중에서 누가 더 가운데에 가깝게 있는가 하면 당연히 가운데에 위치하고자 한 사람이다.

이와 마찬가지로 선과 악을 명확히 규정하기 어렵다 하더라도 만약 어떤 부류는 선을 추구하고, 또 어떤 부류는 악을 추구하고, 또 다른 어떤 부류는 "선과 악이란 다 헛소리야. 아무렇게나 행동하면 돼."라고 생각한다면 그들 중에서 첫 번째 부류가 대체로 선에 더 가깝게 될 것은 분명하다.

"선을 명확하게 규정하지 못했으므로 누가 선에 가깝다는 말이 어떻게 성립하는가?"라는 반론은 세간의 진실이 성립하는 이치에 대해 지극히 어둡다는 것을 보여준다. 이 세상의 모든 진실이 오직 완전히 명확하게 규정된 개념으로만 구성되는 것은 아니다. 가장 극명한 경우로는 많은 사람들이 자기 자신 즉, '나'라는 것에 대해서조차 정확히 규정하지 못한다. 그렇다고 누가 "내가 무엇을 했다."라고 말할 때 그 말을 무조건 부정해야 옳은가? 또 대부분의 사람들이 사랑이란 어디서부터 어디까지인지 명확하게 규정하지 않은 채 사랑을 한다. 그들이 사랑에 대해 명확하게 규정하지 않았다는 이유만으로 "사랑해"라는 그들의 말이 무조건 거짓이 되는가? 그렇지 않다. 세간의 진실과 거짓은 그런 식으로 결정되는 것이 아니다.

어찌됐건 티베트 불교에서 정의하는 선악은 상술한 바와 같고, 경론에서 설하는 선악의 대표적인 예로는 십선과 십악이 있다. 십악이란 살생, 도둑질, 사음, 망어(거짓말), 이간어, 악어, 기어(쓸데없는 말), 탐욕, 악의, 악견 등이고, 십선은 이 열 가지의 반대로 생각하면 된다.

십악 중에 처음 세 가지는 몸으로 짓는 악, 가운데 네 가지는 말로 짓는 악, 마지막 세 가지는 마음으로 짓는 악이라 한다.

(2) 세간도와 출세간도

세간도와 출세간도는 윤회로부터 벗어나게 하는 수행인가를 기준으로 한다.

해탈이나 성불의 원인이 되는 수행이 출세간도이며, 단지 선취에 나게 하는 수행은 세간도라 한다.

(3) 유루와 무루

유루와 무루에 대해서도 다양한 견해가 있다.

『구사론』에 의하면 소연이나 상응을 통해 번뇌를 증장시킬 수 있는 것을 유루, 그렇지 않은 것을 무루라 한다.

소연을 통해 번뇌를 증장시킨다는 것은 어떤 대상을 보고서 번뇌가 일어나는 따위를 의미한다. 상응을 통해 번뇌를 증장시킨다는 것은 어떤 번뇌가 일어날 때 그와 함께 일어나는 심왕과 심소가 모두 번뇌에 오염된다는 의미다.

구체적인 사례는 도제(道諦)를 제외한 모든 유위법은 유루, 도제와 모든 무위법은 무루에 속한다.

『대승아비달마집론』에는 번뇌의 6문과 관련된 것을 유루라 설명하였다. 번뇌의 6문이란 번뇌 자신, 번뇌와 관련된 것, 번뇌에 속박된 것, 번뇌의 후속, 번뇌에 수순하는 것, 번뇌로부터 생겨난 것 등의 여섯 가지를 가리킨다.

중관파는 아집의 대치가 되는 것을 무루, 그렇지 못한 것을 유루라 한다고 하였는데, 이것은 유위법 중에서 그렇다는 의미라고 생각된다. 왜냐하면 아집의 대치가 아닌 모든 무위법들 역시 무루로 인정하기 때문이다. 그렇다면 유루와 무루에 대한 설명 방식의 차이일 뿐 가리키는 대상에는 『구사론』과 별 차이가 없다고 생각된다.

(4) 유위와 무위

유위란 원인과 조건에 의해 형성된 것을 의미하고, 무위는 그 반대이다.

인연에 의해 형성된 것은 생멸변화하며, 무위에는 생멸변화가 없다. 예를 들면 유위에는 색법, 심법, 불상응행 등이 있고, 무위에는 허공, 열반, 공성 등이 있다.

존재하지 않는 것 역시 인연에 의해 형성된 것이 아니므로 무위이다. 그러므로 무위 중에서 존재하는 것만을 포함시키고자 하면 무위법이라 말해야 한다. 법은 존재라는 의미이므로 무위법은 곧 무위의 존재라는 뜻이다.

제행무상의 행(行)이 바로 유위법과 같은 의미다. 그러므로 제행무상이란 모든 유위법은 변한다는 말이다. 간혹 '모든 것이 변한다'라고 말하는 사람도 있는데, 이것은 무위법도 변한다는 얘기가 되므로 불교가 아니고, 논리적으로도 모순이다. 왜냐하면 모든 것이 변한다면 모든 것이 변한다는 그 법칙도 변하므로 어느 때는 모든 것이 변하는 것이었다가 또 어느 때는 변하지 않는 것이었다가 한다는 결론이므로 황당한 얘기가 된다.

모든 유위법은 변하지만, 모든 유위법이 변한다는 그 법칙은 과거에도 그랬고, 현재에도 그러하고, 미래에도 그러할 것이며, 언제든지 변함이 없다.

(5) 공통적인 성취와 불공불법

공통적인 성취란 부처와 부처 외의 성자들이 공통적으로 성취하는 공덕을 의미한다. 예를 들면 사선정과 사무색정 등이 있다.

불공불법이란 오직 부처에게만 있는 공덕을 의미한다. 예를 들면 여래십력, 십팔불공법 등이 있다. 불공불법에 대해서는 4장에서 설명한다.

6) 대승행의 구경목표

43. 일체중생 중의 최고 마음과
    단멸, 증득 등의 삼대(三大)를

세 가지의 자생의

구경목표로서 알아야 하네.

이것은 일체종지를 나타내는 10법 중의 여섯 번째인 '대승행의 구경목표'에 대한 설명이다.

보살이 대승행에 들어가는 궁극의 목표는 큰마음, 큰 단멸, 큰 증득 등의 삼대 공덕을 성취하기 위해서라고 하였다.

여기서 큰마음이란 부처의 대연민과 보리심을 가리킨다. 큰 단멸이란 2장을 남김없이 제거한 부처의 열반을 가리킨다. 큰 증득이란 일체법을 직관에 의해 지각하는 구경의 지혜를 가리킨다.

이 세 가지를 목표로 대승행에 들어가는 보살은 전장에 나가는 왕에 비유된다. 반대편(번뇌장과 소지장)을 모조리 제압하기 위해 나아가고, 얻을 바를 남김없이 얻기 위해 나아가며, 자신을 최고 지위에 올려놓기 위해 나아가기 때문이다.

7) 피갑행(被甲行)

44. 육바라밀 각각에
    보시 등의 여섯 가지를
    수렴해서 갑옷 수행은
    여섯 쌍씩 여섯 조로 설명한다네.

이것은 일체종지를 나타내는 10법 중의 일곱 번째인 '피갑행'에 대한 설명이다.

육바라밀 각각에 보시 등의 여섯 가지를 수렴한다는 것은 보시, 지계, 인욕, 정진, 선정, 반야 등의 육바라밀 안에 또 각각 여섯 가지씩을 배정해서 보시의 보시, 보시의 지계, 보시의 인욕, 보시의 정진, 보시의 선정, 보시의 반야, 지계의 보시, 지계의 지계 등으로 육 곱하기 육은 서른여섯 가지의 피갑행이 된다는 말이다.

피갑행 즉, 갑옷을 입은 행이라고 부르는 이유는 인색함 등의 번뇌의 무기들이 침투하지 못하도록 하는 수행이기 때문이다.

경계는 대승자량도에서 최후무간도까지 있다.

8) 취입행(趣入行)

45. 사선정과 무색정,
    바라밀과, 도(道)와, 무량심,
    무소연을 갖춘 것,
    세 바퀴의 청정과,

46. 구경목표, 육신통,
    일체상을 아는 지혜에
    들어가는 행은 대승도에서

향상되어 가는 것이네.

이것은 일체종지를 나타내는 10법 중의 여덟 번째인 '취입행'에 대한 설명이다.

취입행의 취입 즉, 들어가는 대상에는 다음과 같은 아홉 가지가 있다.

① 사선정과 사무색정, ② 육바라밀, ③ 출세간도, ④ 사무량심, ⑤ 무소연, ⑥ 삼륜청정, ⑦ 구경목표 삼대공덕, ⑧ 육신통, ⑨ 일체종지.

여기서 들어간다는 말은 수행, 성취, 성취를 위한 노력 등의 의미를 갖는다. 예를 들어 무색정의 취입행이란 무색정을 행하고 있는 상태를 가리키고, 일체종지의 취입행이란 일체종지를 성취하기 위해 노력하고 있는 상태를 가리킨다.

취입행의 경계는 대승가행도에서 최후무간도까지 있다.

(1) 지관(止觀)

사선정과 사무색정을 설명하기 위해서는 먼저 지(止)와 관(觀)에 대해 설명할 필요가 있다.

지(止)의 정의는 '경안(輕安)'을 갖춘 상태로 자신의 대상에 애씀 없이 자연스럽게 머무는 사마디'이다.

경안이란 몸과 마음이 지극히 가볍고 편안한 상태를 말한다. 그러나 경안을 성취하면 반드시 몸의 경안을 성취해야 하는 것은 아니다. 왜냐하면 무색계의 유정들에게는 몸이 없지만 경안은 있기 때문이다.

지(止)를 성취하기 위해서는 다음과 같은 구주심(九住心: 마음집중 9단계)을 거친다.

① 내주(內住: 안으로 거둠) : 외부로부터 마음을 안으로 거두어들여 한 대상에 집중시키는 단계. 마음이 대상에 잠깐씩밖에 집중하지 못하고 자주자주 흩어진다. 잡념이 평소보다 더 많이 일어나는 것처럼 느낄 수도 있다. 그러나 실제로 잡념이 많아진 것이 아니라 마음을 살펴보기 때문에 잡념을 더 잘 알아차리게 된 것이다.

② 속주(續住: 연속집중) : 마음이 대상에 집중되는 시간이 처음보다 조금 늘어난 단계.

③ 안주(安住: 반복적으로 거두어 집중) : 밖으로 흩어진 마음을 알아차려서 다시 대상으로 마음을 돌려 집중시키는 단계. 첫 번째와 두 번째 단계에서는 마음이 대상에 머무는 시간보다 흩어지는 시간이 길지만, 세 번째 단계부터는 흩어지는 시간보다 머무는 시간이 길어진다.

④ 근주(近住: 미세한 집중) : 마음을 반복적으로 안으로 거두어들

인 결과로 마음이 미세해진 상태로 머무는 단계.

⑤ 조복(調伏: 제어) : 네 번째 단계에서 억념의 힘이 강해진 결과로 혼침이 일어나면 살핌에 의해 혼침을 알아차린 후 사마디의 공덕을 생각해서 마음을 일깨우는 단계.

⑥ 적정(寂靜: 가라앉힘) : 다섯 번째 단계에서 마음을 일깨운 결과로 마음이 들뜨면 산란의 허물을 생각해서 가라앉히는 단계.

⑦ 최극적정(最極寂靜: 지극한 고요) : 억념과 살핌의 힘이 강력하게 되어 미세한 혼침이나 들뜸, 잡념이 일어나는 즉시 제거되는 단계.

⑧ 전주일취(專注一趣: 일념집중) : 마음이 대상으로부터 전혀 벗어나지 않는 일념집중이 이루어졌지만 약간의 노력이 있는 단계.

⑨ 등주(等住: 고른 집중) : 아무런 애씀 없이 대상에 일념으로 원하는 만큼 머물 수 있는 단계.

구주심의 아홉 번째 단계를 성취한 이후 경안이 생겨나면 비로소 그것을 지(止)라 한다. 이와 같이 집중명상을 통해 지를 성취한 이후에는 무아를 대상으로 고찰명상을 행한다.

쫑카빠는 『보리도차제광론(람림첸모)』에서 "지를 이룬 이후에 관을 수습할 때 오로지 고찰만을 행하면 지가 사라지기 때문에 관 역시 생겨나지 않으므로 고찰명상을 행한 끝에 그 대상에 집중명상을 함으로써 무아를 대상으로 한 지관쌍수를 성취한다."고 하였다.

적천(샨띠데와)은 『입보살행론』에서 "지를 훌륭하게 갖춘 관에 의해 번뇌가 완전히 파괴됨을 알아서 먼저 지를 구해야 한다."라고 하였다.

까말라실라는 『수습차제중편』에서 "지를 여읜 관만으로는 수행자의 마음이 대상들로 흩어져서, 바람 앞의 등불과 같이 안정되지 못하게 된다. 그러면 지혜의 빛을 지극히 밝게 할 수 없으니, 그러므로 두 가지를 다 같이 의지해야만 한다."라고 하였다.

이와 같이 아집을 제거하기 위해선 무아를 대상으로 한 지관쌍수가 필수적이다. 왜냐하면 아집이 취하고 있는 대상과 반대되는 진실에 지로써 지긋이 머무르며 관으로써 밝게 보아야지만 아집의 뿌리는 비로소 해를 당하기 시작하기 때문이다. 그렇지 않고 단지 분별하지 않고 머문다는 것은 무아의 진실에 대한 지각이 없는 어두운 상태일 뿐이므로 아집의 뿌리에 아무런 해를 가할 수가 없다.

분별을 통해서 어떻게 무분별지로 나아갈 수가 있느냐는 반론은 "검은 씨앗에서 어떻게 푸른 싹이 나오느냐?", "여자가 어떻게 남자를 낳느냐?", "있던 의자가 어떻게 불에 타서 없어질 수가 있느냐?"는 따위의 말과 같다.

『수습차제중편』에서 다음과 같이 설하였다.

"바른 분별로부터 바른 앎의 불이 생겨나면, 나무를 비벼서 불이 생겨나는 것과 같이 분별의 나무를 태운다."라고 세존께서 설하셨다.

반복해서 말하지만, 아집을 근본적으로 제거하려면 아집이 취하고 있는 내용의 정반대의 내용을 취하는 수밖에 다른 방법이 없다.

그런데 그러한 무아의 진실은 항아리나 기둥처럼 명백하게 드러나서 자연적으로 지각할 수 있는 대상이 아니라 은폐되어 있는 진실이다. 그러므로 처음 지각할 때 추론이라는 분별을 통해서 지각할 수밖에 없다. 그러나 추론을 통해 지각한 무아의 진실을 대상으로 지관쌍수를 닦아 머무르면 그러한 상태에서 점차 분별식을 여의고 결국 무아를 선명하게 지각하는 무분별식이 일어나게 된다는 점에는 아무런 모순이 없다.

빤첸쐬남닥빠에 의하면 관(觀)의 정의는 '지(止)의 상태에서 자신의 대상을 고찰한 결과로 얻어진 경안을 갖춘 상태로 자신의 대상을 각각으로 고찰하는 지혜'이다. 또한 관은 반드시 지를 성취한 이후에 이루어지고, 관을 성취함과 동시에 지관쌍수 역시 성취된 것이라고 빤첸은 주장한다.

보다시피 티베트 불교에서 말하는 지(止)는 마음이 대상에서 한 순간도 이탈하지 않고 아무런 애씀 없이 자연스럽게 일념집중되며, 거기에 경안까지 갖추어진 대단한 경지를 가리키고, 관 역시 이러한 대단한 경지를 이룬 기반 위에서 이루어지는 것이므로 한국의 불자들이 일반적으로 지관에 대해서 말할 때 가리키는 의미와는 상당한 차이가 있다. 이러한 차이 때문에 필자를 비롯해서 통역하는 사람들이 애를 먹는 경우가 간혹 있는데, 각자가 사용하는 용어와 의미의 관계를 잘 포착해서 어떻게든 조정할 필요가 있다고 생각된다. 그렇지 않고 이러한 차이에 대한 인식 없이 무턱대고 통역을 한다면 무의미한 오해와 혼란 속에 빠지기 십상이다.

(2) 사선정과 사무색정

앞서 이십승보 부분에서 4선정과 4무색정은 모두 근분정과 본정으로 나뉜다고 설명한 바 있다. 명칭상으로 보면 예를 들어 초선의 근분정은 아직 초선정이 아니고 초선의 본정은 초선정과 같은 말인 듯한 인상을 준다. 그러나 뺀첸쐬남닥빠는 초선의 근분정 역시 초선정에 포함된다고 보아야 할 것 같다는 의견을 피력하였다.

초선 근분정을 크게 분류하면 '초선 근분정의 작의초업(作意初業)'과 '초선 근분정의 번뇌정화초업'의 두 단계로 나뉜다.

두 번째 단계인 번뇌정화초업은 또 다음과 같은 여섯 가지 단계로 이루어진다.

① 요상(了相)작의 : 욕계가 초선에 비해 거칠고 초선이 욕계에 비해 적정(寂靜)함을 명상하는 단계. 이것은 조정상도(粗靜相道)에 속한다.

② 승해(勝解)작의 : 그와 같은 명상에 의해 심신의 경안(輕安)을 갖춘 관(觀)이 처음으로 완성되는 단계.

③ 원리(遠離)작의 : 지관쌍수의 상태로 욕계 번뇌 대품을 대치하는 단계.

④ 섭락(攝樂)작의 : 욕계 번뇌 중품을 대치하는 단계.

⑤ 관찰(觀察)작의 : 섭락작의에 의해 중품까지 제거가 되면 욕계번뇌가 모두 제거되었는가 하는 의심이 들기 때문에 번뇌가 일어

나기 쉬운 상을 떠올려서 번뇌가 남았는지 관찰하는 단계.

⑥ **가행구경**(加行究竟)**작의** : 관찰작의에 의해 욕계번뇌 소품이 남았다는 것을 알게 되어 다시 지관쌍수의 상태에서 욕계번뇌 소품을 대치하는 단계.

초선 근분정의 이와 같은 작의의 단계는 상위의 선정과 무색정의 근분정에도 모두 유사하게 존재한다고 『대승아비달마집론』에서 설하였다.

여기서 욕계번뇌라는 것은 앞서 이십승보 부분에서 설명했던 것과 마찬가지로 세간수소단으로서의 욕계번뇌로 이해해야 한다. 그러나 예류는 초선의 근분정을 출세간도로 이용하기 때문에 예류가 이 근분정을 수습하는 경우엔 세간수소단이 아니라 그대로 수소단으로 생각하면 된다. 또한 요상작의 단계에서는 조정상도 대신 인무아를 명상한다.

조정상도란 욕계의 거침과 상계(색계와 무색계)의 적정함을 비교 명상하는 것으로서 상계에 태어나게 하는 세간의 도이다.

이제 본정에 대해 설명할 차례다.

사선정은 선정의 요소들의 차이를 통해서 구분되고, 사무색정은 인식 대상의 차이를 통해서 구분된다. 그렇다면 먼저 사선정의 요소들 간에 어떠한 차이가 있는가 하면 다음과 같다.

- 초선의 다섯 가지 요소 : 사유[尋], 고찰[伺], 기쁨[喜], 좋은 느낌

[樂], 마음집중[心一境性].

- 제2선의 네 가지 요소 : 내면의 지극한 맑음, 기쁨, 좋은 느낌, 마음집중.
- 제3선의 다섯 가지 요소 : 억념[念], 살핌[正知], 평온[捨], 좋은 느낌, 마음집중.
- 제4선의 네 가지 요소 : 청정한 억념, 청정한 평온, 불고불락(不苦不樂)의 느낌, 마음집중.

초선의 요소 중에서 사유와 고찰은 비슷한 작용이지만, 사유는 상대적으로 거칠고 고찰은 상대적으로 미세하다는 차이가 있다.

제2선의 요소 중에서 내면의 지극한 맑음이란 『구사론』에서는 신심이라 해석하고, 대승학파의 견해에선 억념, 살핌, 평온 등의 세 가지를 가리킨다고 본다.

제3선의 요소 중에서 좋은 느낌이란 기쁨이 잦아든 몸의 안락을 가리킨다. 억념이란 인식의 대상에 주의를 유지하는 것을 가리키고, 살핌이란 자신의 몸이나 마음의 상태를 감시하는 정신작용을 의미하며, 평온이란 사유와 고찰과 기쁨 등이 잦아듦으로써 그것들로 인한 내면의 불균형이 사라진 상태다.

초선에서도 억념과 살핌과 평온이 있는데 요소 중에 헤아리지 않고, 제2선에서는 '내면의 지극한 맑음'이라는 다른 표현을 쓰고, 제3선에서야 제 이름으로 말한 이유는 섭결택분에 다음과 같이 설하였다.

초선에서는 억념, 살핌, 평온을 사유와 고찰을 통해서 실행하기 때문에 있어도 말하지 않았다. 제2선에서는 자체적으로 작용하지만 환희심의 번뇌에 속박되기 때문에 지극한 맑음이라는 이름으로 말하였다. 제3선에서는 마음의 부수적 번뇌를 여의었으므로 그 자신의 특성으로만 나타내었다.

제4선의 요소 중에서 억념과 평온을 청정하다고 한 이유는 선정에서의 여덟 가지 과실을 여의었기 때문이다. 선정에서의 여덟 가지 과실이란 사유, 고찰, 마음의 좋은 느낌, 마음의 괴로움, 몸의 좋은 느낌, 몸의 괴로움, 내쉬는 숨, 들이쉬는 숨 등이다. 그러나 이것들은 오직 제4선을 기준으로 해서만 과실이라 한 것일 뿐 그 외의 선정에서는 과실이 아니다.

또 사선정을 느낌의 변화를 중심으로 설명하면, 초선은 마음의 괴로움에서 벗어나고, 제2선은 몸의 괴로움에서 벗어나며, 제3선은 마음의 좋은 느낌에서 벗어나고, 제4선은 몸의 좋은 느낌에서 벗어난다.

다음으로 사무색정은 공무변처정(空無邊處定), 식무변처정(識無邊處定), 무소유처정(無所有處定), 비상비비상처정(非想非非想處定) 등의 네 가지를 가리킨다.

이것들은 인식의 대상의 차이로 구분된다. 첫 번째인 공무변처정은 형상의 걸림을 여읜 무한한 허공을 명상하고, 두 번째인 식무변처정은 무한한 허공의 인식에서 벗어나 무한한 심식에 대해 명상하며, 세 번째인 무소유처정은 심식에 대한 집착에서 벗어나 아무것도 존재하지 않음을 명상하고, 네 번째인 비상비비상처정은 무(無)에 대한 인식 역시 병과 같이 보아 거친 인식은 없지만 아주 미세한 인식에 머문다.

(3) 사무량심

4무량심은 자(慈: 자애)무량심, 비(悲: 연민)무량심, 희(喜: 기쁨)무량심, 사(捨: 평등)무량심 등의 네 가지를 가리킨다.
각각의 정의는 다음과 같다.

- 자(자애)무량심 : 선의 본정에 의해 유정들이 행복하기를 바라는 행상에 머무는 사마디나 지혜.
- 비(연민)무량심 : 선의 본정에 의해 유정들이 괴로움에서 벗어나기를 바라는 행상에 머무는 사마디나 지혜.
- 희(기쁨)무량심 : 선의 본정에 의해 유정들이 행복에서 벗어나지 않기를 바라는 행상에 머무는 사마디나 지혜.
- 사(평등)무량심 : 선의 본정에 의해 유정들을 이롭게 하기를 바라는 행상에 머무는 사마디나 지혜.

마지막의 사(평등)무량심은 정의와 달리 일반적으로는 중생에 대해 좋아하거나 싫어하는 편애를 버리고 평등한 마음을 갖는 것으로 흔히 설명한다. 또 티베트의 불교의식에서 일상적으로 염송하는 기도문에서는 사무량심에 해당하는 부분에 "일체중생이 가깝고 멀고 탐착하고 미워하는 양변을 떠난 평등[捨]에 머물게 하소서."라고 되어 있다.

　이 네 가지를 무량심(한없는 마음)이라 이름 붙인 이유는 한없는 중생을 대상으로 하고, 한없는 자량을 쌓을 수 있게 하며, 한없는 법을 성취하는 원인이 되고, 한없는 지혜가 경험하는 대상이기 때문이다.

9) 자량행(資糧行)

47~72번 게송은 일체종지를 나타내는 10법 중의 아홉 번째인 '자량행(資糧行)'에 대한 설명이다.

47 . 대연민과, 바라밀,

　　지(止)와 관(觀)의 명상과,

　　결합해서 닦는 길,

　　방편들에 탁월함,

48. 지혜자량, 복덕자량과,

　　도(道)와, 다라니와, 십지(十地)와,

　　대치 등은 자량의

　　수행 차제임을 알아야 하네.

이것은 다음과 같은 열일곱 가지의 자량행을 열거한 것이다.

① 대연민 자량행, ② 보시 자량행, ③ 지계 자량행, ④ 인욕 자량행,
⑤ 정진 자량행, ⑥ 선정 자량행, ⑦ 반야 자량행, ⑧ 지(止) 자량행,
⑨ 관(觀) 자량행, ⑩ 방편과 지혜의 결합 자량행, ⑪ 선교방편 자량
행, ⑫ 복덕 자량행, ⑬ 지혜 자량행, ⑭ 도(道) 자량행, ⑮ 다라니 자
량행, ⑯ 보살지 자량행, ⑰ 대치 자량행.

이 중에서 보살지 자량행을 설명하기 위해 49~71번 게송에서 보
살십지에 대해 차례로 설명한다.

49. 열 가지의 수양 의지해

　　초지 성취하나니

　　열의, 자리이타와,

　　유정들에 대한 평등심,

50 . 베풂, 선지식을 의지함,

　　바른 법의 추구와,

　　변함없는 출리의 마음,

　　부처 몸의 추구와,

51 . 설법, 진실한 말 등

　　이와 같은 열 가지들을

　　자성 소연하지 않고서

　　수양함을 알아야 하네.

　　이것은 다음과 같은 열 가지 수양을 통해 보살 초지를 나타낸 것이다.

① 기만 없는 이타적 열의, ② 자타를 이롭게 하려는 마음, ③ 중생에 대한 평등심, ④ 보시, ⑤ 선지식을 물심양면으로 봉양하며 의지, ⑥ 광대한 대승의 정법을 익히기, ⑦ 세속적인 산란을 여읨, ⑧ 위없는 부처의 몸 추구, ⑨ 정법 설하기, ⑩ 항상 진실하게 말하기.

　　이러한 열 가지 수양을 함에 있어서 자성에 대한 실집을 일으키지 않고 공성의 지견을 바탕으로 해야 한다고 하였으며, 이것은 이하 모든 보살지의 수양에 마찬가지로 적용된다.

　　보살지의 수양의 의미에 대해서는 『선설금만론』에서 공덕을 기르고 허물을 정화한다는 뜻으로 해설하였다.

52. 계율, 보은, 인욕과,

환희심과, 대연민과, 섬김과,

스승 공경하고 따르기,

보시 등의 바라밀에 애쓰기.

이것은 다음과 같은 여덟 가지 수양을 통해서 보살 2지(이구지)를 나타낸 것이다.

① 보살계율, ② 다른 이의 은혜에 대한 보답, ③ 상해의 경중을 막론한 무조건적 인욕, ④ 선법 실천을 즐기기, ⑤ 일체중생에 대한 자비, ⑥ 스승과 선지식들을 공경하고 봉양, ⑦ 선지식의 가르침에 따르기, ⑧ 육바라밀의 정진.

53. 만족할 줄 모르는 다문(多聞),

보답 바람 없는 법시(法施)와,

불국토의 정화와,

윤회계에 좌절하지 않음과,

54. 교만하지 않는 본질의

참괴(慙愧) 등의 다섯 수양들.

이것은 다음과 같은 다섯 가지 수양을 통해서 보살 3지(발광지)를 나타낸 것이다.

① 끝없이 듣고 배우기, ② 명예와 이익 등을 바라지 않고 설법하기, ③ 자신이 미래에 성불할 불국토 정화, ④ 자신이 도와준 유정들이 도리어 해를 끼치는 등의 역경에서 상심하지 않기, ⑤ 항시 부끄러움을 알아 악행이나 방일하지 않기.

　　숲에 머묾, 소욕, 지족과,
　　두타행을 철저하게 지키며,

55. 학처(學處) 결코 버리지 않고,
　　욕락들을 하찮게 보며,
　　열반, 모든 재물 베풀고,
　　위축되지 않음과, 무견(無見).

이것은 다음과 같은 열 가지 수양을 통해서 보살 4지(염혜지)를 나타낸 것이다.

① 고요한 곳에 머물기, ② 소욕, ③ 지족, ④ 철저한 12두타행, ⑤ 목숨과도 바꾸지 않는 계율 수지, ⑥ 감각적 쾌락을 항시 허물로 보

기, ⑦ 교화대상 각각의 성향에 맞게 열반으로 인도, ⑧ 모든 재물 베풀기, ⑨ 선을 실천함에 위축되지 않기, ⑩ 모든 존재를 실재라고 보지 않기.

④ 번에서 12두타행이란 분소의 입기, 세 가지 법의 외에 갖지 않기, 거친 모직 옷만을 입기, 하루 한 번 식사, 항상 탁발로만 식사, 정오가 지나면 먹지 않기, 한적한 곳에 거주, 나무 밑에 머물기, 지붕 없는 곳에 머물기, 무덤가에서 지내기, 눕지 않기, 편한 것을 가리지 않고 아무데나 앉기 등 의식주의 탐욕을 없애기 위한 열두 가지 생활법을 가리킨다.

56. 친교, 재가자에 탐착과,
    산만하게 하는 장소와,
    자찬, 남을 업신여김과,
    열 가지의 불선업,

57. 교만심과, 전도견,
    악혜(惡慧), 번뇌 수용 등
    이와 같은 열 가지를 끊으면
    오지(五地) 올바르게 성취한다네.

이것은 다음의 열 가지 수양을 통해 보살 5지(난승지)를 나타낸 것이다.

① 재물과 명예 등에 대한 탐착으로 친교하는 것을 끊기 위해 올바른 수행자로서의 생활과 율의가 퇴락하지 않는 수양, ② 다른 이가 이익을 얻을 것을 시기해서 신심 있는 재가자를 그에게 소개하지 않는 마음을 끊기 위해 남의 이익과 행복에 수희, ③ 안팎의 산만함을 끊기 위해 심신을 고요하게 머물기, ④ 자기 자신을 높이는 마음을 끊기 위해 자신에 대한 애착 끊기, ⑤ 타인에 대한 경시를 끊기 위해 남을 칭찬하고 도움 주기, ⑥ 십악업을 끊기 위해 십선업 실천, ⑦ 자신의 성취 등에 대한 교만을 끊기 위해 그러한 모든 것의 비실재성 지각하기, ⑧ 선악과 취사에 대한 전도된 탐착을 끊기 위해 그것들의 비실재성 지각하기, ⑨ 자아에 대한 악견 등을 끊기 위해 무아의 올바른 지각, ⑩ 욕망 등의 번뇌에 마음이 향하는 것을 끊기 위해 번뇌의 대상들의 비실재성 지각하기.

여기서 끊어야 할 대상들은 대부분 5지 보살의 마음에 실제로는 일어나지 않으므로 그것들의 잠재된 뿌리를 끊기 위해 수양한다는 의미로 보아야 한다.

58. 보시, 지계, 인욕, 정진과,
  선정, 지혜 등을 구족함에 의해서

성문도와 독각도에 대해서

애호심과 두려움을 여의고,

59. 구걸하면 위축됨 없고,

베풀 때에 싫은 마음 없으며,

빈곤해도 베풂 거절하지 않음으로써

육지(六地) 올바르게 성취한다네.

이것은 다음과 같은 열두 가지 수양을 통해 보살 6지(현전지)를 나타낸 것이다.

① 보시, ② 지계, ③ 인욕, ④ 정진, ⑤ 선정, ⑥ 반야, ⑦ 성문도에 대한 애호 끊기, ⑧ 독각도에 대한 애호 끊기, ⑨ 공성에 대한 두려움 끊기, ⑩ 구걸하는 이가 요구하는 것을 베풀 때에 주저함을 없애기, ⑪ 재물을 베풀 때의 싫은 마음 끊기, ⑫ 본인이 어렵더라도 구걸하는 이를 저버리는 마음 끊기.

여기서 성문도와 독각도에 대한 애호 끊기란 대승 수행자인 본인이 소승의 길로 가고자 하는 마음을 없앤다는 의미이지 소승의 수행자들을 싫어한다는 말이 아니다. 왜냐하면 일체중생에 대한 자비심을 갖고 중생 각각의 성향에 맞는 길로 인도하는 것이 대승 수행의 필수이기 때문이다.

60. 아(我)와 중생 취함과,

　　생명, 개아, 단멸, 상주(常住)와,

　　표상, 원인, 오온과,

　　십팔계와, 십이처,

61. 삼계 안의 거주, 탐착과,

　　위축되는 마음과,

　　삼보, 계율 등에 대해서

　　그와 같이 보는 집착과,

62. 공성과의 논쟁과,

　　그에 어긋나는 과실 등

　　이와 같은 스무 가지 끊으면

　　그로 인해 칠지(七地) 성취한다네.

　이것은 보살 7지(원행지)에서 끊어야 할 다음과 같은 스무 가지 대상을 열거한 것이다.

① 인아집, ② 유정에 대한 실집, ③ 생명에 대한 실집, ④ 동일한 독립적 개아를 취하는 것, ⑤ 유정이 죽음 이후 단멸한다고 보는 것, ⑥ 유정을 항상한 것으로 보는 것, ⑦ 윤회와 열반, 버릴 바와 취할 바에 대한 실집, ⑧ 구경삼승으로 취하는 것, ⑨ 오온에 대한 실집,

⑩ 십팔계에 대한 실집, ⑪ 십이처에 대한 실집, ⑫ 중생이 거주하는 장소로서 삼계가 실재한다고 보는 것, ⑬ 삼계를 버릴 대상으로서 실재한다고 보는 것, ⑭ 더 높은 성취를 이루지 못할 것이라고 위축되는 마음, ⑮ 불보에 대한 실집, ⑯ 법보에 대한 실집, ⑰승보에 대한 실집, ⑱ 계율에 대한 실집, ⑲ 공성에 대한 전도된 논쟁, ⑳ 공성과 연기가 모순이라고 보는 것.

첫 번째의 '인아집'은『소요장엄론』의 해석이고, 『선설금만소』에선 '아(我)'를 자성으로 해석한다.

중관귀류파는 인아집과 실집이 모두 보살 7지의 무간도에 의해 제거됨과 동시에 8지를 성취한다고 주장하므로 열거한 스무 가지를 7지에서 마지막으로 대치한다는 뜻으로 해석하면 된다. 그러나 중관자립파는 실집이 제거됨과 동시에 성불이라 주장하므로 위의 게송들을 어떻게 해석해야 할지 생각해 봐야 한다.

그런데 요가행중관자립파인 사자현은 주석에서 아무런 설명 없이 그저 스무 가지를 나열하기만 하고 넘어간다. 첫 번째의 '아(我)'도 그대로 '아(我)'라 할 뿐이다.

『선설금만소』와『소요장엄론』역시 이 게송들을 문자 그대로 보면 자립파의 교리와 어긋나는 점에 대해서 아무런 언급이 없다.

63. 삼해탈문 지각과,

세 바퀴의 청정성,

연민, 교만하지 않음과,

평등성과, 하나의 도리,

64. 무생, 인(忍)의 지혜와,

일체법을 한 가지로 설하고,

모든 분별 부수고,

상(想), 견(見), 번뇌 여의고,

65. 지(止)의 확고한 사유,

관(觀)을 능숙하게 익히고,

마음 제어, 일체에

걸림 없는 지혜와,

66. 탐착 대상 아님을 알고,

다른 불국토에 자유롭게 다니고,

모든 곳에 자신의 몸을

나타내는 등의 스무 가지 수양들.

   이것은 위에서 말한 스무 가지 끊어야 할 대상의 대치법으로서
다음과 같은 스무 가지 수양을 열거한 것이다.

① 공(空)해탈문의 지각, ② 무상(無相)해탈문의 지각, ③ 무원(無願)해탈문의 지각, ④ 삼륜청정의 지각, ⑤ 무수한 생을 고통 받는 일체 중생에 대한 연민, ⑥ 실재가 있다면 발견되어야 하지만 발견되지 않는다는 지각, ⑦ 윤회와 열반의 일체법이 비실재인 점에서 평등하다는 지각, ⑧ 구경일승의 지각, ⑨ 오온이 승의에서 발생하지 않는다는 지각, ⑩ 심오한 공성에 대한 확고한 내증, ⑪ 십이처에 수렴되는 일체법이 주체와 객체로서의 실재가 아님을 대승의 방편을 통해 강설, ⑫ 실집의 모든 분별 끊기, ⑬ 더럽고 괴로운 것을 대상으로 깨끗하거나 즐거운 것이라고 취하는 등의 불합리한 생각을 버리고, 오악견(신견, 변견, 사견, 견취견, 계금취견)을 없애고, 탐욕 등의 번뇌를 끊기, ⑭ 고도의 지(止)에 의해 자신의 공덕을 철저히 장악, ⑮ 관(觀)에 의해 연기적 현상들을 환(幻)과 같이 인식하는 방편 숙련, ⑯ 실집의 교만을 버리고 궁극의 실상을 직관함으로써 마음 제어, ⑰ 진속 2제에 통달하여 일체법에 걸림 없는 지혜, ⑱ 어떠한 법도 실재로서 탐착할 대상이 아님을 아는 지혜, ⑲ 법의 정확한 분별을 위해 모든 불국토에 원하는 대로 왕래, ⑳ 실집을 가진 중생을 교화하기 위해 자신의 몸에 대한 지배력을 성취했음을 보여주기.

67 . 일체중생 마음을 알고,

　　　신통력의 유희와,

　　　불국토의 형성과,

깊은 고찰 위해 부처에 의지,

68 . 근기 알고, 불국토 정화,

　환과 같이 머물고,

　생각하는 대로 생을 받는 등

　여덟 가지 수양 이와 같이 말하네.

　이것은 다음과 같은 여덟 가지 수양을 통해 보살 8지(부동지)를 나
타낸 것이다.

① 일체중생의 마음상태를 정확히 알기, ② 신통력을 통해 유희, ③
광대한 선업 자량에 의해 자신이 성불할 때 완성될 불국토 형성, ④
일체법과 그 실상을 철저하게 고찰하여 통달하기 위해서 부처님을
몸과 말과 마음으로 신봉, ⑤ 천안을 통해 일체중생의 근기 알기,
⑥ 자신의 불국토에 머물 유정들의 허물을 정화, ⑦ 환(幻)과 같은 사
마디에 머무는 상태에서 보살의 모든 행위를 하는 동시에 실집을 여
읜 사마디, ⑧ 중생을 위한 자비와 서원의 힘으로 원하는 대로 자유
롭게 환생.

69 . 한량없는 서원과,

　천신 등의 언어를 알고,

유수 같은 언변과,

최상위의 입태(入胎)와,

70. 종족, 가문, 모계 혈통과,

권속들과, 출생과,

출리심과, 보리수,

공덕 원만하게 갖추기.

이것은 다음과 같은 열두 가지 수양을 통해 보살 9지(선혜지)를 나타낸 것이다.

① 무한한 발원, ② 천신의 언어 등 모든 종류의 언어를 알기, ③ 자유자재로 설법할 수 있는 변무애지 성취, ④ 훌륭한 여인의 모태에 들기, ⑤ 왕족이나 브라만 등 좋은 종족에서 출생, ⑥ 좋은 가문에서 출생, ⑦ 좋은 모계 혈통에서 출생, ⑧ 자신이 교화하여 이끈 이들을 주변에 형성, ⑨ 제석천과 범천 등의 신들의 찬탄 속에서 출생, ⑩ 부처님이나 정거천(淨居天: 제4선천 중에서 무열천, 무번천, 선현천, 선견천, 색구경천 등 최상위의 다섯 가지 가장 청정한 천상계)의 천신으로부터 출리심을 일으키는 법문을 듣고 출가, ⑪ 자신이 성불할 보리수의 출현을 위한 발원과 선업 쌓기, ⑫ 부처의 몸과 모든 공덕을 완성하기 위한 선업 쌓기.

71. 구지(九地) 넘어 지혜가

　　불지(佛地)까지 이르면

　　이는 보살 단계 중에서

　　열 번째로 알아야 하네.

　　이것은 보살 10지(법운지)에 대한 설명이다.

　　보살10지는 다른 말로 불지(佛地)라고 한다. 그와 같이 이름 붙인 이유는, 십지보살은 일체중생을 위한 행위가 애씀 없이 자연스럽게 이루어진다는 점에서 부처와 거의 같기 때문이다. 그러나 이름이 불지일 뿐이지 진짜 부처가 된 것이 아니기 때문에 이러한 불지를 열 번째 보살지로 알아야 한다고 하였다.

72. 견도, 수도 단계에

　　소취, 능취 분별을

　　적멸하기 위해서

　　여덟 가지 대치가 있네.

　　이것은 열일곱 가지 자량행 중의 마지막인 대치 자량행에 대한 설명이다.

　　대승도의 주요 제거대상은 실집이고, 실집에는 소취분별과 능취분별이 있다고 앞서 설명한 바 있다. 소취분별에는 다시 염오소취분별과 청정소취분별의 두 가지가 있고, 능취분별에는 집실능취분별과 집가능취분별의 두 가지가 있다. 이 네 가지 실집이 또 변계실집과 구생실집으로 나뉘므로(예를 들어 염오소취분별은 변계 염오소취분별과 구생 염오소취분별로 나뉜다.) 모두 여덟 가지가 된다. 이와 같이 제거대상이 여덟 가지이므로 대치법 역시 여덟 가지가 된다는 얘기다.

여기서 견도는 네 가지 변계실집의 대치법이 되고 수도는 네 가지 구생실집의 대치법이 된다.

소승도의 경우엔 견도에서 변계인아집을 대치하고, 수도에서 구생인아집을 대치한다.

10) 정출행(定出行)

73. 구경목표, 평등성,
    중생 위함, 애씀 없음과,
    양변 벗어나는 정출과,
    증득하는 상(相)의 정출과,

74. 모든 것을 아는 지혜와,
    도의 주체되는 정출 등
    이와 같은 여덟 가지를
    정출행(定出行)으로서 알아야 하네.

이것은 일체종지를 나타내는 10법 중의 마지막 열 번째인 '정출행'에 대한 설명이다.

정출행이란 반드시 나가야 할 곳으로 나가게 하는 수행이라는 의미로 이름 붙인 것이다.

반드시 나가야 할 곳으로서 게송에서 열거한 여덟 가지는 다음과 같다.

① 구경목표 삼대공덕, ② 일체법이 비실재로서 평등함을 아는 지혜, ③ 중생을 위한 무한한 행위, ④ 애씀 없는 부처행, ⑤ 상단의 양변을 여읜 지혜에 의한 2장의 완전한 제거, ⑥ 삼승의 증득대상 일체를 증득, ⑦ 일체종지, ⑧ 대승수도의 금강유정.

이 중에 앞의 일곱 가지는 부처의 것이고, 마지막 여덟 번째는 보살의 것이다.

이와 같은 여덟 가지를 반드시 성취하게 하는 수행이란 보살 8지, 9지, 10지 등의 삼정지(三淨地)의 지혜들이다.

보살지의 마지막 세 단계를 삼정지라 하는 이유는, 이 단계들에선 미세한 실집조차 전혀 일어나지 않기 때문이다. 그러나 그렇다고 해서 실집을 완전히 제거했다고는 하지 않는다. 여러 번 설명했듯, 자립파 견해에서 실집의 뿌리는 대승의 최후무간도에 의해 완전하게 제거되며, 실집의 뿌리가 제거되는 바로 그 순간이 부처가 되는 순간이다.

2

도지
道智

1장에서 일체종지를 설명한 이후 2장에서는 일체종지를 성취하게 하는 원인이 되는 도지에 대해 설명한다.

1) 도지지분

1. 천신들이 적합하도록

  광명으로 압도하시는 등과,

  대상 확정, 보편과,

  자연성과, 그 기능.

  이것은 도지를 나타내는 11법 중의 첫 번째인 '도지지분(道智支

分)'에 대한 설명이다.

　도지지분이란 도지를 수행할 자가 갖추어야 할 다음과 같은 다섯 가지 덕목을 가리킨다.

　①적합성의 지분 : 아만의 활동이 가라앉은 것.

　②대상 확정의 지분 : 위없는 보리를 향해 발심한 것.

　③보편의 지분 : 대승의 종성을 갖춘 것.

　④자연성의 지분 : 욕계와 색계의 번뇌를 일부러 끊지 않은 것.

　⑤기능의 지분 : 섭수하지 못한 중생은 섭수하고, 섭수된
　　중생은 성숙시키고, 성숙된 중생은 해탈시키는 것.

　적합성의 지분은 게송의 첫 두 행이 나타낸다.
욕계와 색계의 천신들에게는 선업의 과보로 몸에서 빛이 나는데, 부처님의 주변에 오면 부처님의 빛이 다른 모든 천신들의 빛을 압도하여서 마치 태양빛 아래서 별빛이 보이지 않는 것처럼 되어 천신들의 아만이 꺾이고, 비로소 도지를 수행할 수 있는 한 가지 자격을 갖추게 된다고 한다. 이것은 한 가지 예를 든 것이고, 도지를 수행하기 위해서는 아만의 활동이 가라앉은 상태여야 한다는 적합성의 지분은 모든 중생에게 똑같이 적용되는 조건이다.

　두 번째인 대상 확정의 지분은 궁극의 목표(대상)를 성불로 확정한 자여야 한다는 의미로 보이지만, 『선설금만소』와 『소요장엄론』에선 모두 도지를 수행할 수 있는 기반(대상)은 보리심을 일으킨 자로

확정된다는 의미로 풀이한다. 물론 그 내용은 같지만 대상과 확정이란 말이 무엇을 가리키고 있는가 하는 글자 풀이에 있어서의 차이를 말하는 것이다.

만약 그와 같이 풀이할 것 같으면 나머지 지분들에도 역시 마찬가지로 '대상 확정의 지분'이라 이름 붙여야 할 것이다. 왜냐하면 예를 들어 첫 번째 지분은 도지를 수행할 수 있는 기반(대상)은 아만의 활동이 가라앉은 자로 확정된다는 의미이기 때문이다.

다시 말해서, 도지를 수행할 수 있는 기반에 어떤 자격 조건이 반드시 필요하다는 의미는 두 번째 뿐만 아니라 나머지 다른 지분들에도 마찬가지로 들어 있는 의미이므로, 그러한 의미로 유독 두 번째 지분에만 대상 확정이란 이름을 붙였을 리는 없다고 필자는 생각한다.

세 번째인 보편의 지분은 도지를 수행하기 위해서는 대승의 종성을 가진 자여야 하지만 외도와 소승을 비롯한 일체중생이 결국 언젠가는 모두 대승의 종성을 일깨우게 될 것이란 의미로 대승의 종성에 '보편'이라 이름 붙인 것이다. 여기서 구경삼승과 구경일승에 대한 고찰이 필요하므로 잠시 후 설명하도록 한다.

네 번째인 자연성의 지분은 방편에 뛰어난 대승의 보살은 여러 번뇌들을 중생을 교화하고 성불을 위한 복덕자량을 쌓는 데 요긴하게 이용한다는 의미다.

다섯 번째인 기능의 지분은 보살은 일체중생 구제에 가장 큰 역점을 둔다는 의미다. 그러나 이것은 과거에 대승의 교리를 제대로 알지 못하고서 오해를 퍼뜨린 자들의 견해처럼 성불 추구와 대립되는 것이 아니라 사실은 오히려 완전히 같은 방향이다. 왜냐하면 일체중생을 구제할 수 있는 능력은 오직 부처에게밖에 없고, 그러므로 대승의 수행자는 일체중생 구제를 위해서 혼자만의 열반에 만족하지 않고 반드시 부처가 되기를 목표로 한다는 것이 바로 대승발심(보리심)의 내용이고, 대승의 존재 이유요, 밑바탕이기 때문이다. 그러므로 보살은 성불을 미루기는커녕 최대한 신속하게 성불하고자 한다.

그러나 부처에게는 무수한 공덕이 있다고 생각하기 때문에 그러한 공덕들을 갖추는 데는 또 그만큼 오랜 세월이 걸릴 수밖에 없다는 것이 현교의 생각이다. 구체적으로 말하면 부처가 되기 위해서는 대승발심 이후 삼대무량겁의 수행이 필요하다고 한다. 이것은 너무나 긴 시간이기 때문에 단 한 생에 성불할 수 있다는 밀교의 이론이 여기서 등장한다. 일반적인 방법으로는 그와 같이 오랜 시간이 걸리지만, 정신과 물질의 허깨비 같은 성질을 교묘하게 활용한 여러 작법을 통하면 단기간에 성불에 필요한 모든 자량을 쌓을 수가 있다는 것이다. 밀교에 대한 자세한 설명은 후일을 기약하도록 한다.

〔**구경삼승과 구경일승**〕

구경삼승을 주장하느냐, 구경일승을 주장하느냐는 개인 존재의 흐름이 무여열반 시에 완전히 끊어지는 것으로 보는가, 그렇지 않다고 보는가에 달려 있다.

만약 무여열반에 이르러 개인의 존재가 사라진다면 성문승을 통해 무여열반에 이르러도 그 개인의 존재가 끝나고, 독각승을 통해 무여열반에 이르러도 역시 끝나며, 보살승을 통해 무여열반에 이르러도 끝나므로, 삼승 각각이 모두 개인의 종말로 인도한다. 이것을 바로 구경삼승이라 하는 것이다.

그러나 만약 무여열반에 이르러서도 개인의 흐름이 끊어지지 않고 여전히 남아 있다면, 일체중생을 인도하는 무수한 부처님이 영원히 존재하고, 성불을 가로막는 소지장은 잘못된 인식에서 비롯된 반면 잘못된 인식에 위협이 되는 진실과 그 진실을 깨달을 수 있는 방법은 언제나 존재하므로, 영원한 시간 속에서 누구나 결국 언젠가는 부처를 이룰 수밖에 없다는 필연적인 결론이 된다. 즉, 성문의 무여열반도 끝이 아니고, 독각의 무여열반도 끝이 아니며, 결국에는 보살승을 거쳐 성불에 이르므로, 궁극의 지점은 오직 대승열반 하나가 된다. 이것을 구경일승이라 한다.

그러므로 구경삼승을 주장하는 학파는 비바사파, 경부파, 수교행유식파 등이고, 구경일승을 주장하는 학파는 수리행유식파와 중관파다.

이 중에 수교행유식파는 무여열반에 이르면 개인의 흐름은 단멸하지만, 일부 유여아라한들은 따로 일반인이 직관할 수 없는 의식의 몸을 만들어서 기존의 몸을 버려 무여열반에 든 것처럼 보인 이후 의식의 몸을 취해서 대승도로 나아가는 경우도 있다고 주장한다.

구경삼승과 구경일승을 주장하는 이들이 내세우는 전거엔 각각 어떤 것이 있는가 하면, 먼저 전자에는 1장에서 열반에 대해 설명할 때 무여열반과 동시에 오온이 모두 단멸한다는 전거로 들었던 소승 경전들이 있고, 또 『해심밀경』의 다음과 같은 말씀이 있다.

성문 종성의 적멸일로의 개아는 모든 부처님이 애써도 보리의 핵심에 안치하여 위없는 완전한 보리를 이루게 할 수 없다. 왜냐하면 그는 연민심이 지극히 작고 고를 지극히 두려워하기 때문이다.

여기서 연민심이 작다는 말은 보살에 비해서 작다는 것일 뿐 일반적으로 말한 뜻이 아니다.

구경일승을 주장하는 이들이 제시하는 전거에는 다음과 같은 말씀이 있다.

대혜여, 성문승의 이들은 성문승에 의해 해탈하는 것이 아니고, 결국 대승에 도달한다.

－『능가경』

여기서 성문승에 의해 해탈하지 않는다고 한 말은 대승해탈을 의미한 것으로 보아야지, 성문승에 의해 아예 해탈 자체를 이룰 수 없다고 해석한다면 불교의 모든 가르침과 어긋난다. 또 다음과 같은 말씀이 있다

대선인께서 삼승을 설하신 것은 인도자의 방편에 탁월하신 것이니 일
승이 있을 뿐 두 번째는 없다. 이끌기 위해서 삼승을 설하신 것이다.

– 『묘법연화경』

이와 같이 서로 상반된 경전 말씀이 있으므로 각각의 입장에 따
라 상대편의 전거는 달리 해석할 수밖에 없다.

먼저 구경삼승을 주장하는 입장 중에 대승경전을 아예 불설로 보
지 않는 입장에서는 구경일승을 설한 경전 말씀은 날조된 거짓이므로
그 자체로 해결이 된다. 그러나 구경삼승을 주장하면서도 대승경전을
불설로 인정하는 입장에서는 어떻게든 달리 해석을 가해야 한다.

뺀첸쐬남닥빠는 『바라밀개론(파르친찌된)』에서 그들의 입장에 대
해 구경일승을 설한 경전들은 아직 소승으로 결정되지 않은 유정들
이 소승으로 들어가는 것을 막고 대승으로 이끌기 위한 목적으로 설
한 것으로 보면 된다고 설명하였다.

구경일승을 주장하는 입장에서는 구경삼승을 설한 경전 말씀은
어떻게 보아야 하는가 하면, 인용한 『묘법연화경』에서도 설했듯이
방편에 능하신 부처님께서 처음부터 대승을 따를 근기가 안 되는 중
생을 위해 일단 성문승이나 독각승으로 인도하기 위해 설하신 말씀
이라고 보면 된다.

그렇다면 소승의 아라한이 대승에 들어갈 때 5도 중의 어느 곳
으로 들어가는가 하면, 어떤 학자는 이전에 공성을 깨달은 아라한의
경우 견도를 새로 성취할 필요가 없으므로 대승수도로 바로 들어가

고, 그 중에서도 보살 7지나 8지가 된다고 주장하기도 하였지만 옳지 않다. 왜냐하면 대승 5도의 이행 방식은 공성의 깨달음에만 달려 있는 것이 아니라 보리심과, 보리심을 바탕으로 쌓은 복덕자량과도 관련돼 있기 때문이다.

대승 발심이 최초로 일어나는 순간이 대승자량도에 들어가는 순간이므로 소승아라한이 최초로 보리심을 내는 순간 대승자량도에 들어간다. 그러므로 성문이나 독각의 어떠한 성자라 할지라도 대승에 들어오는 첫 단계는 항상 대승자량도이다.

2) 성문도를 아는 도지

2~5번 게송은 도지를 나타내는 11법 중의 두 번째인 '성문도를 아는 도지'에 대한 설명이다.

2. 도지(道智) 그 자신의 방식 안에서
   사성제의 행상을
   소연함이 없는 상태로
   성문의 길 알아야 하네.

사성제의 내용들을 실재로 소연하지 않고서 도지의 방식 안에서 지각함으로써 성문도를 알아야 한다고 하였다.

　도지의 방식 안에서 안다는 말은 공성의 직관과 보리심을 바탕으로 한 대승 성자의 지혜로써 지각한다는 의미다.

　보살이 성문도를 알아야 하는 이유는 일체중생 구제를 목표로 하는 보살이 성문의 길을 잘 알아야 성문의 수행자를 해탈로 인도할 수가 있기 때문이다.

3. 성문 성자들의 길에는
　색법 등이 공하고
　공성에는 차별 없는 까닭에
　난위 되며, 무소연에 의해서

4. 정위 되는 것으로 보네.
　상주(常住) 등에 머묾을
　배격함으로써 인위가 되고,
　십지들을 대상으로 한

5. 무주 설법으로 인해서
　세제일법위가 되나니
　왜냐하면 부처님이 지혜로
　일체법을 보지 않기 때문이라네.

이것은 성문도를 직관적으로 지각하는 도지가 생겨나기 위해서 선행되어야 하는 대승가행도에 대한 설명이다.

보살은 사제 16행상을 지각할 때도 공성에 대한 이해를 바탕으로 해야 하기 때문에 성문도를 아는 도지의 원인에 대한 설명에서도 역시 다음과 같이 공성을 지각하는 난위 등의 네 단계를 설하였다.

성문 성자들의 길을 아는 도지의 원인에는, 색법 등의 공성과 공성의 불이를 지각하는 가행도 난위, 일체법을 실재로 소연하지 않는 정위, 상주(常住)와 무상(無常) 등을 실재로 보는 실집을 배격한 인위, 보살 10지가 모두 비실재임을 설한 부처님의 설법 내용을 지각한 세제일법위가 있다.

일체법이 비실재인 이유가 무엇인가 하면, 실재가 만약 존재한다면 존재하는 모든 것을 보고 아는 부처님께서 보아야 하는데 보지 않기 때문이다.

3) 독각도를 아는 도지

6~10번 게송은 도지를 나타내는 11법 중의 세 번째인 '독각도를 아는 도지'에 대한 설명이다.

독각도를 아는 도지에 대해 설명하기 전에 먼저 독각에게 어떤 특징이 있어서 성문도와 별도로 다른 길을 말하는가 하는 의문을 해소할 필요가 있으므로 아래 게송이 그 대답을 말하고 있다.

6. 스스로에 의해 지각하므로
   남의 가르침도 필요가 없고
   독각들의 지혜는
   좀 더 심오하다 말하네.

처음 두 행은 독각의 수행자는 윤회의 마지막 생에 스승에 의지하지 않고 스스로 수행하고 깨달아 아라한과를 성취한다는 뜻이다.

후반의 두 행은 독각이 성문보다 지혜가 수승하다고 하였는데, 그 이유를 사자현의 주석에서 독각은 아라한이 된 이후에 자신이 성취한 지혜의 위력에 의해서 말없이도 가르침을 주고 교화할 수 있기 때문이라고 하였다. 그렇다면 어떤 이치로 말없는 가르침을 줄 수 있는가 하면 다음의 게송이 그 이유를 설명한다고 한다.

7. 어떤 이가 어떤 의미를
   어떠하게 듣고자 하는
   그들에게 바로 그러한 의미
   말없이도 그와 같이 나타난다네.

독각은 애초의 성품이 번뇌가 적은 편이고 고요한 것을 좋아하기 때문에 말을 하면 사마디가 흐트러지는 것을 싫어하여 말을 하지 않고도 가르침을 줄 수 있게 되기를 발원한다. 그러한 발원의 결과로 아라한과를 성취한 이후에는 그를 대하는 중생이 각각 자신들의 성향에 따라 각자의 마음에 지극히 부합하는 가르침을 스스로 얻게 된다고 한다.

그러나 이것은 완전한 설명이 될 수는 없다는 것이 필자의 생각이다. 왜냐하면 대상으로부터 자신이 보고자 하는 의미를 자기 마음대로 찾아내는 경향은 대부분의 사람들이 조금씩 갖고 있는 것인데, 바로 그러한 경향으로 인해 사람들은 온갖 것으로부터 온갖 허황된 망상을 지어내기 때문이다. 독각의 말없는 가르침이란 겨우 그런 것을 의미하지는 않을 것임이 분명하다.

8. 소취분별 끊는 까닭과,

   능취 제거하지 않는 까닭과,

   기반 등에 의해 독각의 길을

   올바르게 섭수하여 알아야 하네.

이것은 독각도를 아는 도지의 지각대상인 독각도에 대한 설명이다. 독각도에 대해서는 소취분별 제거, 능취분별 제거하지 못함, 기반 등의 세 가지 특성을 통해 알아야 한다고 하였다.

1장에서 설명하였듯이 소취분별은 일반적으로 객체를 대상으로 실재라고 취한 분별을 의미하는데 여기서는 그런 의미로 보아서는 안 된다. 왜냐하면 성천(아랴데와)의 논서에 "하나의 존재에서 진여를 보면 그에 의해 모든 존재에서 진여를 본다."라고 하였듯이 중관파의 견해에서는 어떤 대상이 비실재가 아님을 일단 지각하면 그 다음에 다른 어떤 대상을 두고서 실재인지 비실재인지 생각할 때 곧바로 비실재임을 반드시 지각하게 될 뿐 어느 대상을 두고서는 비실재임을 지각하고 다른 대상을 두고서는 실재라고 생각하는 일은 있을 수 없다고 보기 때문이다.

참고로 이것은 존재의 궁극적 실상에만 해당하는 이야기지, 세속제에는 해당되지 않는다. 이를테면 어떤 사람이 항아리가 무상하다는 것을 지각하고 나서 원자가 무상한지 아닌지 의문을 갖는 따위는 얼마든지 가능하다.

요가행중관자립파는 독각의 주요 증득대상이 '외경의 부재(주체와 객체가 별개의 실체가 아님)'라고 주장하므로 여기서 말하는 소취분별이란 외경이 존재한다는 분별을 뜻하는 것으로 해석한다.

독각도의 두 번째 특성인 '능취분별 제거하지 못함'이란 주체인 자신의 심식을 실재라고 취하는 분별을 제거하지 못한다는 뜻이다. 즉, 여기서의 능취분별은 일반적인 의미의 능취분별 그대로다.

능취분별을 제거하기 위해선 공성을 주로 명상해야 하는데 독각은 '외경의 부재'를 주로 명상하므로 능취분별은 제거하지 못한다. 그러나 독각 중에 공성을 깨달은 자가 아예 없다고 주장하는 것은 아니다.

독각도의 세 번째 특성인 '기반'이란 『선설금만소』에서는 수행의 기반인 개아와 수행의 소연인 법성(공성) 두 가지를 뜻한다고 하였고, 『소요장엄론』에서는 독각도를 명상하는 자의 자성주종성을 의미한다고 해설하였다.

이러한 독각도의 세 가지 특성을 통해서 보살이 독각도에 대해 알 때 공성의 직관과 보리심을 바탕으로 한다는 것은 성문도를 아는 도지에서 설명한 바와 마찬가지다.

9. 가립되는 법성 모순 없음을
   나타내는 행상으로 난위가 되고
   정위 되는 것은 색 등의
   불감(不滅) 등에 의해 구분한다네.

10. 내공(內空) 등에 의해 색 등을
    취함 없음으로 인위가 되고,
    색의 무생 등의 행상을
    가진 것이 세제일법위.

이것은 독각도를 아는 도지의 원인이 되는 가행도에 대한 설명이다. 성문도를 아는 도지의 경우와 마찬가지로 여기서도 역시 공성을 지각하는 가행도의 네 단계에 대해 설하였다.

부증불감(늘어나지도 줄어들지도 않음), 취함 없음, 무생 등은 모두 실재로서의 부증불감, 실재로서 취함 없음, 실재로서 생겨남이 없음 등의 의미로 공성을 의미할 때 많이 쓰이는 용어이므로 다시 설명하지 않도록 하고, 첫 두 행만 설명하면, '가립'이란 일체법이 언어관습에 의해 이름 붙여진 것이라는 의미이고, 법성이란 공성과 같은 뜻이다. 이와 같이 실재가 아니면서도 언어관습에 의해 존재로 가립된 이 두 가지에는 모순이 없음을 가행도 난위에서 지각한다는 의미다.

4) 대승견도

11~16번 게송은 도지를 나타내는 11법 중의 네 번째인 '대승견도'에 대한 설명이다.

11. 진실들의 각각에
     인(忍)과 지(智)의 네 가지로써
     공덕 갖춘 견도를
     도지에서 설명한다네.

앞에서 성문도를 아는 도지와 독각도를 아는 도지에 대해 설명한 후 이제 보살도를 아는 도지를 설명할 차례이므로 이 시점에서 대승견도에 대해 설명한다고 하였다.

첫 행의 '진실들'이란 고집멸도의 4제를 말한다.

두 번째 행의 '인과 지의 네 가지'란 법인(法忍), 법지(法智), 유인(類忍), 유지(類智) 등의 견도의 네 찰나를 말한다.

사제 각각에 인과 지의 네 찰나가 있어서 모두 다음과 같은 16찰나가 된다.

고법인, 고법지, 고류인, 고류지,
집법인, 집법지, 집류인, 집류지,
멸법인, 멸법지, 멸류인, 멸류지,
도법인, 도법지, 도류인, 도류지.

이 16찰나가 일어나는 방식에 대해서는 『구사론』, 『대승아비달마집론』, 중관파의 견해가 각각 다르다.

먼저 『구사론』에서는 다음과 같이 설명한다.

맨 처음에 욕계의 견소단을 대치하는 고법인이 일어나고, 다음으로 고법지가 따라 일어나며, 그 다음에 색계와 무색계의 견소단을 대치하는 고류인, 그에 따라 일어나는 고류지의 순서로 집, 멸, 도의 나머지가 모두 그와 같이 차례로 일어난다. 또한 앞의 15찰나는 견도, 마지막 도류지는 수도에 배정한다.

『대승아비달마집론』의 설명은 다음과 같다.

맨 처음 삼계의 견소단을 대치하는 고법인이 일어나고, 그로 인해 그 견소단이 제거된 고법지, 그 다음 고류인이 앞의 고법인과 고법지를 대상으로 그것들이 성자의 증과의 원인이라고 인식하며, 이어서 고류지가 고류인을 대상으로 또 그와 같이 인식한다. 이후 나머지 역시 마찬가지 방식으로 이어지며 16찰나가 모두 견도이다.

중관파의 설명은 다음과 같다.

대승견도의 여덟 가지 인(忍)이 모두 무간도의 동일한 한 찰나이고, 여덟 가지 지(智)가 모두 해탈도의 동일한 한 찰나이다. 여덟 가지 인은 모두 별개가 아니라, 대승견도의 무간도가 고, 집, 멸, 도 4제의 공성을 지각하는 측면에서 네 가지 법인을 설정하고, 그 네 가지 법인의 공성을 지각하는 측면에서 네 가지 유인을 설정한 것이며, 대승견도의 해탈도가 4제의 공성을 지각하는 측면에서 네 가지 법지를 설정하고, 그 네 가지 법지의 공성을 지각하는 측면에서 네 가지 유지를 설정한 것이다.

대승견도와 마찬가지로 소승의 견도 역시 여덟 가지 인이 무간도의 동일한 한 찰나이고, 여덟 가지 지가 해탈도의 동일한 한 찰나이다.

이와 같이 대승견도를 총괄적으로 설명한 후 이제 대승견도의 16찰나에 대한 개별적 설명이 이어진다.

12. 깨달음과 진여엔
    서로 의존함이 없으니
    차별 인정하지 않으며,
    광대함과, 무량과,

13. 한없음과, 무변과,

　　그에 머물러서 색 등을

　　부처로서 확실하게 깨닫고,

　　취함 없고 버림 없음과,

14. 네 가지의 무량심,

　　공성, 부처 성취와,

　　모든 정화 수렴과,

　　모든 병과 고난의 해소,

15. 열반 취한 집착의 소멸,

　　부처님의 보호와,

　　살생하지 않는 등의 선업과

　　일체종지 등의 이치에

16. 머무르며 중생 이끌고,

　　보시 등의 공덕을

　　원만보리 위해 회향하는 등

　　도지 찰나들은 이와 같다네.

　　고제를 소연하는 네 찰나는 다음과 같다.

- 고법인 : 고제의 공성과 그것을 지각하는 지혜 두 가지가 서로 기반과 의존자로 승의에서 성립하지 않음을 지각하는 지혜.('깨달음과 진여엔 서로 의존함이 없으니 차별 인정하지 않으며'가 나타냄)
- 고법지 : 고제의 광대한 공성을 지각하는 광대한 지혜.(광대함)
- 고류인 : 고제의 공성을 지각하는 바른지각[量]이 승의에서 성립하지 않음을 지각하는 지혜.(무량)
- 고류지 : 고제의 한계가 없는 공성을 지각하는 지혜.(한없음)

집제를 소연하는 네 찰나는 다음과 같다.

- 집법인 : 상단의 양변을 여읜 집제의 공성을 지각하는 지혜.(무변)
- 집법지 : 색 등을 대상으로 부처의 실상인 공성을 지각하는 지혜.(색 등을 부처로서 확실하게 깨닫고)
- 집류인 : 취사가 승의에서 성립하지 않음을 지각하는 지혜.(취함 없고 버림 없음)
- 집류지 : 공성의 이해를 바탕으로 사무량심을 닦은 공덕을 갖춘 지혜.(네 가지의 무량심)

견도와 수도의 무간도와 해탈도는 모두 무아를 직관하는 상태로 일념에 머무는 사마디 상태이므로 집류지가 사무량심을 일으킨 상태일 수는 결코 없다. 그래서 게송의 뜻은 견도 이전에 사무량심을 닦은 공덕의 영향력이 미치고 있는 상태를 나타낸 것으로 해석한다.

멸제를 소연하는 네 찰나는 다음과 같다.

- **멸법인** : 멸제의 공성을 지각하는 지혜.(공성)
- **멸법지** : 성불의 결과를 가져오는 지혜.(부처 성취)
- **멸류인** : 견소단을 제거하는 정화의 공덕을 갖춘 지혜.(모든 정화 수렴)
- **멸류지** : 안팎의 장애를 소멸시키는 공덕을 갖춘 지혜.(모든 병과 고난의 해소)

도제를 소연하는 네 찰나는 다음과 같다.

- **도법인** : 열반을 실재로 취한 집착이 소멸한 지혜.(열반 취한 집착의 소멸)
- **도법지** : 부처님들께서 보호해 주시는 공덕을 갖춘 지혜.(부처님의 보호)
- **도류인** : 바라밀 수행에 머물며 다른 이들도 그곳으로 이끄는 공덕을 갖춘 지혜.(살생하지 않는 등의 선업과 일체종지 등의 이치에 머무르며 중생 이끌고)
- **도류지** : 보시 등의 일체 선업을 완전한 보리에 회향하는 공덕을 갖춘 지혜.(보시 등의 공덕을 원만보리 위해 회향)

설명하였듯이 견도와 수도의 무간도와 해탈도는 모두 오직 무아만을 대상으로 일념 집중된 상태이므로 여기서도 잘못 이해해서는 안 될 것이다.

승의제와 세속제를 동시에 직관하는 능력은 오직 소지장을 완전하게 제거한 부처에게만 있다.

5) 대승수도의 작용

17. 전면적인 조복과,
    일체 공경, 번뇌 정복과,
    해를 입지 않음과,
    보리, 공양의 대상.

이것은 도지를 나타내는 11법 중의 다섯 번째인 '대승수도의 작용'에 대한 설명이다.

대승견도에 이어 대승수도를 설명할 차례인데, 이에 앞서 먼저 대승수도에 대한 신심을 일으키기 위해 다음과 같은 대승수도의 여섯 가지 공덕에 대해 설하였다.

①마음이 고요해지고 조복됨, ②아만이 사라져 모든 선지식들을 공경하게 됨, ③모든 번뇌가 가라앉음, ④외부의 적이나 위험 요소로부터 해를 입지 않게 됨, ⑤성불의 직접적인 원인이 됨, ⑥대승수도

를 성취한 본인이 어디에 머물든지 그 장소가 천신과 세상 사람들의 공양 대상이 됨.

6) 신해수도

18. 신해수도에는 자리와,
    자리이타, 이타 등
    세 가지가 있고, 또 다시
    소와, 중과, 대 등의

19. 세 가지가 있으며
    소소 등의 구분에 의해
    다시 세 가지로 나누어
    스물일곱 가지로 보네.

　　이것은 도지를 나타내는 11법 중의 여섯 번째인 '신해(信解)수도'에 대한 설명이다.

　　신해수도란 대승수도의 후득위에 있는 보살이 반야바라밀경(經), 반야바라밀도(道), 반야바라밀과(果) 등의 세 가지 반야바라밀에 대해 믿고 추구하는 마음상태를 가리킨다. 분류하면 자리(自利)신해수도, 이리(二利)신해수도, 이타(利他)신해수도 등의 세 가지가 있다.

수도에 소품수도, 중품수도, 대품수도 세 가지가 있고, 각각을 다시 소소품, 소중품, 소대품 등으로 삼분하여 9품수도가 되므로 9품 각각에 세 가지 신해수도씩을 배정하면 모두 스물일곱 가지 신해수도가 된다.

세 가지 신해수도의 차이는 반야바라밀을 자리의 근원으로 믿고 추구하는가, 자리와 이타의 근원으로 믿고 추구하는가, 이타의 근원으로 믿고 추구하는가의 차이로 구분하는데, 뺀첸쐬남닥빠는 이 세 가지를 명목상의 구분일 뿐 모두 같은 것으로 본다.

7) 신해수도의 공덕

20. 반야바라밀에 대해서
　　신해하는 시기에
　　구부(九部) 삼조(三組) 따라 찬탄과
　　공경하고 칭송하시네.

이것은 도지를 나타내는 11법 중의 일곱 번째인 '신해수도의 공덕'에 대한 설명이다.

보살이 9품의 단계를 통해 세 가지 신해수도를 발전시켜 나가는 때에 제불보살님들이 찬탄하고 공경하고 칭송한다는 얘기다.

8) 회향수도

21. 수승하고 철저한 회향
    그 작용은 최상이라네.
    이는 무소연의 행상을 갖고
    전도되지 않은 성질이라네.

22. 적정함과, 부처의
    복덕자량 본질 기억하는 것,
    방편 갖춘 것과, 무상(無相)과,
    부처님을 수희함,

23. 삼계 안에 부속되지 않은 것,
    소, 중, 대의 세 가지
    다른 회향들은 커다란
    복덕 생겨나는 성품이라네.

　이것은 도지를 나타내는 11법 중의 여덟 번째인 '회향수도'에 대한 설명이다.

　회향이란 선업을 짓고서 그 선업이 윤회계의 좋은 과보로 열매 맺어 소비돼 버리지 않도록 하기 위해서 선업이 모두 성불의 원인으로 변하기를 기원하는 정신 작용을 말한다. 비유하면 자신이 번 돈을 작은 기쁨을 위해 써 버리지 않고 더 큰 목적을 위해 저축해 두는 것과 비슷하다. 경전에서 다음과 같이 설하였다.

> 물방울이 큰 바다에 떨어지면 바다가 말라버리기 전까지는 고갈되지 않듯이 보리에 완전히 회향한 선업 역시 보리를 성취할 때까지 고갈되지 않는다.

21번 게송의 첫 두 행은 대승수도 단계에 있는 보살의 회향의 수승함을 말한 것이고, 이하 '무소연의 행상을 갖고'부터 '복덕 생겨나는 성품이라네'까지는 회향수도의 열한 가지 특성을 열거하였다.

사자현은 주석에서 첫 두 행까지 합해 모두 열두 가지 회향수도를 나타낸다고 해석한다. 그 열두 가지란 다음과 같다.

① 수승한 작용을 가진 회향.('수승하고 철저한 회향 그 작용은 최상이라네'가 나타냄)

② 회향대상에 대한 실집을 배격한 회향.(무소연의 행상을 갖고)

③ 회향하는 마음에 대한 실집을 배격한 회향.(전도되지 않은 성질)

④ 회향하는 자에 대한 실집을 배격한 회향.(적정함)

⑤ 삼세여래의 선업에 대한 실집을 배격하고 세속적 차원에서 성립하는 부처의 복덕자량을 기억하는 회향.(부처의 복덕자량 본질 기억하는 것)

⑥ 육바라밀에 대한 실집을 배격한 선교방편을 갖춘 회향.(방편

갖춘 것)

⑦ 삼륜에 대해 실재의 상을 배격한 회향.(무상)

⑧ 환과 같은 속성으로 언어관습적 차원에서 성립하는 부처님의
경지에 수희하는 회향.(부처님을 수희)

⑨ 삼계에 윤회하는 원인으로 회향하지 않는 회향.(삼계 안에 부속
되지 않은 것)

⑩ 삼천대천세계의 중생을 십선으로 인도하는 선업에 대한 실집
을 배격한 회향.(커다란 복덕 생겨나는 소회향)

⑪ 삼천대천세계의 중생을 예류과 등으로 인도하는 선업에 대한
실집을 배격한 회향.(커다란 복덕 생겨나는 중회향)

⑫ 삼천대천세계의 중생을 위없는 보리로 인도하는 선업에 대한
실집을 배격한 회향. (커다란 복덕 생겨나는 대회향)

뺀첸쐬남닥빠는『바라밀개론(파르친찌된)』에서 열거한 열두 가지
회향을 모두 같은 것으로 설명한다.

9) 수희수도

24. 무소연과 방편들로써
    선근들에 기뻐하는 것
    이를 일러 수희하는 작의를

수습하는 것이라고 말하네.

이것은 도지를 나타내는 11법 중의 아홉 번째인 '수희수도'에 대한 설명이다.

대승보살이 수희수도를 수습한다는 것은 일체법이 세속적 차원에서 성립함을 아는 방편과, 승의에서 소연할 바가 없음을 아는 지혜를 바탕으로 선근들을 따라 기뻐하는 것이라 하였다.

일반적으로 수희는 자타의 선행이나 공덕에 대해 기뻐하는 마음을 말하는데, 주로 타인의 선행이나 공덕에 대한 질투심을 다스리기 위해 훈련하는 것이다.

이상 신해수도, 회향수도, 수희수도 등의 세 가지는 수도의 후득위에만 존재하는 유루의 수도이며, 이제 다음으로 두 가지 무루수도에 대한 설명이 이어진다.

10) 성취수도

25. 그의 본질, 수승함,

모든 것에 무조작,

법을 무소연에 의해서

확립함과, 큰 목적.

이것은 도지를 나타내는 11법 중의 열 번째인 '성취수도'에 대한 설명이다.

성취수도에는 다음과 같은 다섯 가지 특성이 있다.

① 본질 : 성취수도는 일체법의 실상을 전도됨 없이 직관하는 후현증(後現證)의 본질이다.

② 수승함 : 그 밖의 다른 것으로는 부처를 이룰 수 없으므로 이것이 수승함이다.

③ 무조작 : 일체법이 승의에서 무생임을 지각하므로 일체법을 실재라고 조작하지 않는다.

④ 법을 무소연에 의해 확립 : 이상과 같은 특성을 지닌 수도의 법들을 실재라고 취함 없이 내면에 발생시키므로 법을 무소연에 의해 확립한다고 한다.

⑤ 큰 목적 : 성불의 결과를 가져오므로 큰 목적이라 한다.

첫 번째에서 후현증이란 수도의 정의로서, 견도에 뒤따라서 진리를 반복적으로 현증한다는 의미다.

11) 청정수도

26~31번 게송은 도지를 나타내는 11법 중의 열한 번째인 '청정수

도'에 대한 설명이다.

26. 부처님께 의지함,

　　육바라밀, 선교방편 등

　　이는 신해하는 원인들.

　　법을 장애하는 원인은

27. 마의 힘에 눌리고

　　심오한 법 신해하지 않으며

　　오온 등에 대한 집착과

　　악한 벗과 친한 등이네.

　　청정수도를 발생시키는 원인과, 장애하는 원인은 다음과 같다.

청정수도의 발생 원인 : 부처님을 의지, 육바라밀수행, 지관(止觀) 숙달.

청정수도의 장애 원인 : 마(魔)의 방해, 심오한 법에 대한 신해 부족,

오온 등에 대한 실집, 악한 벗과 사귐.

28. 과(果)청정은 또한 색 등의

　　청정함이기도 하나니

왜냐하면 두 가지는 별개 아니고

나눌 수가 없으므로 청정이라 하셨네.

'과청정'에서 '과'란 사문성과(沙門性果)를 의미한다.

사문성과란 무간도의 결과인 해탈도와, 해탈도에서 성취되는 멸제 두 가지를 가리킨다.

청정수도는 수도의 해탈도를 의미하고, 성취수도는 수도의 무간도를 의미한다고 보는 견해가 있는데, 뺀첸쐬남닥빠는 『바라밀고찰(파르친타쬐)』에서 이러한 견해를 논박하고 두 가지를 같은 것으로 논증하였다. 그러한 주장의 논거는 모두 자신이 규정한 성취수도와 청정수도의 정의의 내용을 바탕으로 하고 있는데, 그 정의는 무엇을 근거로 규정한 것인지에 대해서는 언급이 없다.

이 문제에 대한 쫑카빠와 걜찹제의 견해는 『선설금만소』와 『소요장엄론』의 주석만으로는 분명치 않다. 뺀첸의 견해를 따라 설명하면 무루수도를 궁극의 증득의 원인이 되는 측면에서 성취수도, 궁극의 단멸의 원인이 되는 측면에서 청정수도라 이름 붙인 것이다.

궁극의 증득이란 일체종지를 가리키고, 궁극의 단멸이란 2장을 제거한 대승열반을 가리킨다.

또 성취수도와 청정수도는 수도의 근본지만을 가리키는 것이 아니다. 왜냐하면 후득지에도 무루수도가 있기 때문이다. 예를 들면 인무아를 직관적으로 지각하는 대승수도 후득지 등도 무루수도이다.

하여튼 28번 게송은 청정수도와 그 대상이 되는 색 등의 일체법의 청정함이 별개가 아니라고 경전에서 설하셨다고 하였으며, 그 경전 말씀이란 다음과 같다.

수보리여, 또한 색의 모든 청정은 바로 결과의 청정 그 자신이다. 결과의 모든 청정은 바로 불모(佛母)의 청정, 불모의 모든 청정은 바로 색의 청정이다. 그러므로 색의 청정과 결과의 청정과 불모의 청정 모두가 둘이 아니고, 둘로 볼 수 없고, 별개가 아니고, 단절이 없느니라.

여기서 청정에는 이구청정과 본연청정의 두 가지가 있다.

이구청정이란 일시적인 오염을 제거해서 얻은 청정을 의미한다. 일시적인 오염이란 번뇌장과 소지장 등의 미혹을 가리킨다.

본연청정이란 공성을 의미한다. 실재를 오염이라 이름 붙인다면 실재라는 것은 제거할 필요도 없이 본래부터 존재하지 않는 것이므로 본래부터 오염이 없다는 뜻으로 본연청정이라 이름 붙인 것이다.

그렇다면 게송에서 말한 청정수도의 청정과 그 대상의 청정함의 불가분성 역시 두 가지로 설명할 수가 있다.

먼저 본연청정에 대입해서 설명하면, 청정수도의 대상인 색 등의 공성과 청정수도 자신의 공성이 별개가 아니라는 것이다.

다음으로 이구청정에 대입해서 설명하면, 예를 들어 대승수도 소소품의 해탈도는 대승수소단 대대품을 제거한 청정을 성취하였는데, 이때 해탈도가 지각하고 있는 대상 역시 전의 모습과는 다른 청정함을 나타내게 되고, 이러한 양자의 청정함은 서로 별개가 아니라는 것이다.

여기서 오해할 수 있는 소지를 없애기 위해 걜찹제는 『소요장엄론』에서 다음과 같이 설하였다.

수행자 자신이 모든 더러움을 없애면 그의 모든 대상들에 모든 더러움이 없어지는 것으로 설한 것이 아니다. 만약 그와 같다면 한 사람이 성불하면 나머지 사람들은 수행에 애쓸 필요가 없다는 결론이 될 것이다. 그렇다면 무슨 뜻인가 하면, 그 사람이 더러움을 없애면 그의 내면의 제거대상이 그의 인식대상인 색 등에서도 없으므로 수행자 자신이 색 등을 대할 때 이전과 다른 모습이 나타나게 되는 것이다. 이는 마치 연기(緣起)를 비실재로 지각한 사람에게 연기가 환영처럼 나타나는 것과 같다.

29. 번뇌, 소지, 삼도(三道)의
　　제거로써 성문, 독각과,
　　보살들의 청정함이라 하며
　　부처님은 전면적인 지극한 청정.

청정을 또한 삼승 각각의 수도의 결과에 따라 분류하면 다음의 네 가지가 있다.

① 성문의 청정 : 번뇌장을 제거한 청정.
② 독각의 청정 : 주객을 별개의 실체로 취한 분별과 번뇌장을 제

거한 청정.

③ 보살의 청정 : 성문, 독각, 보살의 세 가지 길의 제거대상 중에
소소품 외의 일부를 제거한 청정.

④ 최극청정 : 번뇌장과 소지장을 모두 완전하게 제거한 부처의
청정.

30. 아홉 가지 영역들에서
대대품과 같은 오염의
대치법이 되는 소소품 등의
이와 같은 도가 청정이라네.

이것은 최극청정인 것과 최극청정이 아닌 것의 차이가 무엇인가
하는 의문을 해소하기 위한 설명이다.

아홉 가지 영역이란 욕계, 4선천, 4무색천 등의 삼계의 구지(九
地)를 말한다. 이러한 영역 각각에 부속되는 번뇌장과 소지장의 대대
품을 비롯한 구품수소단들을 그것들의 대치법인 구품수도에 의해서
완벽하게 모두 제거한 것이 바로 부처의 최극청정이고, 그렇지 않고
일부만 제거한 것은 최극청정이 아니라는 뜻이다.

31. 이에 대한 반론을
물리치는 답은 주객의

평등성에 의해 삼계의

대치법을 주장하는 것이네.

이것은 구품수도에 대한 반론과 답변이다. 반론은 다음의 두 가지가 있다.

① 그대가 구품수도를 비실재라고 주장한다면 비실재인 구품수도가 어떻게 구품수소단을 제거할 수 있는가? 그러므로 구품수소단의 제거를 그대가 인정한다면 그것의 대치법인 구품수도 역시 실재라고 인정해야만 한다. 또한 그대가 구품수소단을 비실재라고 주장한다면 비실재인 구품수소단을 제거하기 위한 구품수도가 무슨 필요가 있는가? 그러므로 구품수도의 필요를 그대가 인정한다면 그것의 제거대상인 구품수소단 역시 실재라고 인정해야만 한다.

② 대대품 수소단의 대치법으로 소소품 수도, 소소품 수소단의 대치법으로 대대품 수도를 배정한 것은 이치에 맞지 않다. 왜냐하면 큰 상대를 이기기 위해선 큰 힘이 필요하고 작은 상대를 이기기 위해선 작은 힘만 있어도 되듯이 대대품 수소단의 대치법으로는 대대품 수도, 소소품 수소단의 대치법으로는 소소품 수도를 배정하는 것이 이치에 맞기 때문이다.

①번 반론은 일반적인 존재(세속적 차원에서 존재하는 것)와 실재(승

의에서 존재하는 것) 두 가지를 구분하지 못하고 비실재라면 존재하지 않는 것이고 존재한다면 실재여야 한다고 생각하는 자의 반론이다.

이에 대한 답변은 역시 세속과 승의 두 가지 차원에서 이루어진다. 즉, 구품수도와 구품수소단은 모두 승의에선 존재하지 않는다. 그러므로 대치와 제거 역시 승의에선 성립하지 않는다. 그러나 구품수도와 구품수소단은 세속적 차원에선 존재한다. 그러므로 대치와 제거 역시 세속적 차원에서 성립한다. 구품수도와 구품수소단 양자가 모두 승의에서는 존재하지 않기로 평등하고 세속적 차원에서는 엄연히 존재하는 것으로 평등하며, 이러한 평등성에 대한 앎이 곧 공성의 지각이고, 이러한 공성을 지각하는 대승수도는 대승수소단인 삼계 모두의 실집을 제거하는 대치법이 되므로 여기에는 모순이 없다는 것이다.

②번 반론은 구품수도와 수소단의 명칭에 대한 것인데, 이에 대해서는 세탁의 비유를 통해서 답변한다. 즉, 옷을 빨 때 거친 때는 적은 노력으로 금방 빠지고 미세한 때는 큰 노력으로 힘들게 빼야 하는 것과 마찬가지로, 거친 제거대상은 상대적으로 쉽게 제거되고, 미세한 제거대상은 더 강력한 힘을 요구하므로, 대대품 수소단의 대치법으로 소소품 수도, 소소품 수소단의 대치법으로 대대품 수도를 배정한 것에는 모순이 없다는 것이다.

3

기지
基智

2장에서 도지를 설한 이후 3장에서 기지를 설하는 이유는 상사도(上士道)에 속한 도지를 성취하기 위해선 중사도(中士道)와 공통되는 길인 사제16행상을 지각하는 기지의 수행이 선행되어야 하기 때문이다.

1. 이쪽이나 저쪽 변에도,
　　중간에도 머무르지 않으며
　　시간들의 평등성을 알므로
　　반야바라밀이라 하네.

보살의 기지 반야바라밀은 지혜로 인해 차안의 변인 유변에 머물지 않고, 연민으로 인해 피안의 변인 적멸변에도 머물지 않으며, 그 중간에도 승의에서 머무르지 않고, 과거·현재·미래 삼세의 일체법이 비실재로서 평등함을 알기 때문에 과(果)반야바라밀에 가까운 기지라 한다.

유변과 적멸변에는 다음과 같이 속제를 기준으로 한 것과 승의를 기준으로 한 것의 두 가지 다른 의미가 있다.

- 속제를 기준으로 한 유변 : 업과 번뇌에 의해 오래도록 윤회하는 것.
- 속제를 기준으로 한 적멸변 : 번뇌장만을 끊어 오직 윤회에서만 벗어난 소승열반.
- 승의를 기준으로 한 유변 : 윤회를 버려야 할 것으로서 실재라고 보는 것.
- 승의를 기준으로 한 적멸변 : 열반을 취해야 할 것으로서 실재라고 보는 것.

보살의 기지는 이러한 모든 차안과 피안의 양변에 머물지 않고 중도에 머물기 때문에 2행의 중간에 머물지 않는다는 말은 '승의에서 머물지 않는다' 즉, 중도에 머물되 그 중도 역시 실재로 취하지는 않는다는 뜻이다.

과(果)반야바라밀이란 부처의 일체종지를 가리킨다.

1번 게송은 이와 같이 과반야바라밀에 가까운 보살의 기지를 직접적으로 나타냄으로써 성문과 독각의 기지는 그와 달리 과반야바라밀에서 멀다는 뜻 역시 간접적으로 나타낸다.

2. 상(相)을 대한 까닭에

방편 여읨으로써 멀고

선교방편 갖춤으로써

가깝다고 설명한다네.

보살의 기지와 소승의 기지가 각각 과반야바라밀에서 가깝고 먼 이유에 대해 설하였다.

실재의 상을 취하는 성문과 독각의 기지는 공성의 지혜라는 방편을 여의었기 때문에 과반야바라밀에서 멀고, 보살의 기지는 공성의 지혜라는 방편을 갖추었기 때문에 과반야바라밀에 가깝다고 한다.

여기서 과반야바라밀에서 멀고 가깝다는 것은 소승의 수행자와 처음부터 대승도로 들어간 수행자 양자가 동시에 각자의 수행길에 정진을 시작하였을 때 소승의 수행자보다 처음부터 대승도로 들어간 수행자가 부처의 위없는 보리를 이루는 데 훨씬 빠르다는 의미다.

그저 열반을 성취하는 속도로 비교하면 소승이 대승보다 비교할 수 없이 빠르다. 소승열반은 빠르면 3생 안에 성취하지만 대승열반은 삼대무량겁이 걸리기 때문이다. 그러나 소승수행자가 소승열반을 성취하면 수겁 동안 적멸변에 머물다가 이후 대승도에 들어오더라도 적멸변에 머물던 오랜 습기의 힘 때문에 반복적으로 적멸변에 계속 머물게 되기 때문에 소승을 거치지 않고 바로 대승에 들어온 수행자보다 성불에 더 오랜 시간이 걸리게 된다고 한다.

이상 1번과 2번 게송에서는 보살의 기지를 나타내는 9법 중에서

'지혜에 의해 유변에 머물지 않는 도지, 연민에 의해 적멸변에 머물지 않는 도지, 과반야바라밀에서 먼 기지, 과반야바라밀에 가까운 기지' 등의 네 가지를 나타내었다.

　　참고로 보살의 기지는 모두 도지에 속한다. 왜냐하면 보살의 기지는 모두 '특수한 방편과 지혜를 바탕으로 한 대승 성자의 지각'이라는 도지의 정의에 부합하기 때문이다.

3. 색온 등의 공성과
　　삼세 안에 속한 법들과
　　보시 등의 각지(覺支)들에 대해서
　　작의하는 생각들은 이품이라네.

4. 보시 등에 아집이 없고
　　다른 이를 그곳으로 이끄는 것은
　　탐(貪)의 변(邊)을 여의었기 때문에
　　부처님에 대한 탐착 등도 미세하다네.

5. 법의 도(道)는 자성이
　　비어있는 까닭으로 깊으며
　　일체법의 자성 동일하다는
　　앎에 의해 탐착 여의네.

이것은 보살의 기지를 나타내는 9법 중의 다섯 번째인 '이품기지'와, 여섯 번째인 '대치품기지'에 대한 설명이다.

인무아와, 삼세의 일체법과, 보시 등의 도(道)에 대해 실재라고 취하는 성문과 독각의 기지는 보살 자신의 수행에 있어서는 역시 제거대상이므로 이품기지라 한다.

반면 보시 등에 대해 삼륜청정의 지혜로 아집을 배격하고, 타인 역시 그러한 지혜로 인도하는 보살의 기지는 실재에 대한 집착의 대치법이 되므로 대치품기지라 한다.

부처님을 믿고 예경하고 공양 올리는 등의 행위 역시 일부 번뇌의 대치법이 되기는 하지만, 그것이 만약 실재에 대한 집착을 포함한다면 그 역시 보살 자신의 수행에 있어서는 제거대상이다. 왜냐하면 보살이 깨달아야 할 법의 도 즉, 법의 궁극적 실상은 자성이 공한 심오한 이치인 까닭이다. 그러므로 일체법의 자성이 비실재로서 동일함을 지각한 보살의 지혜는 부처님 등을 대상으로 한 미세한 실집마저 제거할 수 있는 대치법이 된다.

이품기지는 '과반야바라밀에서 먼 기지'와 동의어이고, 대치품기지는 '과반야바라밀에 가까운 기지'와 동의어이다.

경계는 이품기지는 소승의 견도, 수도, 무학도에 있고, 대치품기지는 대연민이 일어난 이후부터 부처의 경지에까지 있다. 소승열반을 성취한 이후 대연민을 일으킨 소승아라한의 기지는 대치품기지이기 때문에 대승도에 들어가기 전의 대치품기지도 가능하고, 대승자량도와 가행도 단계에서도 역시 가능하다. 만약 소승을 거치지 않고 처음부터 대승도로 들어온 경우라면 견도의 후득위부터 대치품기지를 성취한다. 자량도와 가행도, 견도 근본지에서 성취하지 못하는 이유는 기지의 정의인 '소승의 주요 증득대상에 머무는 성자의 지각'을 생각해 보면 된다. 처음부터 대승에 들어간 보살의 자량도와 가행도는 '성자의 지각'이란 조건을 충족시키지 못하고, 대승견도의 근본지는 '소승의 주요 증득대상에 머무는'이란 조건을 충족시키지 못한다.

6. 보이는 것 등을 부정하므로
   이해하기 어렵다고 말하고
   색 따위를 지각하지 않는 까닭에
   불가사의하다 주장한다네.

범부의 일반적인 의식에는 존재들이 실재하는 것처럼 나타난다. 그러나 일체법의 궁극적 실상인 승의제는 이와 같이 실재하는 것처럼 보이는 것들이 실재하지 않는다고 부정하므로 범부가 이해하기가 대단히 어렵다. 색을 비롯한 일체법이 당연히 실재여야 할 것 같은데 실재로 지각되지 않으므로 또한 사유를 초월한다고 한다.

7. 이와 같이 일체지의 교의 안에서
   이품들과 대치품의 구분을

설명들에 따라 남김이 없이
여기에서 이해해야 한다네.

이상에서 설명한 이품기지와 대치품기지의 분류에 대해서 경전
들과 본 논서에서 설명한 바와 같이 이해하라는 말로 일단락 정리하
였다.

8. 색 따위와, 그의 무상(無常)과,
   원만하고 원만하지 않음과,
   탐착 없는 그 자체에 대해서
   작의 배격하는 가행과,

9. 불변, 행위자의 부재성,
   세 가지의 난행 가행과,
   인연 따라 결과 성취하므로
   결과들의 존재 승인과,

10. 다른 것에 의존하지 않음과,
    일곱 가지 현상들의 비유 가행 등이며,
    색 따위를 대상으로 교만이 없는
    네 가지는 가행들의 평등성이네.

8번 게송부터 10번 게송의 전반 두 행까지는 보살의 기지를 나타내는 9법 중의 일곱 번째인 '보살기지의 원인이 되는 가행'에 대해 설하였고, 마지막 두 행은 여덟 번째인 '가행의 평등성'에 대해 설하였다.

보살의 기지는 공성의 직관적 지각을 바탕으로 사제16행상을 직관적으로 지각하므로 그러한 기지를 성취하기 위해서는 먼저 공성을 분별식에 의해 지각하는 과정과 사제16행상을 분별식에 의해 지각하는 과정 두 가지가 필요하다. 이 중에서 사제16행상을 분별식에 의해 지각하는 과정에 대해서는 굳이 설명할 필요가 없다고 생각하여 게송에서 명시하지 않고, 오직 공성을 분별식에 의해 지각하는 가행만을 명시하였다.

보살기지의 원인이 되는 열 가지 가행은 다음과 같다.

① 색 등의 본질에 대한 실집을 배격하는 가행.('색 따위와'가 나타냄)
이는 경전에서 다음과 같이 설하였다.

대보살이 반야바라밀을 행할 때 만약 색에 대해 행하지 않으면 반야바라밀을 행하는 것이다.

② 무상하다거나 항상하다는 등의 특성에 대한 실집을 배격하는 가행.('그의 무상과')
이는 경전에서 다음과 같이 설하였다.

색은 항상하다거나 무상하다고 행하지 않으면 반야바라밀을 행하는 것이다.

③ 공덕의 기반으로서 원만하거나 원만하지 않음에 대한 실집을 배격하는 가행.('원만하고 원만하지 않음과')
이는 경전에서 다음과 같이 설하였다.

색이 원만하다거나 원만하지 않다고 행하지 않으면 반야바라밀을 행하는 것이다.

④ 비실재성에 대한 실집을 배격하는 가행.('탐착 없는 그 자체에 대해서 작의 배격하는 가행과')
이는 경전에서 다음과 같이 설하였다.

색을 탐착을 가졌거나 탐착 없는 것으로 행하지 않으면 반야바라밀을 행하는 것이다.

⑤ 행위에 대한 실집을 배격하는 가행.('불변')
이는 경전에서 다음과 같이 설하였다.

심오한 불모(佛母)를 설하더라도 줄어들지 않고 설하지 않더라도 줄어들지 않으며 설하더라도 늘어나지 않고 설하지 않더라도 늘어나지 않는다.

⑥ 행위자에 대한 실집을 배격하는 가행.('행위자의 부재성')
이는 경전에서 다음과 같이 설하였다.

법들의 법성을 설하더라도 그와 같고 설하지 않더라도 그와 같다.

⑦ 결과에 대한 실집을 배격하는 가행.('세 가지의 난행 가행과')
세 가지 난행 중에 '의향 난행'에 대해서는 경전에서 다음과 같이
설하였다.

대보살이 반야바라밀을 행할 때 반야바라밀을 설하면 마음이 위축
되거나 산란되지 않도록 하고 이 반야바라밀을 시작하고 위없는 완
전한 보리에서 물러서지 않는 것은 난행이다.

'가행 난행'에 대해서는 경전에서 다음과 같이 설하였다.

세존이시여, 중생을 위해 갑옷을 구하는 그들은 하늘의 허공을 받치
고자 하는 것과 같습니다.

'작업 난행'에 대해서는 경전에서 다음과 같이 설하였다.

중생을 위해 위없는 완전한 보리를 이루고자 하는 그들은 허공을 완전히 해탈시키고자 하는 것과 같습니다.

⑧ 결과 승인의 가행.('인연 따라 결과 성취하므로 결과들의 존재 승인과')
이는 경전에서 다음과 같이 설하였다.

다른 비구가 이와 같이 생각하였다. '어떠한 법도 나거나 멸하지 않지만 계율의 온으로 가립할 수 있음에서부터 법륜으로 가립할 수 있는 세존께 예경합니다.'

⑨ 불모의 보호를 받는 가행.('다른 것에 의존하지 않음과')
이는 경전에서 다음과 같이 설하였다.

선남자, 선여인이 설한 바와 같이 불모에 머물면 그는 불모의 보호와 구제와 덮임을 받게 되느니라.

⑩ 일곱 가지 비유 가행.('일곱 가지 현상의 비유 가행')
이는 경전에서 다음과 같이 설하였다.

불모를 행할 때 어떻게 꿈, 환영, 신기루, 메아리, 영상, 건달바의 도시, 화현과 같이 일체법을 알게 되나이까?

이러한 가행들은 평등성을 바탕으로 명상하는 것이므로 10번 게송의 마지막 두 행에서 다음과 같은 네 가지 평등성에 대해 설하였다.

① 색 등의 일체법의 본질에 대해 실재라고 취하지 않는 것.
② 색 등의 일체법의 특성에 대해 실재라고 취하지 않는 것.
③ 색 등의 일체법의 분류에 대해 실재라고 취하지 않는 것.
④ 색 등의 일체법을 대상으로 한 주관에 대해 실재라고 취하지 않는 것.

마지막으로, 11~15번 게송은 보살의 기지를 나타내는 9법 중의 아홉 번째인 '대승견도'에 대해 설한다.

11. 고제 등의 사제에
    법지(法智)들과 유지(類智)의
    인지(忍智) 찰나들의 본체가
    일체지의 도리에서 견도가 되네.

이것은 보살기지의 원인이 되는 가행에 의해 성취되는 결과인 대승견도에 대한 총괄적 설명이다.
보살기지의 원인이 되는 가행을 설명한 부분에서 공성을 지각하는 가행만을 명시한 것과 마찬가지로 여기서도 역시 공성을 직관하는 견도 근본지의 인지 16찰나만을 명시하였다.

12. 색의 비상(非常), 비무상(非無常),
     양변 벗어남과, 청정과,
     생겨남과 멸함 등이 없음과,
     허공과의 유사성과, 탐착 배격과,

13. 집착에서 벗어남,
     본질 말로 표현할 수 없음과,
     뜻을 설명함에 의해서
     다른 이들에게 줄 수 없음과,

14. 무소연의 작용과,
     지극청정, 무병과,
     악도 단멸, 결과를
     성취함에 무분별,

15. 상(相)에 얽매이지 않음과,
     대상, 명칭 두 가지에 대해서
     심식 일어나지 않음이
     일체지의 찰나들이네,

이것은 다음과 같은 견도 16찰나를 나타낸 것이다.

① **고법인** : 색이 항상하거나 무상한 어느 쪽으로도 승의에서 성립하지 않음을 지각.('색의 비상, 비무상'이 나타냄)

② **고법지** : 상단의 양변을 여읜 고제의 공성을 지각.(양변 벗어남)

③ **고류인** : 독립적인 자아가 공한 고제의 청정함이 승의에서 성립하지 않음을 지각.(청정)

④ **고류지** : 고제의 생멸이 승의에서 성립하지 않음을 지각.(생겨남과 멸함 등이 없음)

⑤ **집법인** : 집제가 허공과 같이 승의에서 성립하지 않음을 지각.(허공과의 유사성)

⑥ **집법지** : 집제를 실재로 보는 탐착을 배격한 공성의 지각.(탐착배격과)

⑦ **집류인** : 집제에 대한 실집에서 벗어난 공성의 지각.(집착에서 벗어남)

⑧ **집류지** : 집제의 말로 표현할 수 없는 법성을 지각.(본질 말로 표현할 수 없음)

⑨ **멸법인** : 말로써 다른 이에게 줄 수 없는 멸제가 승의에서 성립하지 않음을 지각.(뜻을 설명함에 의해서 다른 이들에게 줄 수 없음)

⑩ **멸법지** : 멸제를 실재로 소연하지 않는 공성의 지각.(무소연의 작용)

⑪ **멸류인** : 상단의 양변을 벗어나 지극히 청정한 멸제의 공성을 지각.(지극청정)

⑫ 멸류지 : 병 등의 괴로움을 뿌리 뽑은 멸제가 승의에서 성립하지 않음을 지각.(무병)

⑬ 도법인 : 삼악도에 나지 않게 하는 도제가 승의에서 성립하지 않음을 지각.(악도 단멸)

⑭ 도법지 : 예류 등의 과위를 이루게 하는 방법인 도제가 승의에서 성립하지 않음을 지각.(결과를 성취함에 무분별)

⑮ 도류인 : 도제를 대상으로 실재의 상을 여읜 공성의 지각.(상에 얽매이지 않음)

⑯ 도류지 : 도제의 공성을 지각함으로써 대상과 이름의 두 가지가 별개의 실체로 나타나는 심식이 일어나지 않음.(대상, 명칭 두 가지에 대해서 심식 일어나지 않음)

이상의 16찰나는 사제를 대상으로 공성을 지각하는 다양한 방식을 표현한 것일 뿐이므로 2장에서 설명했던 방식과는 사뭇 다르지만 본질적인 내용 자체가 다른 것은 아니다. 반복해서 말하지만 대승견도의 근본지는 오직 공성만을 직관적으로 지각하는 상태일 뿐이다.

16. 이상으로 일체종지와

　　　도지, 기지 등의 삼종지

　　　이와 같이 삼장을 통해

　　　모두 설해 마쳤네.

일체종지, 도지, 기지를 1, 2, 3장에서 모두 설해 마쳤다는 말로 3장을 마무리하였다.

2장에서 견도의 도지에 대한 설명에 이어 수도의 도지를 설명한 것과 마찬가지로 3장에서도 견도 기지의 설명에 이어 수도 기지를 설명할 법도 하지만, 대승의 수행과 증득과정을 주요 내용으로 하는 논서의 성격상 수도의 기지는 보살의 주요 수행 대상도 아니고, 굳이 설명하지 않아도 알기 쉽다고 생각해서 생략한 것으로 본다.

4

원만가행
圓滿加行

앞의 세 장을 통해 수습(修習)의 대상인 삼종지에 대해 설명하였으므로 이제 그 삼종지를 수습하는 수단인 4가행을 설명할 차례다. 이에 4장에서 그 첫 번째인 원만가행에 대해 설명한다.

1) 삼종지의 행상

1~5번 게송은 원만가행을 나타내는 11법 중의 첫 번째인 '삼종지의 행상'에 대한 설명이다.

1. 기반 지각하는 종류들

행상이라 하는 성상들이며

일체지에 세 가지가 있으니

행상 역시 세 가지로 본다네.

이것은 원만가행의 수습 대상인 삼종지의 행상에 대한 총괄적인 설명이다.

도의 기반인 사제 16행상을 지각하는 지혜의 종류들은 전도된 분별이 취한 대상과 반대되는 행상을 떠올림으로써 대치법이 되는 성상 즉, 특성이며, 그러한 대치법이 되는 지혜들의 행상은 크게 나누어서 기지의 행상, 도지의 행상, 일체종지의 행상 등 세 가지가 있다.

"앞의 세 장을 통해서 이미 삼종지의 행상에 대해 설하였으므로 여기서 다시 설한다면 중복이 아닌가?"

이와 같은 질문엔 다음과 같이 대답한다.

앞의 세 장과 네 번째 장이 삼종지의 행상을 설한 목적이 서로 다르므로 중복의 허물이 되지 않는다. 왜냐하면, 앞의 세 장에서는 삼종지의 의미를 이해하기 위해 설한 것이고, 4장에서는 가행의 수습 방법을 이해하기 위해 설하는 것이기 때문이다.

2. 무(無)의 행상에서 비롯해

움직임이 없는 행상에까지

고, 집, 멸제 각각 사행상,

도제에는 십오행상으로 말하네.

이것은 삼종지의 173행상 중에서 기지의 27행상에 대한 설명이다. 기지의 27행상이란 고제 4행상, 집제 4행상, 멸제 4행상, 도제 15행상을 합한 것이다.

무상(無常), 고(苦), 공(空), 무아(無我) 등의 고제의 4행상은 경전에서 무(無), 무생(無生), 적정(寂靜), 무압제(無壓制) 등으로 설하였다.

인(因), 집(集), 생(生), 연(緣) 등의 집제의 4행상은 경전에서 무처(無處), 허공과 유사함, 불가설, 무명(無名) 등으로 설하였다.

멸(滅), 정(靜), 묘(妙), 이(離) 등의 멸제의 4행상은 경전에서 무행(無行: 감이 없음), 무탈(無奪), 견고, 무생(無生) 등으로 설하였다.

도(道), 여(如), 행(行), 출(出) 등의 도제의 4행상은 경전에서 행위자 없음, 아는 자 없음, 향상하는 자 없음, 제어하는 자 없음 등으로 설하였다. 이 네 가지는 인무아를 직관하는 무루의 견도를 나타낸다.

다음으로 꿈, 메아리, 착시, 신기루, 환영 등의 다섯 가지 비유의 행상은 외경의 부재를 지각하는 유루 수도를 나타낸다.

마지막으로, 번뇌 없음, 청정법 없음, 마음의 본성에 나쁜 습기의 오염이 없음, 희론 없음, 교만 없음, 요동 없음 등의 여섯 가지 행상은 외경의 부재를 지각하는 무루 견도를 나타낸다.

도제의 15행상 중의 뒤의 열한 가지는 거친 소지장의 대치법이자 독각의 주요 명상대상이다.

3. 원인, 도제, 고제와,

    멸제 등에 차례로

    팔행상과, 칠행상,

    오행상과, 십육행상 있다네.

이것은 도지의 36행상에 대한 설명이다.

첫 행의 원인이란 집제를 의미한다. 고집멸도의 순서로 사성제를 설명하는 일반적인 방식과 달리 원인인 집제와 도제를 앞에, 결과인 고제와 멸제를 뒤에 배열하였다. 고집멸도의 순서는 관심의 자연스런 흐름에 따른 배열이고, 여기서는 집제가 고제를 발생시키고 도제의 수행이 멸제의 성취를 가져온다는 사제의 인과적 관계성을 나타내기 위해 이와 같이 배열한 것이다.

그렇다면 도지의 36행상이란 무엇인가 하면, 집제를 바탕으로 한 여덟 가지, 도제를 바탕으로 한 일곱 가지, 고제를 바탕으로 한 다섯 가지, 멸제를 바탕으로 한 열여섯 가지 행상이다.

(1) 집제를 바탕으로 한 8행상은 다음과 같이 제거대상과 대치법을 통해 설한 것이다.

ㄱ. 인(因)의 행상에 대한 대치법

① 탐착을 여읜 행상 : 욕(欲)의 대치법

② 머물지 않는 행상 : 탐(貪)의 대치법

③ 적멸의 행상 : 애(愛)의 대치법

ㄴ. 집(集)의 행상에 대한 대치법

④ 탐착 없는 행상 : 탐(貪)의 대치법

⑤ 성냄 없는 행상 : 진(瞋)의 대치법

⑥ 어리석음 없는 행상 : 치(癡)의 대치법

ㄷ. 생(生)의 행상에 대한 대치법

⑦ 번뇌 없는 행상 : 상락아정의 자아 따위의 비합리적인 분별의
대치법

ㄹ. 연(緣)의 행상에 대한 대치법

⑧ 유정 없는 행상 : 독립적인 실체의 유정에 대한 집착의 대치법

(2) 도제를 바탕으로 한 7행상은 다음과 같이 승인과 근거를 통해 설한 것이다.

ㄱ. 도(道)의 행상

① 무량한 중생에게 해탈의 기회를 열어주는 대승도의 행상 : 승인

② 윤회와 열반의 양변을 여읜 행상 : 근거

이 두 가지가 승인과 근거가 되는 이치는, 윤회나 열반의 변에 떨어지면 무량한 중생의 구제를 목표로 한 대승행이 이루어질 수 없기 때문이다.

ㄴ. 여(如)의 행상

③ 법성의 불이를 무수한 이치를 통해 지각하는 행상 : 승인

④ 소승도를 최상으로 취하지 않는 행상 : 근거

이 두 가지가 승인과 근거가 되는 이치는, 소승의 가르침에 만족하지 않고 대승의 가르침을 통해서야 무수한 이치를 통해 법성의 불이를 지각할 수 있기 때문이다.

ㄷ. 행(行)의 행상

⑤ 일체법을 실재로 분별하지 않는 행상 : 승인

⑥ 일체법을 승의에서 헤아릴 수 없는 행상 : 근거

이 두 가지가 승인과 근거가 되는 이치는, 일체법이 승의에서 성립하지 않음을 지각하여 일체법에 대한 실집을 배격하기 때문이다.

ㄹ. 출(出)의 행상

⑦ 일체법의 허공처럼 걸림 없는 본성을 지각하는 행상 : 승인

앞에서 설한 것들을 통해 쉽게 알 수 있다고 생각해서 일곱 번째 행상에는 근거를 설하지 않았다.

(3) 고제를 바탕으로 한 5행상은 고제의 개별적 4행상과 그 네 가지의 보편적 행상을 설한 것으로서 다음과 같다.

– 개별적 행상 : ①무상(無常)의 행상, ②고(苦)의 행상, ③공(空)의 행상, ④무아(無我)의 행상.
– 보편적 행상 : ⑤무상, 고, 공, 무아 등의 고제 4행상의 비실재성의 행상.

(4) 멸제를 바탕으로 한 16행상은 멸제 4행상을 다음과 같이 16 공성에 배대한 것이다.

– 멸(滅)의 행상 : ① 내공(內空), ② 외공(外空), ③ 내외공(內外空).
– 정(靜)의 행상 : ④ 공공(空空), ⑤ 대공(大空), ⑥ 승의공(勝義空), ⑦ 유위공(有爲空), ⑧ 무위공(無爲空), ⑨ 필경공(畢竟空), ⑩ 무제공(無際空), ⑪ 무산공(無散空).
– 묘(妙)의 행상 : ⑫ 자성공(自性空).
– 이(離)의 행상 : ⑬ 일체법공(一切法空), ⑭ 자상공(自相空), ⑮ 불

가득공(不可得空), ⑯ 무성자성공(無性自性空).

4. 사념주(四念住)를 비롯해
   부처님의 구경행상에까지
   도제들의 공통성에 따라서
   세 가지의 일체지로 나누면

5. 제자들과, 보살과,
   부처 등에 차례로
   삼십칠과, 삼십사,
   삼십구의 행상으로 본다네.

이것은 일체종지의 110행상에 대한 설명이다.

일체종지의 행상을 삼승의 도의 공통성에 따라서 분류하면 성문도와 공통되는 일체종지의 행상, 보살도와 공통되는 일체종지의 행상, 부처의 불공(不共)의 일체종지의 행상 등의 세 가지가 있다.

성문도와 공통되는 일체종지의 행상에는 서른일곱 가지가 있다. 다른 말로 37보리분법(菩提分法)이라 하며, 그것은 4념주, 4정단, 4신족, 5청정근, 5청정력, 7각지, 8성도지 등을 합한 것이다.

보살도와 공통되는 일체종지의 행상에는 서른네 가지가 있다. 그것은 대치도, 화현도, 현법낙주도, 출세간도, 능단도, 성불도 등의 여섯 가지로 나뉜다.

　부처의 불공의 일체종지의 행상에는 서른아홉 가지가 있다. 그것은 10력, 4무외, 4무애지, 18불공법, 진여의 일체종지행상, 자생의 일체종지행상, 정등각의 일체종지행상 등을 합한 것이다.

〔성문도와 공통되는 일체종지의 37행상〕

(1) 사념주(四念住)

　'그것의 소연경인 몸, 느낌, 마음, 법 등의 네 가지 중의 하나를 대상으로 개별과 보편의 두 가지 상(相)으로 따져서 고찰하는 기억[念]이나 혜(慧)에 속하는 것이자, 도에 들어선 자의 지각'이 염주(念住)의 정의이다.

　분류하면 신(身)념주, 수(受)념주, 심(心)념주, 법(法)념주 등의 네 가지가 있다.

　명상하는 방법에는 개별적상으로 명상하는 방법과 보편적상으로 명상하는 방법 두 가지가 있다. 개별적상으로 명상하는 방법은, 몸은 더럽다는 것, 느낌은 고라는 것, 마음은 매 순간 변한다는 것, 번뇌는 버려야 할 대상이며 청정법은 취해야 할 대상이라는 것 등을 명상하는 것이다. 보편적상으로 명상하는 방법은, 제행무상(모든 유위법은 무상하다), 유루개고(모든 유루는 고다), 제법무아(일체법에 我가 없다), 열반적정(열반은 적정하다) 등을 명상하는 것이다.

몸, 느낌, 마음, 법 등의 네 가지를 소연해서 그와 같이 명상하는 이유는 범부들이 몸을 자신의 처소로 집착하고, 느낌을 자신의 경험으로 집착하고, 마음을 자신의 본질로 집착하고, 법을 자신이 취사할 기반으로 집착하기 때문이다.

유루개고를 한역에서는 일체개고라 하는데, 참고로 티베트어에서는 "삭째탐째둥앨와(zag bcas thams cad sdug bsngal ba)"라고 한다. "일체(모든) 유루가 고다."라는 말이다. 이렇게 말하지 않고 만약 "모든 것이 다 고다."라고 말한다면 열반도 고가 되므로 열반이 고에서 완전히 벗어난 것이라는 부처님의 근본 가르침과 모순된다.

"일체개고에서 일체라고 한 것은 말 그대로 모든 것을 의미하는 것이 아니라 일체 유루를 의미하는 것이므로 문제가 없다."라고 한다면, 그렇다면 그냥 그 의미 그대로 유루개고라 하면 될 것이다.

(2) 사정단(四正斷)

'제거대상과 대치법의 취사를 즐기는 정진이자, 도에 들어선 자의 지각'이 정단의 정의이다.

분류하면 생겨난 악을 제거하는 정단, 생겨나지 않은 악이 생겨나지 않게 하는 정단, 생겨난 선을 증장시키는 정단, 생겨나지 않은 선을 생겨나게 하는 정단 등의 네 가지가 있다.

분류에서 보듯이 여기에는 악을 끊는 것만 있는 것은 아니지만, 첫 번째 것을 대표적으로 취해 정단이라 이름 붙인 것이다.

(3) 사신족(四神足)

'다섯 가지 과실의 대치법으로 여덟 가지 단행(斷行)을 갖춘 사마디이자, 도에 들어선 자의 지각'이 신족의 정의이다.

분류하면 욕(欲)신족, 근(勤)신족, 심(心)신족, 관(觀)신족 등의 네 가지가 있다.

욕신족이란 욕구의 정진에 의해 성취한 사마디를 가리킨다. 근신족이란 끊임없는 정진에 의해 성취한 사마디를 가리킨다. 심신족이란 전생에 사마디를 익힌 힘에 의해 자연적으로 이루어진 사마디를 가리킨다. 관신족이란 다른 이가 설한 법을 고찰해서 얻어진 사마디를 가리킨다.

다섯 가지 과실이란 ①삼매를 수행하고자 할 때 하고 싶어 하지 않는 나태, ②대상을 잊은 과실, ③본정 시에 혼침과 산란, ④혼침과 산란이 일어날 때 대치법을 쓰지 않는 과실, ⑤혼침과 산란이 일어나지 않은 때에 혼침과 산란의 대치법을 쓰는 과실 등이다.

이것들의 대치법인 여덟 가지 단행이란 ①정진, ②욕구, ③신심, ④경안, ⑤억념, ⑥혼침과 산란이 일어날 때 일어났음을 알아차리는 살핌, ⑦혼침과 산란을 제거하고자 하는 의도, ⑧애씀 없이 자연스럽게 머무는 평온함 등이다.

맨 앞의 네 가지는 첫 번째 과실인 나태의 대치법으로 설한 것이다. 그 중에서도 실질적 대치법은 정진이고, 욕구는 정진의 원인, 신심은 욕구의 원인, 경안은 정진의 결과이다.

억념은 두 번째 과실의 대치법이고, 살핌은 세 번째, 의도는 네 번째, 평온함은 다섯 번째 과실의 대치법이다.

(4) 오청정근(五清淨根)

'가행도 난위 이상을 성취함으로써 자신의 결과인 성도(聖道)를 발생시키는 능력을 갖춘, 신근(信根) 등의 5근(根) 중의 하나인 지각'이 37보리분법에 속하는 청정근의 정의이다.

분류하면 신(信)근, 정진(精進)근, 염(念)근, 정(定)근, 혜(慧)근 등의 다섯 가지가 있다.

청정근을 수습하는 방법에는 대소승의 공통적인 방법과 대승의 특수한 방법 두 가지가 있다.

공통적인 방법은 사성제의 취사에 대한 신심을 기르고, 사성제의 취사에 정진하고, 사성제의 취사에 대해 배우고 기억하며, 사성제의 취사에 일념으로 머무르고, 사성제의 취사에 대해 고찰하는 것이다.

대승의 특수한 방법은 위없는 보리에 대한 신심을 기르고, 보살행에 정진하고, 대승의 가르침을 배우고 기억하며, 대승법에 속하는 지

(止)에 일념으로 머무르고, 대승법에 속하는 관(觀)으로써 고찰하는
것이다.

(5) 오청정력(五淸淨力)

'가행도 인위 이상을 성취함으로써 자신의 이품(반대되는 것)이 해
를 가할 수 없는, 신근 등의 5근(根) 중의 하나인 지각'이 37보리분법
에 속하는 청정력의 정의이다.

분류하면 신력, 정진력, 염력, 정력, 혜력 등의 다섯 가지가 있다.

정의에서 보듯이 5력은 모두 5근에 속한다. 다만 가행도의 난위
와 정위에서는 5근이라 하고, 인위 이상에서는 5력이라 한 것이다.
그 이유는 난위와 정위에서는 신근이 불신에 의해 해를 입는 등의
경우가 있을 수 있지만 인위 이상에서는 그렇지 않기 때문이다.

『구사론』의 주석에 다음과 같이 설하였다.

어찌해서 오직 근(根)들을 역(力)으로 말하는가 하면 작고 큰 차별에
의해 눌리고 눌림이 없기 때문이다.

(6) 칠각지(七覺支)

'그것의 결과인 보리의 원인이 되는 성자의 지각'이 각지의 정의이다.

분류하면 염(念)각지, 택법(擇法)각지, 정진(精進)각지, 희(喜)각지, 경안(輕安)각지, 정(定)각지, 사(捨)각지 등의 일곱 가지가 있다.

(7) 팔성도지(八聖道支)

'그것의 결과인 성도(聖道)의 원인이 되는 성자의 지각'이 성도지의 정의이다.

이름을 풀이하면, 견소단을 여의므로 성(聖), 열반으로 인도하는 길이므로 도(道), 성도의 부분이므로 지(支)라 한다.

분류하면 정견(正見), 정사유(正思惟), 정어(正語), 정업(正業), 정명(正命), 정정진(正精進), 정념(正念), 정정(正定) 등의 여덟 가지가 있다.

〔보살도와 공통되는 일체종지의 34행상〕

(1) 대치도(對治道)

이것은 공(空)해탈문, 무상(無相)해탈문, 무원(無願)해탈문 등의 삼해탈문을 가리킨다.

삼해탈문에는 다음과 같이 대소승 공통의 삼해탈문과 대승의 특수한 삼해탈문 두 가지가 있다.

ㄱ. 공통의 삼해탈문

① 공해탈문 : 고제 4행상 중에서 공과 무아를 직관적으로 지각하는 지혜.

② 무상해탈문 : 멸제 4행상과 도제 4행상을 직관적으로 지각하는 지혜.

③ 무원해탈문 : 집제 4행상과 고제 4행상 중의 무상과 고를 직관적으로 지각하는 지혜.

ㄴ. 대승의 특수한 삼해탈문

① 공해탈문 : 법들의 본질이 비실재임을 직관적으로 지각하는 지혜.

② 무상해탈문 : 유위법들의 원인이 비실재임을 직관적으로 지각하는 지혜.

③ 무원해탈문 : 유위법들의 결과가 비실재임을 직관적으로 지각하는 지혜.

(2) 화현도(化現道)

다음과 같은 세 가지 유색해탈을 화현도라 한다.

① 유색관색(有色觀色)해탈 : 수행자 자신을 유형상으로 생각하고
   외부에 크고 작은 다양한 형상을 화현시키는 사마디.
② 무색관색(無色觀色)해탈 : 수행자 자신을 무형상으로 생각하고
   외부에 크고 작은 다양한 형상을 화현시키는 사마디.
③ 정색(淨色)해탈 : 세 가지 관념으로 세 가지 허물을 제거하여
   모든 형상을 똑같이 보기 좋은 것으로 생각하고 모든 형상을
   화현시키고자 하는 욕구를 일으키는 사마디.

이 세 가지 유색해탈은 모두 선의 본정에 의지해서 발생시킨다.

정색해탈에서 세 가지 관념으로 세 가지 허물을 제거하는 방식은
다음과 같다.

보기 좋고 나쁜 두 가지를 절대적으로 취하는 허물은 예를 들어
은그릇이 금그릇에 비하면 보기 나쁘지만 질그릇에 비하면 보기 좋
듯이, 보기 좋고 나쁜 두 가지는 상대해서 생겨나는 것이라는 관념
으로써 제거한다.

보기 좋고 나쁜 두 가지를 서로 본질적으로 별개라고 취하는 허
물은 예를 들어 은그릇 하나를 두고서 어느 것과 비교하느냐에 따라
보기 좋게 볼 수도 나쁘게 볼 수도 있듯이 보기 좋고 나쁜 두 가지는

서로 관련돼 있다는 관념으로써 제거한다.

보기 나쁜 형상을 화현시키는 것을 좋아하지 않는 허물은 모든 형상이 똑같이 보기 좋다는 관념으로써 제거한다.

세 가지 유색해탈을 성취하는 자가 누구인가 하면 소승에서는 장엄된 아라한(선의 본정을 성취한 아라한)과, 불환과에게 있고, 대승에서는 자량도 대품에서부터 성취한다.

(3) 현법낙주도(現法樂住道)

현법낙주도란 사마디에 의해서 현생에 안락하게 머무는 도라는 의미다.

이것은 공무변처해탈, 식무변처해탈, 무소유처해탈, 비상비비상처해탈, 멸진해탈 등의 다섯 가지 무색해탈을 가리킨다. 이 다섯 가지 무색해탈과 앞의 세 가지 유색해탈을 합해 8해탈이라 한다.

공무변처해탈이란 공무변처의 얽매임으로부터 벗어난 공무변처의 본정을 가리킨다. 나머지 무색해탈 모두 이와 같이 적용해서 이해하면 된다.

앞의 네 가지 무색해탈은 각각의 본정에 의지해서 성취하고, 멸진해탈은 비상비비상처정에 의지해서 성취한다.

멸진정과 멸진해탈을 같은 것으로 보는 견해와, 다르다고 보는 두 가지 견해가 있다.

다르다고 보는 견해에서 멸진정과 멸진해탈의 차이가 무엇인가 하면, 멸진해탈은 출세간도가 될 수 있지만 멸진정은 그렇지 않고, 멸진정은 불상응행(색법도 아니고 심식도 아닌 유위법)에 속하지만 멸진해탈은 심식에 속한다는 것이다.

그렇다면 멸진정이란 무엇인가 하면, 비상비비상처정의 출세간도에 의지해서 거친 느낌과 생각의 흐름을 모두 없앤 성자의 내면의 불상응행을 가리킨다.

비상비비상처정과 출세간도에 의지해서 생겨나므로 그 두 가지의 성취가 멸진정 성취의 기본 조건이다. 그러므로 소승에서는 신증불환과와 팔해탈을 성취한 아라한, 인유독각 등에 있고, 대승에서는 견도 이상에서 성취한다.

일반적으로 사무색정의 수행은 사무색계에 태어나는 원인이 되지만, 보살 성자는 사무색계의 업의 힘으로 환생하는 요소를 제거하였고, 또 이타의 서원의 힘에 의해 환생하므로 보살 성자의 경우에는 사무색정의 수행이 사무색계의 이숙과를 가져오는 일은 없다.

(4) 출세간도(出世間道)

출세간도를 명목상으로 분류하면 4선정, 4무색정, 멸진정 등의 아홉 가지가 있다. 명목상 분류라고 한 이유는 4선정과 4무색정에는 세간도와 출세간도가 모두 존재하고, 멸진정은 출세간도가 될 수 없기 때문이다. 그러나 멸진정도 출세간도에 의지해서 일어나기 때문에 출세간도의 명목상 분류에 포함하였다.

이 아홉 가지 삼매에 연달아서 차례로 들어가는 것을 구차제정(九次第定)이라 한다.

(5) 능단도(能斷道)

이것은 대승견도의 고법인, 집법인, 멸법인, 도법인 등의 네 가지 무간도를 가리킨다.

(6) 성불도

이것은 6바라밀에 방편, 원(願), 력(力), 지(智) 등의 네 가지 바라밀을 더한 10바라밀을 가리킨다.

〔부처의 불공의 일체종지의 39행상〕

(1) 십력(十力)

① 도리와 도리 아닌 것을 아는 힘 : 선업에서 좋은 결과가 생기고

악업에서 나쁜 결과가 생기는 것이 도리에 맞고, 악업에서 좋은 결과, 선업에서 나쁜 결과가 생기는 것은 도리에 맞지 않는다는 등을 아는 지혜.

② 업의 이숙과를 아는 힘 : 미세한 업의 결과까지 모두 직관적으로 지각하는 지혜.

③ 갖가지 성향을 아는 힘 : 유정이 무엇을 원하고 어느 길에 맞는지 등을 아는 지혜.

④ 갖가지 계(界)를 아는 힘 : 안계(眼界) 등의 18계와 지계(地界) 등의 6계 따위의 세간의 모든 계를 아는 지혜.

⑤ 근기의 우열을 아는 힘 : 일체중생의 뛰어나고 못한 근기를 아는 지혜.

⑥ 모든 곳으로 가는 길을 아는 힘 : 악도로 가는 길, 선도로 가는 길, 윤회로 가는 길, 해탈로 가는 길, 삼승 각각의 보리로 가는 길 등의 모든 길을 아는 지혜.

⑦ 갖가지 선과 정을 아는 힘 : 4선정, 4무색정, 8해탈, 9정(定) 등의 온갖 사마디를 아는 지혜.

⑧ 전세의 기억을 아는 힘 : 자타의 전생을 모두 아는 지혜.

⑨ 죽음과 탄생을 아는 힘 : 중생이 어디에서 어떻게 죽어서 어디에서 어떻게 태어나는지를 아는 지혜.

⑩ 유루의 다함을 아는 힘 : 번뇌를 끊은 소승의 열반과 2장을 끊은 부처의 열반을 아는 지혜.

(2) 사무외(四無畏)

① 정등각무외 : 정등각을 이루었노라고 선언함에 어느 누구도 여법한 반론을 할 수 없음을 지각하여 두려움이 없는 지혜.

② 누영진무외 : 모든 번뇌를 완전하게 끊었노라고 선언함에 어느 누구도 여법한 반론을 할 수 없음을 지각하여 두려움이 없는 지혜.

③ 설장법무외 : 번뇌장이 해탈에 장애가 되고 소지장이 일체종지에 장애가 된다고 설법함에 어느 누구도 여법한 반론을 할 수 없음을 지각하여 두려움이 없는 지혜.

④ 설출리도무외 : 해탈의 길과 성불의 길을 설법함에 어느 누구도 여법한 반론을 할 수 없음을 지각하여 두려움이 없는 지혜.

(3) 사무애지(四無礙智)

① 법(法)무애지 : 12분교 등의 법에 막힘이 없는 지혜.

② 의(義)무애지 : 12분교 등의 법의 뜻에 막힘이 없는 지혜.

③ 사(詞)무애지 : 육도중생의 모든 언어에 막힘이 없는 지혜.

④ 변(辯)무애지 : 설법에 막힘이 없는 지혜.

(4) 십팔불공법(十八不共法)

ㄱ. 행위의 불공법 여섯 가지

① 신무실(身無失) : 몸의 실수가 없는 신업청정의 지혜.

② 구무실(口無失) : 실없는 말이 없는 어업청정의 지혜.

③ 의무실(意無失) : 잊어버리거나 시간을 놓치는 등의 염(念)의 착오가 없는 지혜.

④ 무부정심(無不定心) : 가고, 머물고, 앉고, 눕는 등의 언제 어디서나 사마디에 머무는 지혜.

⑤ 무이상(無異想) : 윤회와 열반을 승의에서 별개로 보지 않는 지혜.

⑥ 무부지이사(無不知已捨) : 중생을 위한 행위의 시기가 적절한지 여부를 관찰하여 효과가 없을 중생은 일시적으로 놔두고 효과가 있을 유정들은 교화할 줄 아는 지혜.

ㄴ. 증득의 불공법 여섯 가지

⑦ 욕무퇴(欲無退) : 중생 구제의 욕구에 쇠퇴가 없는 지혜.

⑧ 정진무퇴(精進無退) : 일체중생을 위한 정진에 쇠퇴가 없는 지혜.

⑨ 염무퇴(念無退) : 삼세의 일체중생의 마음의 작용과 그에 대한 각각의 교화 방법을 지각하여 잊어버리지 않는 지혜.

⑩ 정무퇴(定無退) : 일체법의 궁극적 실상을 지각하는 사마디에 쇠퇴가 없는 지혜.

⑪ 혜무퇴(慧無退) : 중생의 마음의 작용과 팔만사천법문을 앎에

쇠퇴가 없는 지혜.

⑫ 해탈지견무퇴(解脫知見無退) : 2장을 모두 제거한 무주열반을
성취하여 윤회가 다할 때까지 일체중생의 구제를 위한 행위
에 쇠퇴가 없는 지혜.

ㄷ. 행업의 불공법 세 가지

⑬ 일체신업수지혜행(一切身業隨智慧行) : 모든 행위가 지혜에 따라
일어나는 지혜.

⑭ 일체어업수지혜행(一切語業隨智慧行) : 모든 말씀이 지혜에 따라
일어나는 지혜.

⑮ 일체의업수지혜행(一切意業隨智慧行) : 모든 마음이 지혜에 따라
일어나는 지혜.

ㄹ. 지혜의 대상의 불공법 세 가지

⑯ 과거세에 걸림 없는 지혜 : 과거의 일체법을 지각함에 걸림이
없는 지혜.

⑰ 미래세에 걸림 없는 지혜 : 미래의 일체법을 지각함에 걸림이
없는 지혜.

⑱ 현재세에 걸림 없는 지혜 : 현재의 일체법을 지각함에 걸림이
없는 지혜.

(5) 진여의 일체종지행상

이것은 십력에서 십팔불공법까지의 서른여섯 가지의 행상이 모두 이구청정의 진여로부터 다시는 벗어나지 않는 본질이라는 측면에서 설정한 일체종지의 행상이다.

(6) 자생(自生)의 일체종지행상

이것은 십력에서 십팔불공법까지의 서른여섯 가지의 행상이 모두 오직 부처의 심왕이라는 측면에서 설정한 일체종지의 행상이다.

(7) 정등각의 일체종지행상

이것은 십력에서 십팔불공법까지의 서른여섯 가지의 행상들이 모두 이전의 보살도의 수행이 궁극적 목표로 삼았던, '진소유(존재하는 모든 것)와 여소유(모든 존재들의 궁극적 실상)의 일체법을 직관적으로 지각하는 지혜'라는 측면에서 설정한 일체종지의 행상이다.

2) 보살의 가행

6~11번 게송은 원만가행을 나타내는 11법 중의 두 번째인 '보살의 가행'에 대한 설명이다.

6. 부처님들 지극하게 받들고
   그에 선업들의 뿌리를 두며
   선지식의 가호 받는 이들이
   이 법 들을 그릇이라네.

7. 부처님을 의지하고, 여쭈고,
   보시, 지계 등을 행하는 자는
   법을 받아 지닐 그릇으로서
   성자님들께서 인정하시네.

부처님을 지극하게 믿고 따르며 그에 바탕으로 선근을 쌓고, 선지식을 가까이 하고, 의심나는 점을 질문하고, 보시 등의 바라밀수행에 힘쓰는 자가 보살의 가행을 배워 수행할 수 있는 근기라고 하였다.

8. 색법 등에 머물지 않고,

가행 배격하기 때문에,

진여 심오하기 때문에,

헤아리기 어려우므로,

9. 한량없기 때문에,

오래도록 애써 증득하기 때문에,

수기받기 때문에,

불퇴전과, 출리, 무간과,

10. 보리 가까움과, 속성과,

이타, 무증무감 때문에,

법과 비법 보지 않으며,

색법 등의 부사의를 보지 않으며,

11. 색법 등의 표상과

자성 분별하지 않는 것,

보배 같은 성과 주는 것,

청정, 기한 정한 것.

이것은 다음과 같은 보살의 20가행을 나열한 것이다.

ㄱ. 자성(自性)가행

① 부주(不住)가행 : 객관대상의 비실재성을 지각하는 가행. 색

등을 실재라고 집착하여 머물지 않으므로 부주가행이라 한다.('색법 등에 머물지 않고'가 나타냄)

② 불가행(不加行)가행 : 주관의 비실재성을 지각하는 가행. 주관인 가행을 실재라고 집착하지 않으므로 불가행가행이라 한다.(가행 배격)

③ 심오기지(深奧基智)가행 : 기반의 공성을 지각하는 가행. 기반 존재들이 일반적으로는 존재하지만 승의에서 존재하지 않으므로 심오하다 한다.(진여 심오)

④ 난측도지(難測道智)가행 : 도의 공성을 지각하는 가행. 도가 장애를 가지고 있지만 본성에서는 청정하므로 헤아리기 어렵다 한다.(헤아리기 어려우므로)

⑤ 무량일체종지(無量一切種智)가행 : 무수한 행상의 공성을 지각하는 가행.(한량없기 때문에)

위의 다섯 가지 가행은 대승자량도에서 최후무간도까지 있으며, 본질적인 면에서의 분류이므로 자성가행이라 한다.

이 다섯 가지 자성가행들을 각각의 단계에 따라서 다시 분류한 것이 아래의 열다섯 가지 분위가행이다.

ㄴ. 분위(分位)가행

⑥ 구로장구난증(劬勞長久難證)가행 : 둔근기의 자량도 보살이 공성을 지각하는 가행. 공성을 대상으로 한 수혜(修慧)가 생기지

않아 선명하게 보지 못하고, 공성에 대한 두려움을 갖고 있는 단계의 가행.(오래도록 애써 증득)

⑦ 수기(受記)가행 : 대승가행도 난위에서 공성을 지각하는 가행. 공성을 대상으로 한 수혜로 선명하게 보아서 공성에 대한 두려움이 없으며, 이 단계에서 부처님으로부터 언제 성불한다는 수기를 받는다.(수기 받기 때문에)

⑧ 불퇴전(不退轉)가행 : 대승가행도 정위에서 공성을 지각하는 가행. 난위보다 수승한 선근이 무르익었으므로 불퇴전가행이라 한다.(불퇴전)

⑨ 출리(出離)가행 : 대승가행도 인위에서 공성을 지각하는 가행. 방편과 지혜가 견고하게 되어 소승으로 퇴락하는 장애로부터 벗어났으므로 출리가행이라 한다.(출리)

⑩ 무간(無間)가행 : 대승가행도 세제일법위에서 공성을 지각하는 가행. 견도를 성취할 때까지 중단이 없으므로 무간가행이라 한다.(무간)

⑪ 근보리(近菩提)가행 : 초지보살이 공성을 지각하는 가행. 변계실집을 여의고 공성을 직관하므로 보리에 가까운 가행이라 한다.(보리 가까움)

⑫ 속성원만보리(速成圓滿菩提)가행 : 보살2지에서 7지까지의 단계에서 공성을 지각하는 가행. 성불하는 데 필요한 삼대무량겁의 자량 중에서 두 번째 대무량겁의 자량을 쌓는 단계이므로 신속하게 원만보리를 성취시키는 가행이라 한다.(속성)

⑬ 이타(利他)가행 : 8지 보살이 공성을 지각하는 가행. 8지를 성
취하면 이타를 위해 법륜을 굴리기 시작하므로 이 단계의 가
행을 이타가행이라 한다.(이타)

이상 여덟 가지 가행은 가행을 닦는 주체에 따른 분류이다.

⑭ 무증무감(無增無減)가행 : 삼정지(보살 8지, 9지, 10지) 단계에서
증감의 공성을 지각하는 가행.(무증무감)

⑮ 불견법비법(不見法非法)가행 : 삼정지 단계에서 법과 비법의 공
성을 지각하는 가행.(법과 비법 보지 않으며)

⑯ 부사의(不思議)가행 : 삼정지 단계에서 색 등의 부사의한 특성
의 공성을 지각하는 가행.(색법 등의 부사의를 보지 않으며)

⑰ 불분별(不分別)가행 : 삼정지 단계에서 색 등의 표상과 자성 등
을 분별하지 않고 공성을 지각하는 가행.(색법 등의 표상과 자성
분별하지 않는 것)

이상 네 가지 가행은 가행을 완성하는 방편에 따른 분류이다.

⑱ 능여보과(能與寶果)가행 : 보살 9지 단계에서 수행의 과위인 예
류과에서부터 위없는 보리까지를 대상으로 공성을 지각하는
가행.(보배 같은 성과 주는 것)

⑲ 청정(淸淨)가행 : 보살 10지 단계에서 색 등을 비롯해서 일

체종지에 이르기까지의 본성이 청정한 공성을 지각하는 가
행.(청정)

이상 두 가지 가행은 결과에 따른 분류이다.

⑳ 결계(結界)가행 : 보살 10지 단계에서 정진이 극에 달하여 일,
월, 년 등의 기한 동안 정진을 멈추지 않은 채로 공성을 지각
하는 가행.(기한 정한 것)

이 한 가지는 기한에 따른 분류이다.

3) 보살가행의 공덕

12. 마(魔)의 위력 파괴하는 등
공덕에는 열네 가지가 있고

이것은 원만가행을 나타내는 11법 중의 세 번째인 '보살가행의
공덕'에 대한 설명이다.
앞에서 열거했던 스무 가지 가행을 보살이 수행하는 결과로는 다
음과 같은 열네 가지 이익을 얻게 된다고 한다.

① 가행을 수행하는 데 장애가 되는 마(魔)의 힘이 파괴된다.

② 부처님들께서 아시고 생각하신다.

③ 부처님들께서 직접 보살펴 주신다.

④ 완전한 보리에 가까워진다.

⑤ 부처님을 여의지 않는 큰 뜻, 좋은 세상에 나는 큰 이익, 성불
　　의 큰 과위, 중생을 이롭게 하는 큰 성과 등을 얻는다.

⑥ 자신이 나는 곳마다 반야경을 배워 익히게 된다.

⑦ 무루의 모든 공덕을 성취하게 된다.

⑧ 다른 생에서도 위없는 완전한 보리와 무생법을 설하게 된다.

⑨ 마에 의해 성불의 길에서 벗어나는 일이 없게 된다.

⑩ 수많은 중생을 성불의 길로 인도하는 수승한 선근을 쌓게
　　된다.

⑪ 이타의 서원에 따라 여법하게 실천하게 된다.

⑫ 광대한 좋은 과보를 받게 된다.

⑬ 다른 생에서도 재물을 베푸는 등 중생을 위한 행위를 하게 된다.

⑭ 다른 생에서도 반야바라밀 수행을 성취하게 된다.

4) 보살가행의 장애

장애에는 마흔여섯 가지가
있다는 것 알아야 하네.

이것은 원만가행을 나타내는 11법 중의 네 번째인 '보살가행의 장애'에 대한 설명이다.

보살가행의 장애에는 다음의 마흔여섯 가지가 있다.

ㄱ. 수행자 자신에 기반을 둔 가행의 장애

① 오래도록 힘들게 수행하여 좌절하는 것, ② 너무 성급하게 자신감을 갖는 것, ③ 몸의 나쁜 습기, ④ 마음의 나쁜 습기, ⑤ 불순한 동기로 경을 읽거나 설하는 것, ⑥ 반야바라밀로부터 멀어지는 원인을 취하는 것, ⑦ 위없는 보리에 대한 신심의 퇴락, ⑧ 원만한 반야바라밀의 향유로부터 퇴락, ⑨ 대승에서 퇴락, ⑩ 대승의 구경목표 추구의 퇴락, ⑪ 소승의 길에서 대승의 보리를 구하는 등과 같이 원인과 결과의 관계에서 어긋나는 것, ⑫ 위없는 과위를 성취하게 하는 원인에서 퇴락, ⑬ 갖가지 많은 대상에 분별의 자만이 일어나는 것, ⑭ 저술에 집착, ⑮ 무실법(無實法)에 집착, ⑯ 문자에 집착, ⑰ 문자 없음에 집착, ⑱ 경계 등을 작의하는 것,(경계의 의미를 쫑카빠는 지역으로 해석하고, 걜찹제는 향유 대상으로 해석하였다.) ⑲ 재물, 공경, 칭송 등의 향유, ⑳ 법에 어긋나는 것에서 방편을 추구.

ㄴ. 자타 중의 한쪽에서 합치 조건이 결여된 경우의 장애

㉑ 설법자와 청문자 중의 한쪽에 욕구가 있고 다른 한쪽이 나태한 경우, ㉒ 설법자와 청문자 양자 간의 욕구의 대상이 다른 경우, ㉓양자 간의 욕구의 크기가 다른 경우, ㉔한쪽은 학식이 있

고 한쪽은 없는 경우, ㉕한쪽은 선업을 갖추고 한쪽은 불선업이 큰 경우, ㉖한쪽은 베풂을 좋아하고 한쪽은 인색한 경우, ㉗한쪽은 베풀고자 하고 한쪽은 받지 않으려 하는 경우, ㉘한쪽은 장황한 이론을 통해 이해하고 한쪽은 그렇지 않은 경우, ㉙한쪽은 경전 등의 법을 알고 한쪽은 모르는 경우, ㉚한쪽은 육바라밀의 수행이 있고 한쪽은 없는 경우, ㉛한쪽은 방편에 능하고 한쪽은 방편 아닌 것에 능한 경우, ㉜한쪽은 다라니의 성취가 있고 한쪽은 없는 경우, ㉝한쪽은 문자로 쓰고자 하는 욕구가 있고 한쪽은 없는 경우, ㉞한쪽이 5장에 덮인 경우, ㉟이타를 위해 악취(나쁜 세계)에 나는 것을 원치 않는 것, ㊱선취(좋은 세계)에 탐착하는 것, ㊲한쪽은 홀로 지내는 걸 좋아하고 한쪽은 대중과 지내는 걸 좋아하는 경우, ㊳한쪽은 따르고자 하고 한쪽은 원치 않는 경우, ㊴한쪽은 약간의 물자를 원하고 한쪽은 주고자 하지 않는 경우, ㊵한쪽은 목숨의 위험이 있는 곳으로 가고자 하고 한쪽은 원치 않는 경우, ㊶한쪽은 기근이 든 지역으로 가고자 하고 한쪽은 원치 않는 경우, ㊷한쪽은 도적의 혼란이 있는 곳으로 가고자 하고 한쪽은 원치 않는 경우, ㊸한쪽은 재가 시주를 돌보는 것을 좋아하고 한쪽은 좋아하지 않는 경우.

ㄷ. 타인에게 기반을 둔 가행의 장애

㊹ 마(魔)가 자신의 가르침이 진리이고 반야경은 진리가 아니라고 속여 수행자와 법을 이간하는 것, ㊺마에 의해 사이비 반야바

라밀을 받아들여 수행하는 것, ㊻마가 부처 등으로 화현한 것에 속아서 잘못된 대상에 신심을 일으키는 것.

5) 보살가행의 성상

13~31번 게송은 원만가행을 나타내는 11법 중의 다섯 번째인 '보살 가행의 성상'에 대한 설명이다.

　대승의 수행자는 일체중생 구제를 위해 삼승의 길을 완전히 지 각하는 부처의 지혜를 추구하며, 그러한 지혜를 얻기 위해서는 먼저 그러한 지혜의 원인이 되는 동류의 가행들을 배워야 하고, 그러한 가행들을 배우기 위해선 그에 대한 성상을 알아야 하므로 이제 그 성상에 대한 설명이 이어진다.

13. 무엇으로 규정하는 성상에
　　지식대상 또한 세 가지.
　　지상(智相), 수승상(殊勝相)과 작용상(作用相),
　　규정되는 것인 자성도.

　보살가행이란 무엇인가를 규정하는 성상에는 지상(智相), 수승상 (殊勝相), 작용상(作用相) 등 알아야 할 세 가지가 있으며, 그 세 가지

성상에 의해 규정되는 대상인 보살가행 자체도 또한 자성상(自性相)이란 이름으로 성상의 명칭에 따른 분류에 포함된다.

(1) 보살가행의 지상(智相)

보살의 가행에는 기지가행, 도지가행, 일체종지가행 등의 세 가지가 있다.

보살의 기지가행이란 삼종지의 173행상 중에서 기지의 27행상을 명상하는 가행을 가리키고, 도지가행은 도지의 36행상, 일체종지가행은 일체종지의 110행상을 명상하는 가행을 가리킨다.

이러한 세 가지 가행 각각에 모두 열여섯 가지 지상을 설함으로써 각 가행의 본질에 대해 이해하도록 하였다.

14. 부처님의 출현과,

   이 세상의 불괴성,

   유정들의 마음의 작용,

   마음 수렴, 외향과,

15. 다함없는 성상과,

   탐착 등과, 광활함,

큰마음과, 무량과,

나타낼 수 없는 식(識),

16. 볼 수 없는 마음, 심식의

동요 등의 악견과,

또한 그와 같은 악견을

진여 행상으로 아는 것,

17. 능인께서 진여 깨달아

타인에게 설했음을 아는 것,

이것들이 일체지의 가행의

지상들을 모은 것이네.

이것은 다음과 같이 보살의 기지가행을 표상하는 16지상을 열거
한 것이다.

① 기지가행의 수행에 의해 부처가 생겨남을 아는 지혜.('부처님의
출현'이 나타냄)
② 세상의 붕괴(범어에서 세상을 뜻하는 '로까'는 붕괴되는 것이라는 의미
를 담고 있다.)가 비실재임을 아는 지혜.(이 세상의 불괴성)
③ 유정들의 마음의 여러 작용을 아는 지혜.(유정들의 마음의 작용)
④ 마음을 안으로 거두어들이는 지혜.(마음 수렴)

⑤ 바깥 대상을 향해 산란한 마음을 아는 지혜.(외향)

⑥ 마음의 다함없음을 아는 지혜.(다함없는 성상)

⑦ 탐, 진, 치를 가진 마음을 아는 지혜.(탐착 등)

⑧ 탐, 진, 치를 여읜 마음을 아는 지혜.(탐착 등)

⑨ 마음의 광활한 법성을 아는 지혜.(광활함)

⑩ 마음의 광대함을 아는 지혜.(큰마음)

⑪ 마음의 무량함을 아는 지혜.(무량)

⑫ 마음의 실체를 나타낼 수 없음을 아는 지혜.(나타낼 수 없는 식)

⑬ 마음의 실체를 볼 수 없음을 아는 지혜.(볼 수 없는 마음)

⑭ 동요하는 견해 등의 외도의 악견의 오류를 아는 지혜.(심식의 동요 등의 악견)

⑮ 동요하는 견해 등의 외도의 악견을 진여의 행상으로 아는 지혜.(그와 같은 악견을 진여 행상으로 아는 것)

⑯ 부처님이 진여를 깨달아 법을 가립하여 중생에게 설하였음을 아는 지혜.(능인께서 진여 깨달아 타인에게 설했음을 아는 것)

이 열여섯 가지 지상이 보살의 기지가행을 표상하는 방식에 대해 『선설금만소』와 『소요장엄론』의 설명이 다르다.

『선설금만소』는 결과에 의해 원인을 표상하는 방식이라 설명하고, 『소요장엄론』은 가행 그 자신의 특성에 의해 표상하는 방식이라 설명한다.

좀 더 자세히 말하면, 먼저 『선설금만소』에 따르면 위에 열거한 기지가행의 16지상들은 부처의 지혜다. 열매를 보면 그 나무에 대해 알 수 있듯이, 결과를 보면 원인을 알 수 있으므로 이러한 기지가행의 16지상에 의해 그 원인이 되는 보살의 기지가행이 어떠한 것인가에 대해 알 수 있다는 것이다.

『소요장엄론』에 따르면 기지가행의 16지상은 모두가 각각 보살의 기지가행이다. 이렇게 볼 경우엔 16지상 중에 예를 들어 '비실재임을 아는 지혜' 등은 '비실재의 지각을 바탕으로 한 지혜' 따위로 달리 해석해야 한다. 왜냐하면 공성은 기지의 행상에 속하지 않으므로 기지가행의 지각대상이 아니기 때문이다.

보살의 가행이 표상되는 방식에 대한 두 주석서의 해석 차이는 이하 도지가행의 지상, 일체종지가행의 지상, 작용상도 마찬가지다.

⑭, ⑮번 지상에서 '동요하는 견해 등의 외도의 악견'이란 부처님이 대답하지 않은 열네 가지 외도의 질문에 내포된 악견을 의미한다. 부처님이 대답하지 않은 열네 가지를 14무기(無記)라 하며, 다음과 같다.

① 개아와 세계는 영원한가?

② 개아와 세계는 무상한가?

③ 개아와 세계는 영원하기도 하고 무상하기도 한가?

④ 개아와 세계는 영원하지도 않고 무상하지도 않은가?

⑤ 개아와 세계는 유한한가?

⑥ 개아와 세계는 무한한가?

⑦ 개아와 세계는 유한하기도 하고 무한하기도 한가?

⑧ 개아와 세계는 유한하지도 않고 무한하지도 않은가?

⑨ 여래는 사후에 존재하는가?

⑩ 여래는 사후에 존재하지 않는가?

⑪ 여래는 사후에 존재하기도 하고 존재하지 않기도 한가?

⑫ 여래는 사후에 존재도 비존재도 아닌가?

⑬ 개아와 육체는 같은 것인가?

⑭ 개아와 육체는 다른 것인가?

부처님이 이 질문들에 대답하지 않은 이유는, 외도들이 독립적인 실체로서의 자아를 전제로 질문하고 있음을 알고서, 그들이 독립적인 실체로서의 자아가 없음을 설해도 될 근기는 되지 않고, 그렇다고 잘못된 전제를 그대로 받아들인 채로 대답하는 것은 오류가 될 뿐만 아니라 아집을 키워주는 결과를 가져오므로 대답하지 않은 것이라 한다.

16번 게송의 2행에서 '동요 등의 악견'이란 14무기에 내포된 외도의 악견을 동요하는 악견, 거두는 악견, 늘어놓은 악견, 움츠린 악견 등의 네 가지로 분류한 것을 말한다.

동요하는 악견은 독립적인 실체로서의 자아와 세계가 영원하다는 견해, 그 두 가지가 무한하다는 견해, 독립적인 실체로서의 여래가 사후에 존재한다는 견해, 독립적인 실체로서의 자아와 육체가 같은 것이라는 견해, 그 두 가지가 다른 것이라는 견해 등의 다섯 가지이다.

거두는 악견은 독립적인 실체로서의 자아와 세계가 무상하다는 견해, 그 두 가지가 유한하다는 견해, 독립적인 실체로서의 여래가 사후에 존재하지 않는다는 견해 등의 세 가지이다.

늘어놓은 악견은 독립적인 실체로서의 자아와 세계가 영원하기도 하고 무상하기도 하다는 견해, 그 두 가지가 유한하기도 하고 무한하기도 하다는 견해, 독립적인 실체로서의 여래가 사후에 존재하기도 하고 존재하지 않기도 하다는 견해 등의 세 가지이다.

움츠린 악견은 독립적인 실체로서의 자아와 세계가 영원하지도 무상하지도 않다는 견해, 그 두 가지가 유한하지도 무한하지도 않다는 견해, 독립적인 실체로서의 여래가 사후에 존재하는 것도 존재하지 않는 것도 아니라는 견해 등의 세 가지이다.

동요하는 악견 중의 앞의 세 가지와 마지막은 상키야(수론파)의 견해이고, 네 번째 것은 와이셰시까(승론파)의 견해이다.

거두는 악견 세 가지는 모두 순세파의 견해이다.

늘어놓은 악견 세 가지는 모두 자이나교의 견해이다.

움츠린 악견 세 가지는 모두 부파불교 내의 독자부의 견해이다.

18. 공한 성품, 무상(無相)과,

  철저하게 원(願)을 여읨과,

  무생, 무멸 등의 성상들,

  법성에는 잡란 없음과,

19. 무조작과, 무분별,

구분, 성상 없음 등

이것들을 도지가행의

지상으로 본다네.

이것은 다음과 같이 도지가행을 표상하는 16지상을 열거한 것이다.

① 공성을 아는 지혜.('공한 성품'이 나타냄)

② 무상(無相)을 아는 지혜.(무상)

③ 무원(無願)을 아는 지혜.(원을 여읨)

④ 발생의 비실재성을 아는 지혜.(무생)

⑤ 소멸의 비실재성을 아는 지혜.(무멸)

⑥ 번뇌의 비실재성을 아는 지혜.(무멸 등의 성상들)

⑦ 청정법의 비실재성을 아는 지혜.(무멸 등의 성상들)

⑧ 제거대상의 비실재성을 아는 지혜.(무멸 등의 성상들)

⑨ 무자성을 아는 지혜.(무멸 등의 성상들)

⑩ 기반의 비실재성을 아는 지혜.(무멸 등의 성상들)

⑪ 진여의 본성이 허공과 같음을 아는 지혜.(무멸 등의 성상들)

⑫ 법성에 잡란이 없음을 아는 지혜.(법성에는 잡란 없음)

⑬ 법성은 조작된 것이 아님을 아는 지혜.(무조작)

⑭ 가립하여 분별한 대상들의 비실재성을 아는 지혜.(무분별)

⑮ 일체법의 성상을 속제의 차원에서 구분할 줄 아는 지혜.(구분)

⑯ 일체법의 성상의 비실재성을 아는 지혜.(성상 없음)

20. 여래의 법 의지해
    머무는 것, 공경과,
    스승 삼기, 받들기,
    헌공, 행위 없음과,

21. 모든 것을 향한 지혜와,
    볼 수 없는 것을 보여주는 것,
    이 세상의 공한 행상과,
    설법, 알게 하고, 현증시키고,

22. 부사의와, 적정 설하고,
    세간, 생각 배격하는 등
    이것들을 일체종지가행의
    지상으로 설명한다네.

이것은 다음과 같이 일체종지가행을 표상하는 16지상을 열거한 것이다.

① 여래의 법에 의한 현법낙주를 아는 지혜.('여래의 법 의지해 머무

는 것'이 나타냄)

② 반야바라밀을 공경 대상으로 아는 지혜.(공경)

③ 반야바라밀을 스승으로 아는 지혜.(스승 삼기)

④ 반야바라밀을 받들 대상으로 아는 지혜.(받들기)

⑤ 반야바라밀을 공양 대상으로 아는 지혜.(현공)

⑥ 공경 등의 모든 행위의 비실재성을 아는 지혜.(행위 없음)

⑦ 여래의 지혜가 일체법에 걸림 없음을 아는 지혜.(모든 것을 향한 지혜)

⑧ 실체를 볼 수 없음을 반야바라밀이 궁극적 실상으로 설함을 아는 지혜.(볼 수 없는 것을 보여주는 것)

⑨ 세상의 공한 행상을 아는 지혜.(이 세상의 공한 행상)

⑩ 반야바라밀이 교화 대상들에게 세상의 비실재성을 설함을 아는 지혜.(설법)

⑪ 반야바라밀이 세상의 비실재성을 수혜(修慧)를 통해 깨닫게 함을 아는 지혜.(알게 하고)

⑫ 반야바라밀이 세상의 비실재성을 직관하도록 함을 아는 지혜.(현증시키고)

⑬ 법성이 사유를 초월함을 반야바라밀이 설함을 아는 지혜.(부사의)

⑭ 승의제가 희론을 여의었음을 반야바라밀이 설함을 아는 지혜.(적정 설하고)

⑮ 반야바라밀이 세상의 실재성을 배격함을 아는 지혜.(세간 배격)

⑯ 반야바라밀이 취사의 실재성을 배격함을 아는 지혜.(생각 배격)

(2) 보살가행의 수승상(殊勝相)

23. 부사의와 같은 특성을 통해
    진리 대상으로 하는 수승한
    십육 찰나들에 의해서
    수승상을 설명한다네.

이것은 보살가행의 두 번째 성상인 수승상에 대한 총괄적인 설명이다.

사성제를 소연으로 하는 견도의 16찰나를 보기로 놓고, 부사의 등의 수승한 특성을 통해서 보살의 가행이 성문과 독각의 가행보다 수승하다는 성상을 설명한다고 하였다.

견도의 16찰나를 보기로 놓고 설명한다고 하였지만, 일반적으로 대승자량도에서 최후무간도까지의 모든 도지가행과 일체종지가행에 수승상을 적용한다고 본다.

보살의 기지가행을 수승상에서 제외한 이유는, 보살의 기지가행역시 성문과 독각의 가행보다 수승하기는 하지만, 기지가행이 있다는 점 자체는 성문, 독각도 마찬가지이기 때문이다.

앞서 지상을 설한 목적이 보살가행의 본질적인 의미를 이해하도록 하기 위해서였다면, 수승상을 설한 목적은 일체종지를 추구하는 수행자는 소승이 아닌 대승의 길로 들어가야 함을 이해하도록 하기 위해서다.

24. 부사의와, 부등(不等)과,

    헤아림과 수량 초월함,

    모든 성자 수렴, 현자의

    식별 대상, 불공(不共)의 앎과,

25. 빠른 지각, 무증감,

    수행, 바른 성취와,

    소연, 기반 가진 것,

    모든 것과, 철저한 호지,

26. 맛을 보지 않는 등

    열여섯 가지의 특성이

    다른 모든 길에 비해서

    수승하여 수승도라네.

이것은 도지가행과 일체종지가행의 수승상에 대한 설명이다.
다음과 같은 열여섯 가지가 있다.

ㄱ. 고법인 등의 네 찰나의 수승상

① 부사의함.('부사의'가 나타냄)

② 비할 데가 없음.(부등)

③ 헤아림을 초월함.(헤아림 초월)

④ 수량을 초월함.(수량 초월)

ㄴ. 집법인 등의 네 찰나의 수승상

⑤ 모든 성자의 공덕이 수렴됨.(모든 성자 수렴)

⑥ 현자에 의해 식별되는 대상.(현자의 식별 대상)

⑦ 성문, 독각 등의 인식대상이 아닌 대상을 지각함.(불공의 앎)

⑧ 신속한 성취.(빠른 지각)

ㄷ. 멸법인 등의 네 찰나의 수승상

⑨ 세속과 승의의 일체법에 손감과 증익이 없음.(무증감)

⑩ 삼륜청정에 의한 바라밀수행.(수행)

⑪ 바른 가행에 의한 복덕자량과 지혜자량의 성취.(바른 성취)

⑫ 무분별의 상태로 일체법을 소연함.(소연)

ㄹ. 도법인 등의 네 찰나의 수승상

⑬ 법성이 보살 수행의 기반이 됨.(기반 가진 것)

⑭ 십바라밀 완성의 원인을 갖춤.(모든 것)

⑮ 선지식의 방편에 의해 호지됨.(철저한 호지)

⑯ 집착의 맛봄이 없음.(맛을 보지 않는)

『소요장엄론』에서는 첫 번째 수승상인 부사의함을 고법인이 고제의 법성의 부사의함을 지각한다는 뜻으로 해석한다. 만약 이와 같이

16수승상을 16찰나들의 지각내용으로 해석할 경우 처음 네 가지는 모두 설명이 가능하지만, 이하의 수승상들은 설명하기가 어려워진다. 왜냐하면 여러 번 설명하였듯이 대승견도의 16찰나는 모두 오직 공성만을 지각하는 상태이고, 예를 들어 집법인은 집제의 공성을 지각하는 것으로 설명해야 하는데 '모든 성자의 공덕이 수렴됨' 등을 여기에 꿰어 맞추기가 어렵기 때문이다. 그래서인지 『소요장엄론』과 그 주석서들은 이 문제에 대해 아무런 설명의 시도조차 하지 않고 넘어간다.

『선설금만소』에서는 16수승상을 간략하게 열거하며 각각에 해당하는 경전의 구절을 인용하였을 뿐 자세한 설명은 없다.

『선설금만소』의 다음 구절을 한 번 보자.

고제를 대상으로 한 법인 등의 네 찰나의 특성이다. 무엇인가 하면 부처의 네 가지 지혜의 원인이 되고 분별의 인식대상을 벗어나므로 부사의하고, 비할 수 있는 대등한 것이 없으므로 부등이고…….

이것은 '부사의함'이 고법인이 고제의 법성의 부사의함을 지각한다는 뜻이 아니라 고법인 자체가 부사의하다는 의미로 설한 것처럼 보인다.

이번엔 『선설금만소』와 『소요장엄론』 양쪽에서 똑같이 인용한 다음의 경전 구절을 한 번 보자.

이 반야바라밀은 부사의한 행위와, 대등한 것이 없는 행위와, 헤아릴 수 없는 행위와, 수량이 없는 행위와, 대등하지 않은 것과 대등한 행위에 의해 머무느니라.

이와 같이 인용한 구절들을 보면 고법인이 부사의하다는 의미이지, 고법인이 부사의를 지각한다는 뜻으로는 보기 어렵다.

(3) 보살가행의 작용상(作用相)

27. 이익, 안락, 구제와,
    사람들의 귀의처,
    지위, 우군(友軍), 육지와,
    철저하게 이끌기,

28. 자연성취, 삼승의
    과위 실현하지 않음과,
    기반 되는 행업 등
    이것들이 작용상이네.

이것은 보살가행의 세 번째 성상인 작용상에 대한 설명이다.
다음과 같은 열한 가지가 있다.

ㄱ. 기지가행의 작용상

① 중생을 해탈의 안락으로 인도하는 작용.('이익'이 나타냄)

② 현생의 안락으로 인도하는 작용.(안락)

③ 윤회의 고로부터 구제하는 작용.(구제)

ㄴ. 도지가행의 작용상

④ 모든 불행과 두려움으로부터 벗어난 열반으로 인도하는 작용.(귀의처)

⑤ 고의 원인을 제거한 지위로 인도하는 작용.(지위)

⑥ 윤회와 열반의 평등성을 깨닫는 지혜로 인도하는 작용.(우군)

⑦ 욕망의 바다에서 벗어난 해탈의 육지로 인도하는 작용.(육지)

⑧ 일시적이거나 궁극적인 모든 이타행을 통해 중생을 철저하게 이끌어주는 작용.(철저하게 이끌기)

⑨ 중생을 위한 이타행이 애씀 없이 자연스럽게 이루어지도록 하는 작용.(자연성취)

⑩ 본원을 완전히 이루고, 중생을 성숙시키고, 불토를 정화하는 이 세 가지를 이루기 전까지는 열반을 성취하지 않는 작용.(삼승의 과위 실현하지 않음)

ㄷ. 일체종지가행의 작용상

⑪ 일체법을 자재하게 설할 수 있게 하는 작용.(기반되는 행업)

보살가행의 작용상을 설한 목적은 보살의 가행이 일체중생을 구제하기 위한 능력을 성취하게 하는 힘이 있음을 알게 하여 일체중생

구제를 목표로 하는 이들이 보살가행의 수행에 들어가 정진하도록
하기 위함이다.

(4) 보살가행의 자성상(自性相)

29. 번뇌, 표징, 표상과,
    이품들과 대치법들의
    적정, 어려움과, 확정과,
    구경목표, 무소연,

30. 집착들의 배격과,
    소연이라 하는 것,
    불일치와, 걸림 없음과,
    무기반과, 부동, 무생과,

31. 진여 소연하지 않음 등
    열여섯 가지의 자성이
    규정대상처럼 표상되므로
    네 번째의 성상으로 본다네.

    이것은 보살가행의 네 번째 성상인 자성상에 대한 설명이다.

다음과 같은 열여섯 가지가 있다.

ㄱ. 기지가행의 자성상

① 탐착 등의 번뇌를 제거하는 보살가행.('번뇌'가 나타냄)

② 번뇌의 표징인 몸의 나쁜 습기를 제거하는 보살가행.(표징)

③ 번뇌의 원인의 표상인 비합리적인 작의를 제거하는 보살가행.(표상)

④ 번뇌와 대치법의 비실재성의 지각을 바탕으로 한 보살가행.(이품들과 대치법들의 적정)

ㄴ. 도지가행의 자성상

⑤ 무량중생을 열반으로 인도하는 어려운 임무를 수행하는 보살가행.(어려움)

⑥ 다른 길로 가지 않고 반드시 성불을 목표로 수행하는 보살가행.(확정)

⑦ 세 가지 구경목표를 위해 수행하는 보살가행.(구경목표)

⑧ 수행의 대상과 주체의 무소연 즉, 공성을 지각하는 보살가행.(무소연)

⑨ 모든 실집을 배격하는 보살가행.(집착들의 배격)

ㄷ. 일체종지가행의 자성상

⑩ 기지와 도지의 대상에 포함되는 기반과 도를 소연한 보살가

행.(소연이라 하는 것)

⑪ 세간에서 실재로 집착하는 것과 반대로 나타내므로 세간과 불
   일치한 보살가행.(불일치)

⑫ 색 등을 걸림 없이 지각하는 보살가행.(걸림 없음)

⑬ 일체법이 승의에서 기반이 없음을 지각하는 보살가행.(무기반)

⑭ 오고 감이 승의에서 성립하지 않음을 지각하는 보살가행.(부동)

⑮ 발생의 비실재성을 지각하는 보살가행.(무생)

⑯ 유위법과 무위법이 모두 진여(승의)에서 성립하지 않음을 지각
   하는 보살가행.(진여 소연하지 않음)

이 열여섯 가지 보살가행이 지상, 수승상, 작용상 등의 세 가지
성상에 의해서 규정되는 대상으로 표상되기 때문에 이러한 보살가
행들 자체도 네 번째 성상에 포함시켜 자성상이라고 하였다.

자성상을 설한 목적은 지상, 수승상, 작용상에 의해 규정되는 대
상이 무엇인가를 확고히 하기 위해서다.

6) 대승 순해탈분

32. 무상(無相), 보시바라밀 등을
    올바르게 수행함에 능숙한 것이
    일체원만현증 중에서

순해탈분이라 말하네.

이것은 원만가행을 나타내는 11법 중의 여섯 번째인 '대승 순해탈분(順解脫分)'에 대한 설명이다. 순해탈분이란 자량도와 동의어이다.

일체원만현증 즉, 원만가행을 설하고 있는 이 시점에서, 상(相)의 비실재성의 지각을 바탕으로 보시바라밀에서 일체종지까지의 대승의 수행에 능숙한 이 단계를 성불을 위한 삼대무량겁의 수행길이 시작되는 대승의 순해탈분이라 말한다고 하였다.

이름을 풀이하면, 번뇌장이 완전히 제거된 열반이 해탈이고, 변계와 구생의 두 가지 번뇌장 중에서 변계번뇌장이 제거된 것을 해탈분이라 하며, 그 해탈분으로 연결된 길에 처음으로 들어선 단계이므로 순해탈분이라 한다.

이 논서는 대승의 상근기를 대상으로 하므로 여기서 설한 대승자량도는 공성의 지각을 바탕으로 하지만, 일반적으로 대승의 하근기는 공성을 지각하기 전에 보리심을 먼저 일으키므로 대승자량도 소품까지는 공성을 지각하지 못한 보살이 존재한다.

자량도는 소품, 중품, 대품 등의 세 단계로 나뉜다. 대승자량도 소품에서는 보리심이 일어나긴 했지만 아직 확고하지 않은 상태이고, 중품은 보리심이 확고하게 된 단계이며, 공성을 대상으로 지(止)가 완성되는 순간 대품으로 넘어간다. 대품에서는 공성을 대상으로 관(觀)을 수행하며, 공성을 대상으로 한 관이 완성되는 순간 대승가행도가 성취된다.

그러나 이렇게 공성을 대상으로 한 지관의 완성에 따라 단계를 구분하는 방식은 소승도를 거치지 않고 처음부터 대승도로 들어간 경우이고, 소승아라한을 성취한 이후 대승도에 들어간 경우엔 소승도에서 이미 지관쌍수에 통달하였기 때문에 공성을 이해하기만 하면 곧 바로 공성을 대상으로 한 지관이 손쉽게 성취되므로 이러한 경우엔 복덕자량을 얼마나 쌓았는가에 따라서 단계가 구분된다.

대승자량도가 최초로 일어나는 몸기반과 마음기반은 대승발심의 경우와 같다. 왜냐하면 대승발심이 최초로 일어나는 순간이 바로 대승자량도에 최초로 들어가는 순간이기 때문이다.

33. 부처 등에 대한 신심과,

　　보시 등의 정진과,

　　원만하게 생각하는 억념과,

　　무분별의 사마디,

34. 일체법을 모든 면에서

　　아는 지혜 등의 다섯 가지의

　　근기 수승한 자 원만한 보리

　　성취하기 쉽고 둔근기는 어렵네.

불법승 삼보에 귀의, 보시 등의 바라밀 수행의 정진, 원만한 생각인 보리심, 무분별정(無分別定), 승의와 세속의 2제를 올바로 분별하는 지혜 등은 대승도를 모두 수렴하는 다섯 가지 큰 틀이다. 이러한 것들의 근기가 수승한 자는 상대적으로 부처의 위없는 원만보리를 성취하기 쉽고, 둔한 근기는 성취하기 어렵다.

7) 대승 순결택분

35. 난위 등은 일체중생을
    소연하는 까닭으로 찬탄을 하고
    유정들에 대한 평등심 등의
    열 가지로 설명한다네.

36. 자기 자신 죄업에서 돌아서
    보시 등에 머무르면서
    타인들을 그와 같이 이끌고
    찬탄, 화합하여 정위가 되며

37. 그와 같이 인위는
    자타 기반으로 진리를 알고
    세제일법위는 중생을
    성숙시키는 등으로 이해한다네.

이것은 원만가행을 나타내는 11법 중의 일곱 번째인 '대승 순결택분(順抉擇分)'에 대한 설명이다. 순결택분이란 가행도와 동의어이다.

자량도에 이어 그 다음 단계인 가행도를 설함에 있어서, 지혜와 방편 두 가지 중에서 여기서는 주로 방편의 측면에서 설하고 있다.

대승가행도의 난위에서 보살은 일체중생을 대상으로 평등심 등의 열 가지를 명상한다고 경전에서 찬탄하고 설명하였으며, 그 열 가지란 다음과 같다.

① 중생을 대상으로 좋아하고 싫어하는 편애를 버린 평등심, ② 중생을 사랑스럽게 보는 자애심, ③ 중생을 이롭게 하고자 하는 마음, ④ 중생에 대한 미움과 성냄을 버림, ⑤ 중생에게 해를 끼치려는 악의를 버림, ⑥ 나이 많은 중생을 부모로 생각함, ⑦ 비슷한 연령의 중생을 형제자매로 생각함, ⑧ 나이 어린 중생을 아들딸로 생각함, ⑨ 중생을 지우(知友)로 생각함, ⑩ 중생을 친척으로 생각함.

난위 다음으로 정위에서는 자기 자신이 악업을 멀리하고, 보시 등의 선업을 쌓으며, 타인 역시 선업으로 이끌고, 선업을 쌓는 중생에게 찬탄하고, 수희한다고 하였다.

정위 다음으로 인위에서는 자기 자신이 사성제의 취사를 올바르게 수행하고, 타인 역시 사성제의 올바른 취사로 이끌고, 사성제의 취사를 올바로 수행하는 중생에게 찬탄, 수희한다고 하였다.

인위 다음으로 세제일법위에서는 자신의 내면을 성숙시키고, 타인 역시 성숙되도록 이끌고, 성숙된 자를 해탈로 인도한다고 하였다.

일체중생을 소연한다는 것은 난위 뿐만 아니라 정위, 인위, 세제
일법위 모두 마찬가지다.

8) 불퇴전의 표징을 얻은 보살

38~59번 게송은 원만가행을 나타내는 11법 중의 여덟 번째인 '불퇴
전의 표징을 얻은 보살'에 대한 설명이다.

38. **결택지(決擇支)를 비롯해**
    견도, 수도 등의 단계에
    머무르는 보살이
    불퇴전의 대중이라네.

불퇴전의 표징을 얻은 보살에는 가행도(결택지), 견도, 수도 등에
머무는 세 종류의 보살이 있다.

여기서 불퇴전이란 대승도에서 퇴락하지 않는 것을 의미하고, 그
것은 곧 보리심을 버리지 않는다는 말과 같다. 좀 더 자세히 설명하
면, 동기의 측면에서는 자기 혼자만의 해탈을 추구하는 생각이 일어
날 가능성이 소멸된 것이고, 수행의 측면에서는 공성의 지각과 대승

발심 두 가지가 확고하게 된 것이다.

그렇다면 어떤 보살이 어떤 단계에서 불퇴전의 표징을 얻는가 하면, 상근기의 보살은 가행도 난위에서 불퇴전의 표징을 얻고, 중근기는 견도에서 얻으며, 아무리 못한 하근기라도 보살 8지에서는 반드시 표징을 얻는다고 한다.

불퇴전의 표징에는 가행도에서 얻는 표징 스무 가지, 견도에서 얻는 표징 열여섯 가지, 보살 8지에서 얻는 표징 여덟 가지 등이 있다. 아래 게송들에서 차례로 설명된다.

39. 색 등으로부터 돌아서는 등
    스무 가지 표징으로 말하는
    결택지에 머무는
    불퇴전의 성상은

대승가행도 난위에서 얻는 불퇴전의 표징에는 색 등을 대상으로 실집을 배격하는 등의 스무 가지가 있으며, 네 단계 각각으로 다시 분류하면 난위에 열한 가지, 정위에 여섯 가지, 인위에 두 가지, 세제일법위에 한 가지가 있다.

40. 색 등으로부터 돌아섬,

의심, 팔무가가 다하고,

자기 자신 선에 머물며

타인 역시 선업으로 이끌고,

41. 타인 바탕으로 하는 보시 등,

깊은 뜻에 의심 없음과,

자애로운 신업 등,

오개 친근하지 않음과,

42. 모든 습기 부수고,

억념, 살핌 갖추고,

의복 등의 청결과,

대승가행도 난위에서 얻는 불퇴전의 열한 가지 표징은 다음과 같다.

① 색 등을 대상으로 한 변계실집의 현행 배격.('색 등으로부터 돌아
   섬'이 나타냄)

② 삼보에 대한 의심의 현행 배격.(의심 다하고)

③ 팔무가(八無暇)에 태어나지 않음.(팔무가가 다하고)

④ 자타를 선법으로 인도.(자기 자신 선에 머물며 타인 역시 선업으로
   이끌고)

⑤ 선업의 과보를 타인에게 회향한 채로 행하는 보시 등.(타인 바

탕으로 하는 보시 등)

⑥ 심오한 공성의 뜻에 의심이 없음.(깊은 뜻에 의심 없음)

⑦ 자애를 바탕으로 한 몸과 말과 마음의 삼업.(자애로운 신업 등)

⑧ 탐욕의 덮임, 악의의 덮임, 혼침과 잠의 덮임, 산란과 후회의 덮임, 의심의 덮임 등의 다섯 가지 덮임을 멀리함.(오개 친근하지 않음)

⑨ 무명과 악견 등의 모든 습기를 제거함.(모든 습기 부수고)

⑩ 억념과 살핌을 갖춤.(억념, 살핌 갖추고)

⑪ 의복과 거처 등이 청결함.(의복 등의 청결)

① 번에서 현행을 배격한다는 것은 마음에 직접 일어나지 못하게 한다는 말이다. 반면 변계실집의 잠재적 씨앗까지 완전하게 제거되는 것은 견도의 해탈도이다.

② 번 역시 삼보에 대한 의심의 잠재적 씨앗까지 완전히 제거되는 것은 견도의 해탈도이며, 여기서는 마음에 일어나지 못하게 하는 정도이다.

③ 번에서 팔무가란 다른 말로 팔난이라고도 하며, 지옥, 아귀, 축생, 장수천, 불법이 없는 변방, 감관이나 신체의 장애, 전도견, 부처님이 세상에 안 계신 때 등을 가리킨다.

⑨ 번에서 무명의 습기를 제거한다는 것은 완전히 제거된 상태를 말하는 것이 아니고 제거하고 있는 과정을 말하고 있는 것으로 생각된다. 왜냐하면 무명의 습기가 제거되면 성불한 것이기 때문이다.

몸에 벌레 생기지 않고,

43. 교활함이 없는 마음과,

     두타행과, 인색하지 않음 등,

     법성 갖춘 채로 행하고,

     중생 위해 지옥 향하고,

대승가행도 정위에서 얻는 불퇴전의 여섯 가지 표징은 다음과 같다.

① 몸에 팔만 종류의 벌레가 생기지 않음.('몸에 벌레 생기지 않고'가
   나타냄)

② 마음의 교활함이 없음.(교활함이 없는 마음)

③ 열두 가지 두타행에 머묾.(두타행)

④ 육바라밀과 상반되는 인색함과 범계 등의 허물이 없음.(인색하
   지 않음 등)

⑤ 공성을 지각한 반야바라밀의 지혜를 갖춘 채로 행위.(법성 갖춘
   채로 행하고)

⑥ 중생 구제를 위해 지옥행조차 감수하는 마음.(중생 위해 지옥 향하고)

44. 다른 것에 이끌리지 않으며,

     다른 길로 인도하는 마군을

마군으로 알아차리고,

부처님을 만족하게 하는 행위 등

대승가행도 인위에서 얻는 불퇴전의 두 가지 표징은 다른 길을
설하는 자에 의해 현혹되지 않는 것과, 그릇된 길로 인도하는 마(魔)
를 마로 알아차리는 것이다.

세제일법위에서 얻는 표징은 몸과 말과 마음의 모든 행위를 통해
부처님을 기쁘게 하는 것이다.

45. 스무 가지 표징에 의해

    난위, 정위, 인위와,

    세제일법위에 머무는 이는

    원만보리에서 물러남이 없다네.

이상에서 열거한 스무 가지가 바로 상근기의 보살이 난위, 정위,
인위, 세제일법위 등의 가행도 단계에서 얻는 불퇴전의 표징 즉, 부
처의 원만보리를 향한 대승도에서 퇴락할 가능성이 영원히 제거되
었다는 표시들이다.

46. 견도에서 인지(忍智)의

열여섯의 찰나를

불퇴전의 보살의

성상으로 알아야 하네.

　　이것은 대승견도에서 얻는 불퇴전의 표징에 대한 총괄적 설명이다.

　　견도의 인(忍)과 지(智)의 16찰나로 인해 생겨난 후득위에서의 몸과 말의 특별한 모습들이 중근기의 보살이 견도의 단계에서 얻는 불퇴전의 표징이라는 의미다.

　　게송에서는 견도 16찰나들이 불퇴전의 표징이라고 말한 것처럼 보이지만, 견도 16찰나는 공성을 대상으로 일념집중된 근본지이기 때문에 범부가 그것을 대상으로 불퇴전의 표징으로 알 수도 없고, 또 아래 게송들에서 열거될 표징들을 보면 견도 16찰나 자체를 가리키는 것으로는 결코 볼 수 없는 것들이 있다. 또 만약 견도 16찰나가 불퇴전의 표징이라면 대승 견도의 16찰나를 성취한 보살은 무조건 불퇴전의 표징을 얻은 것이 되므로 하근기 보살은 보살 8지에서야 표징을 얻는다는 주장과 모순된다.

　　그러므로 견도 16찰나로 인해 생겨난 후득위에서의 몸과 말의 특별한 모습들을 가리켜서 견도 16찰나라 부른 것으로 해석하는데, 왜냐하면 그와 같이 가명으로 부른 이유와 목적, 달리 해석할 경우의 모순 등이 있기 때문이다.

　　모순은 바로 앞에서 설명한 바와 같다. 이유는 그것들이 견도 16찰나로 인해 생겨났기 때문에 원인의 이름을 결과에 붙인 것이다.

비유하면 햇빛이 든 것을 해가 들었다고 말하는 경우와 같다.

　목적은 견도 후득지는 중생 교화의 목적 이외에는 항시 근본지의 지각과 일치하는 상태임을 알도록 하기 위해서다.

47.　색 따위의 생각 물리침,

　　　굳은 마음, 소승도에서

　　　멀리함과, 선정 등의 지분을

　　　완전하게 고갈시키고,

48.　몸과 마음 가볍고,

　　　원하는 것 얻는 뛰어난 방편,

　　　끊임없는 범행과,

　　　철저하게 청정한 생계,

49.　오온 등과, 장애와,

　　　자량들과, 근(根) 등의 투쟁,

　　　인색 등에 대해서

　　　결합하고 또 결합하는

50.　머묾 각각으로 배격함,

　　　법의 소연 추호도 없고,

확고하게 자신의 지위
세 가지에 머묾과,

51. 법을 위해 목숨 버리는
    이와 같은 십육 찰나가
    지혜로운 견도 단계의
    불퇴전의 표징이라네.

대승견도에서 얻는 불퇴전의 열여섯 가지 표징은 다음과 같다.

ㄱ. 고제를 기반으로 한 표징

① 색 등을 대상으로 변계실집을 배격.('색 따위의 생각 물리침'이 나타냄)

② 세속과 승의의 견고한 두 가지 보리심.(굳은 마음)

③ 성문승과 독각승에서 마음을 돌림.(소승도에서 멀리함)

④ 선정과 무색정 등을 성취했음에도 그것들에 지배되어 환생하는 원인을 완전히 제거.(선정 등의 지분을 완전하게 고갈)

ㄴ. 집제를 기반으로 한 표징

⑤ 몸과 마음이 지극히 가벼운 경안을 갖춤.(몸과 마음 가볍고)

⑥ 세간에 머물더라도 탐욕과 집착 없이 원하는 것을 이루는데 방편이 뛰어남.(원하는 것 얻는 뛰어난 방편)

⑦ 항시 범행(梵行)에 머묾.(끊임없는 범행)

⑧ 청정한 생활 물자.(철저하게 청정한 생계)

ㄷ. 멸제를 기반으로 한 표징

⑨ 오온, 십이처, 십팔계 등에 대한 실집과 이후의 실집을 각각으로 배격.(오온 등에 대해서 결합하고 또 결합하는 머묾 각각으로 배격)

⑩ 멸제의 장애들에 대한 실집과 이후의 실집을 각각으로 배격.(장애에 대해서 결합하고 또 결합하는 머묾 각각으로 배격)

⑪ 보리의 자량인 보시 등에 대한 실집과 이후의 실집을 각각으로 배격.(자량들에 대해서 결합하고 또 결합하는 머묾 각각으로 배격)

⑫ 근(根), 근의 기반, 근의 대상, 식(識) 등에 대한 실집과, 그것들을 비실재로 지각하는 지혜가 서로 제거대상과 대치법으로서 투쟁함에 대한 실집과 이후의 실집을 각각으로 배격.(근 등의 투쟁에 대해서 결합하고 또 결합하는 머묾 각각으로 배격)

ㄹ. 도제를 기반으로 한 표징

⑬ 인색함과 범계 등에 대한 실집과 이후의 실집을 각각으로 배격.(인색에 대해서 결합하고 또 결합하는 머묾 각각으로 배격)

⑭ 도(道), 과위, 보리 등의 법에 대해 실재를 전혀 소연하지 않음.(법의 소연 추호도 없고)

⑮ 삼종지 수행으로 성취한 자신의 지위에 확고히 머묾.(확고하게 자신의 지위 세 가지에 머묾)

⑯ 일체종지 등의 법을 이루기 위해 목숨까지 바침에 주저함이

없음.(법을 위해 목숨 버리는)

52. 수도 심오하다 하는 까닭은

그 대상인 공성 심오하여서

증익, 손감 두 가지의 극단을

벗어났기 때문이라네.

견도에서 얻는 불퇴전의 표징에 대한 설명에 이어서 이제 수도에서 얻는 표징을 설할 차례인데, 그에 앞서 먼저 수도에 대한 설명을 시작한다.

대승의 수도는 심오하다. 왜냐하면 심오한 공성을 지각하기 때문이다. 공성이 심오한 이유는 증익과 손감의 양변을 여의었기 때문이다.

공성이 증익을 여읜 까닭은 실재가 아니기 때문이며, 손감을 여읜 까닭은 일반적으로 엄연히 존재하기 때문이다.

53. 결택지와, 견도와,

수도 등을 통해서

반복해서 사유하고, 헤아려

확고하게 지각 수습하는 길.

54. 연속적인 까닭으로 수도는

소품, 중품, 대품을

소(小)의 소(小) 등으로 나누어

모두 구품으로 승인한다네.

가행도(결택지)와 견도에서 지각하고 명상한 대상을 반복해서 지각하고 명상하여 도달한 수도는 연속적인 명상을 통해 확고한 지각과 경지를 심화시키는 단계이므로 소, 중, 대의 3품을 각각 다시 소, 중, 대로 나누어 모두 9품으로 설정한다.

55. 무량 등을 설하신 것은

승의에서 불가하지만

세속에서 자비심의 등류(等流)로

능인께서 승인하시네.

대승수도에 무량한 과보가 있다고 설한 경전 말씀은 승의에서 성립하지 않지만, 세속적 차원에서 즉, 일반적인 사실로서는 부처님이 인정하는 바이다.

대승수도의 무량한 과보에 대해 설하신 이유가 무엇인가 하면, 그러한 경전 말씀은 부처님의 자비심의 등류과(等流果)로서, 중생으로 하여금 대승 수도에 대한 신심과 욕구를 일으키도록 하기 위해서다.

등류과란 원인과 비슷한 모습의 결과라는 의미다.

등류과에는 용(用)등류과와 수(受)등류과의 두 종류가 있다. 전자
는 예를 들어 살생을 많이 하던 사람이 다른 생에서도 살생을 좋아
하는 경우 등이고, 후자는 살생을 많이 하던 사람이 다른 생에서 단
명하는 경우 등이다.

56. 실체 말할 수가 없음에

　　증감이란 타당하지 않나니

　　수도라는 것에 의해서

　　무엇 쇠퇴하고 무엇 얻는가?

이것은 다음과 같이 승의의 측면에서 반론한 것이다.

"만약 수도가 승의에서 실체가 없다고 주장한다면 증감의 작용
역시 할 수 없으므로 그러한 수도에 의해 무엇인가가 쇠퇴하고 또
무엇인가가 성취된다는 말은 모순이 아닌가?"

57. 깨달음이 그러함과 마찬가지로

　　수도 역시 원하는 뜻 이루며

　　깨달음의 진여성상과 같이

　　수도 역시 같은 성상으로 본다네.

이것은 위의 반론에 대한 답변이다.

부처의 위없는 보리가 승의에서 성립하지 않지만 일반적인 사실에서는 중생구제라는 작용을 하는 것과 마찬가지로 대승의 수도 역시 승의에서 성립하지 않지만 일반적인 사실에 있어서는 소기의 작용을 할 수가 있다.

부처의 보리와 대승수도는 서로 비유가 맞지 않다고 말할 수 없다. 왜냐하면 일반적인 사실에서 작용을 하는 면에서도 마찬가지고, 승의에서 성립하지 않는다는 궁극적 실상 즉, 진여성상 역시 양자가 마찬가지이기 때문이다.

58. 이전 마음으로 보리 이루는 것도

　　이후 마음으로 이루는 것 역시 불합리하며

　　등잔불의 비유로써 알 수 있듯이

　　깊은 법성에는 여덟 가지가 있네.

이것은 세속적 측면에서의 반론과 답변이다.

전반 두 행이 나타내는 반론은 다음과 같다.

"수도에 그와 같이 많은 단계가 있다면 그 중에서 앞의 마음에 의해서 보리가 이루어진다는 것도 불합리하고, 뒤의 마음에 의해서 보리가 이루어진다는 것도 불합리하며, 앞뒤가 모두 함께 보리를 이룬다는 것도 불합리하므로 수도에 의해 어떻게 보리가 이루어질 수 있겠는가?"

이에 대한 답변으로는 후반의 두 행을 설하였다.

등잔불이 이전, 이전의 불과 이후, 이후의 불이 서로 이어져 오래도록 타오르면서 결국 심지를 모두 태워 없애듯이 수도의 단계들 역시 차례로 이어지며 그 결과로서 부처의 보리를 이룬다는 것과 심오한 여덟 가지 법성 또한 이와 같은 비유를 통해 이해할 수가 있다.

여덟 가지 심오한 법성에 대해서는 아래 게송에서 설명한다.

59. 생겨남과, 소멸과,

**　　진여, 지식대상과,**

**　　심식, 행위, 불이(不二)와,**

**　　선교방편 등이 심오하다네.**

하근기 보살이 대승수도에서 얻는 불퇴전의 여덟 가지 표징은 다음과 같다.

① 심오한 발생에 대한 통달 : 이전과 이후의 각각의 마음에 의해 보리가 발생하는 것도 아니고, 이전과 이후의 마음이 함께 보리를 발생시키는 것도 아니며, 그것들과 상관없이 보리가 발생하는 것도 아니지만, 그 마음들에 의해 보리의 인연이 모여 보리가 이루어짐을 통달.

② 심오한 소멸에 대한 통달 : 승의에서 소멸이 없지만 세속적 차

원에서 환과 같이 소멸이 이루어짐을 통달.

③ 심오한 진여에 대한 통달 : 도의 모든 단계에서 지혜로써 진여
를 명상하지만 연민에 의해 진여를 자신의 이익만을 위해 실
현하지 않음을 통달.

④ 심오한 지식대상에 대한 통달 : 일체법이 희론을 여읜 진여의
성상에서는 보시 등의 수행이 성립하지 않지만 세속적 차원
에서 보시 등의 여러 바라밀 수행을 실천함에 통달.

⑤ 심오한 심식에 대한 통달 : 무분별식이 현상적 존재를 보지 않
는 것이 진여를 보는 것임을 통달.

⑥ 심오한 행위에 대한 통달 : 승의에서 행위가 없지만 세속적 차
원에서 보시 등의 행위가 이루어짐을 통달.

⑦ 심오한 불이(不二)에 대한 통달 : 성취되는 대상과 성취하는 주
체의 차별이 승의에서 성립하지 않지만 세속적 차원에서 일
체 도가 성취됨을 통달.

⑧ 심오한 선교방편에 대한 통달 : 세속적 차원에서 복덕자량과
지혜자량을 모두 갖추면서도 그 결과인 성불이 승의에서 성
립하지 않음을 통달.

9) 유적평등성가행

60. 일체법이 꿈과 같은 까닭에

유와 적멸 분별하지 않나니
업이 성립하지 않는다는 따위의
반론에는 답변 이미 설명되었네.

이것은 원만가행을 나타내는 11법 중의 아홉 번째인 '유적평등성
가행(有寂平等性加行)'에 대한 설명이다.

유적평등성가행이란 윤회와 열반의 일체법이 모두 비실재로서
평등함을 무분별정에 의해 직관하여서 사마디에서 일어난 후득위에
서조차 실집이 일어날 가능성을 완전히 소멸시키는 수행이며, 부처
의 삼신 중에서 주로 법신을 성취하는 원인이 된다.

일체법이 비실재임은 경전에서 꿈의 비유를 통해 많이 설하였으
므로 게송 첫 행에서 '일체법이 꿈과 같은 까닭에'라고 하였고, '유와
적멸 분별하지 않나니'라는 것은 윤회와 열반에 대한 실집을 일으키
지 않는다는 말이다.

이와 같이 꿈의 비유를 통해 일체법의 비실재성과 유적평등성가
행에 대해 설한 경전에는 그에 대한 반론과 답변 역시 설해져 있다.
사리자가 반론하고 수보리가 답변하는 형식으로 설해졌지만, 공성
의 가르침을 이해하지 못하고 세속제와 승의제가 서로 모순된다고
생각하는 중생의 오해를 해소하기 위해서 사리자가 알면서도 짐짓
그러한 중생의 입장을 취해 반론하여 수보리로 하여금 설명하도록
한 것으로 보아야 한다.

그렇다면 그러한 반론과 답변이란 어떠한 것인가 하면, 요약해서

다음의 네 가지가 있다.

1) 반론 : "생시에도 업과 과보가 성립하지 않는다. 왜냐하면 업과 과보가 비실재이기 때문이다. 예를 들면 꿈처럼."

답변 : 이것은 유효한 반론이 되지 않는다. 왜냐하면 업과 과보가 성립하지 않는다는 것이 승의에서라면 그대로 인정하는 바이고, 세속적 차원에서라면 논거가 주장을 정당화시키지 못하기 때문이다. (업과 과보가 승의에서 성립하지 않는다는 것은 우리가 이미 주장하고 있는 바이다. 만약 업과 과보가 세속적 차원에서 성립하지 않는다는 말이라면 그것은 업과 과보가 비실재라는 논거에 의해 논증되지 않는다. 왜냐하면 일체법이 비실재이지만 세속적 차원에서는 성립하기 때문이다.)

2) 반론 : "꿈에서도 살생업 등이 성립한다. 왜냐하면 생시와 꿈이 마찬가지이기 때문이다. 만약 그렇다면 비구가 살생하는 꿈을 꾸면 파계가 된다는 결론이 된다."

답변 : 꿈과 생시는 업력의 차이가 있을 뿐, 만약 강력한 집착으로 행하면 꿈의 행위 역시 선악의 업과 과보를 일으킬 수 있다. 그러나 비구가 살생하는 꿈을 꾼다고 해서 파계가 되는 것은 아니다. 왜냐하면 계율과 파계란 부처님께서 정하신 범위를 기준으로 이루어지는 것인데, 꿈에 대해선 정하신 바가 없기 때문이다. (이 부분에서 빼첸 쐬남닥빠는 꿈의 행위 역시 선악의 업이 될 수 있다는 말은 몸과 말과 마음의 삼업 중에서 오직 마음의 업만을 가리킨다고 해석한다.)

3) 반론 : "그와 같이 꿈과 생시 모두에서 업과 과보가 성립된다고 말한다면 그것은 업과 과보가 모두 적정하다고 하신 경전 말씀과 모순된다."

답변 : 경전에서 하신 말씀은 업과 과보가 승의에서 성립하지 않는다는 의미이며, 세속적 차원에서는 업과 과보가 성립하므로 여기엔 모순이 없다.

4) 반론 : "만약 꿈에서도 업과 과보가 성립한다면, 보살이 꿈에서 보시에서부터 반야바라밀까지 수행하여 그 선근을 원만보리에 회향하면 두 가지 자량이 쌓인다는 말인가? 만약 그렇다고 대답한다면 이것은 지극히 불합리한 결론이다. 왜냐하면 꿈의 업과 과보는 정세속조차 아니기 때문이다."

답변 : 이 질문에 대해서는 대보살이신 미륵께서 성불에 한 생을 남겨두고 계시므로 그가 부처님으로 오셨을 때 답변하실 것이다.

네 번째 반론에서 수보리는 직접 답변하지 않고 미륵부처님께 미루는 것처럼 하고 있다. 그러나 실상은 앞의 문답들에서 이미 답변이 이루어진 것으로 본다. 그렇다면 수보리가 미륵불에 답변을 미룬 이유가 무엇인가 하면, 모든 답이 이미 경전에 있으므로 어차피 이해할 사람은 이해하고, 당분간 이해하지 못할 사람은 이해하지 못할 것이며, 부처님들께서 연달아서 세상에 오시는 것에도 뜻이 있음을 나타내기 위해서다.

10) 청정불토가행

61. 유정세간(有情世間) 그러하듯이
　　 청정하지 않은 기세간(器世間)
　　 청정하게 함을 통해서
　　 불토 청정하게 한다네.

이것은 원만가행을 나타내는 11법 중의 열 번째인 '청정불토가행
(淸淨佛土加行)'에 대한 설명이다.

보살 8지에 다다르면 부정한 유정세간과 기세간을 청정하게 하
는 청정불토가행을 성취한다고 하였다.

청정불토가행이란 이전에 쌓아온 선근의 힘이 성숙됨에 따라서
자신이 미래에 성불할 청정한 불국토를 형성해 나가는 삼정지 단계
의 수행이며, 부처의 삼신 중에서 주로 보신의 원인이 된다.

분류하면 유정세간을 정화하는 청정불토가행과 기세간을 정화하
는 청정불토가행 두 가지가 있다.

유정세간을 정화한다는 것은 자신이 미래에 성불할 불국토에 기
갈이나 악업, 삼악도 등이 없도록 하는 것이다.

기세간을 정화한다는 것은 자신이 미래에 성불할 불국토에 가시
나 돌, 벼랑 같은 것이 없도록 하는 것이다.

11) 선교방편가행

62. 대상들에 가행하는 이것은

적들에서 벗어남,

무주(無住), 서원의 위력,

공통되지 않은 성상과,

63. 무탐착과, 무소연,

상(相)과 원(願)의 고갈과,

불퇴전의 표징, 무량 등

열 가지의 선교방편이라네.

이것은 원만가행을 나타내는 11법 중의 마지막 열한 번째인 '선교방편가행(善巧方便加行)'에 대한 설명이다.

첫 행은 '삼해탈문 등 반야바라밀의 대상 열 가지를 직관에 의해 지각하며, 중생을 이롭게 할 수 있는 시기와 그렇지 않은 시기를 아는 삼정지의 이 가행은'이라는 뜻이다.

그 이하는 열 가지의 선교방편가행을 열거하였다.

부처가 되면 윤회계가 다할 때까지 중생구제를 위해 뛰어난 방편을 통한 끊임없는 이타행을 해야 하므로 그러한 능력을 성취하기 위한 선교방편가행이 선행되어야 한다.

그렇다면 선교방편가행이란 어떠한 것인가 하면, 4마(魔)를 대치하고, 애씀 없는 이타행을 성취하는 삼정지 단계의 수행이자, 부처의 삼신 중에서 주로 화신의 원인이 되는 것을 가리킨다. 분류하면 다음의 열 가지가 있다.

① 사마(四魔)를 대치하는 선교방편가행.('적들에서 벗어남'이 나타냄)
② 일체법에 승의에서 머물지 않고 언어관습적 차원에서 머무는 선교방편가행.(무주)
③ 이전의 서원의 힘에 의해 이타를 이루는 선교방편가행.(서원의 위력)
④ 성문, 독각과 공통되지 않는 선교방편가행.(공통되지 않은 성상)
⑤ 일체법을 실재로 취하지 않는 선교방편가행.(무탐착)
⑥ 공해탈문을 지각하는 선교방편가행.(무소연)
⑦ 무상해탈문을 지각하는 선교방편가행.(상의 고갈)
⑧ 무원해탈문을 지각하는 선교방편가행.(원의 고갈)
⑨ 불퇴전의 표징에 통달한 선교방편가행.(불퇴전의 표징)
⑩ 무량한 지각의 선교방편가행.(무량)

4마에는 다음과 같이 거칠고 미세한 두 가지 종류가 있다.

ㄱ. 거친 4마 : 대소승 공통의 불사(不死)의 경지에 장애가 되는 네 가지 마.
① 거친 온마 : 유루온.
② 거친 번뇌마 : 번뇌.

③ 거친 사마 : 업과 번뇌에 의한 자유롭지 못한 죽음.

④ 거친 천자마 : 타화자재천의 주인인 마왕 파순.

ㄴ. 미세한 4마 : 대승만의 특수한 불사의 경지에 장애가 되는 네 가지 마.

① 미세한 온마 : 무명의 습기와 무루업에 의해 생긴 의식(意識)의 몸.

② 미세한 번뇌마 : 무명의 습기.

③ 미세한 사마 : 부사의한 죽음과 환생.

④ 미세한 천자마 : 앞의 세 가지 마를 정복하는 데 장애가 되는 것.

온마는 무엇이 죽는가라는 의미에서 설정한 것이고, 번뇌마는 무엇 때문에 죽음이 있는가라는 의미에서 설정한 것이며, 사마는 죽음 그 자체적 측면에서 설정한 것이고, 천자마는 죽음이 없는 경지를 성취하는 데 장애가 되는 측면에서 설정한 것이다.

거친 4마가 어느 단계에서 정복되는가 하면, 소승의 경우에는 거친 천자마는 견도 성취 시에 정복된다. 왜냐하면 삼보에 대해 확실한 지각을 통한 신심을 얻기 때문이다. 거친 번뇌마는 유여열반을 성취하면 정복된다. 왜냐하면 번뇌를 완전히 제거하였기 때문이다. 거친 사마는 번뇌장과 사마디의 장애 두 가지 모두에서 해탈한 아라한을 성취하면 정복된다. 왜냐하면 수명을 연장하는 능력을 얻었기 때문이다. 거친 온마는 무여열반을 성취하면 정복된다. 왜냐하면 번뇌와 업에 의해 생겨난 유루의 온이 단멸하였기 때문이다.

대승의 경우에는 불퇴전의 표징을 얻을 때 거친 천자마가 정복된다. 왜냐하면 삼보에 대해 확실한 지각을 통한 신심을 얻기 때문이다. 나머지 거친 세 가지 마는 모두 보살 8지를 성취하면 정복된다. 왜냐하면 무분별의 지혜에 지배력을 얻었기 때문이다.

미세한 4마를 정복하는 것은 부처가 되는 순간이다.

네 번째 선교방편가행에서 성문, 독각과 공통되지 않는다는 것은 이타의 고행에 지극하게 숙달되었음을 의미한다.

열 번째 선교방편가행에서 무량한 지각이란 세속적인 무한한 지식과, 궁극적 실상에 모두 통달한 것을 의미한다.

5

정가행
頂加行

4장에서 삼종지의 행상을 명상하는 원만가행을 설한 이후 5장에서
는 삼종지의 행상에 대한 지배력을 성취한 정가행에 대해 설한다.

삼종지의 행상에 대한 지배력을 성취했다는 것은 삼종지의 행상
을 대상으로 관(觀)을 완성했다는 것이고, 그러므로 대승가행도 난위
부터 존재한다.

원만가행과 정가행은 포함관계다. 정가행은 모두 원만가행이기
도 하지만, 원만가행이면 반드시 정가행이어야 하는 것은 아니다.
왜냐하면 자량도의 원만가행은 정가행이 아니기 때문이다.

정가행을 분류하면 가행도정가행, 견도정가행, 수도정가행, 무간
정가행 등이 있으며, 이하 차례로 설명된다.

1) 표징정가행

1. 꿈에서도 모든 법들을
   꿈과 같이 보는 등
   정가행의 표징은
   열두 가지가 있네.

이것은 정가행을 나타내는 8법 중의 첫 번째인 '표징정가행'에 대한 설명이다.

가행도에 네 단계가 있으므로 가행도정가행도 역시 네 가지로 분류되며, 그 중에 난위정가행을 다른 말로 표징정가행이라 한다. 그 이유는 이전에 얻지 못한 정가행의 열두 가지 표징을 최초로 얻기 때문이다.

정가행의 열두 가지 표징이란 다음과 같다.

① 공성의 지혜를 익힌 힘에 의해 꿈속에서도 일체법을 꿈처럼 봄.
② 대승 발심을 익힌 힘에 의해 꿈속에서도 소승도에 이끌리는 마음이 일어나지 않음.
③ 부처님을 끊임없이 관한 선근이 익어서 꿈속에서도 부처님이 무수한 제자들과 함께 나타나 설법하는 것을 봄.
④ 꿈속에서 부처님이 신통력을 나타내는 것을 봄.
⑤ 꿈을 꿀 때 '깨어나면 일체법이 꿈과 같음을 설해야겠다.'라는

생각이 일어남.

⑥ 꿈과 생시 모두에서 악도의 중생을 볼 때 '내가 성불할 불국토에 악도라는 것은 이름조차 없을지어다.'라고 억념함.

⑦ 꿈과 생시 모두에서 마을에 화재 등이 난 것을 볼 때 재난이 사라지기를 바라는 진실어가 성취됨.

⑧ 야차 등의 해코지를 볼 때 그러한 해악이 사라지기를 바라는 진실어가 성취됨.

⑨ 마(魔)의 활동을 볼 때 아만을 일으키지 않은 채로 마를 제압함.

⑩ 사마디와 후득위 모두에서 이타를 위해 바라밀수행을 닦음.

⑪ 수혜(修慧)를 통해 공성을 지각한 힘에 의해 실집이 잘 일어나지 않음.

⑫ 허물없는 보살행 등에 머묾으로써 보리에 가깝게 됨.

2) 복덕증장정가행

2. 남섬부주 모든 중생이
   부처님께 공양 올린 선근 등
   여러 가지 비유들을 통해서
   열여섯의 증장 설하네.

이것은 정가행을 나타내는 8법 중의 두 번째인 '복덕증장정가행'

에 대한 설명이다.

정위정가행을 복덕증장정가행이라 부르는 이유는, 경전에서 여러 가지 비유를 통해 정위정가행의 광대한 복덕을 다음과 같이 열여섯 가지로 설했기 때문이다.

ㄱ. 외면 위주의 공덕

① 남섬부주를 비롯한 삼천대천세계의 모든 중생이 부처님께 공양 올린 것보다 정위정가행을 수행한 복덕이 더 큼.

② 그러한 복덕보다 반야바라밀에 주의를 기울이는 복덕이 더 큼.

③ 그러한 복덕보다 무생법인을 성취하는 복덕이 더 큼.

④ 그러한 복덕보다 수행과 과위의 법들을 실재로 보지 않는 복덕이 더 큼.

⑤ 남섬부주의 모든 중생이 십선, 선정, 무색정 등을 얻은 것보다 복덕이 큼.

⑥ 정위정가행에 정진하는 보살 앞에 천신들이 공경하며 보호하러 옴.

⑦ 정위정가행의 위력에 의해 모든 마(魔)가 제압됨.

⑧ 대승법을 수행하는 다른 보살들을 부처님과 같이 공경하며 수행을 따라 배움.

ㄴ. 내면 위주의 공덕

⑨ 두 가지 자량의 방편에 능숙하고, 수혜를 통해 공성을 지각하

여 청정한 수행을 갖춤으로써 공덕이 광대함.

⑩ 정위정가행에 의해 부처의 종성으로 변화되어 공덕이 광대함.

⑪ 성불의 원인이 되는 가행을 갖춘 대승발심 등을 얻음으로써 공덕이 광대함.

⑫ 바라밀 수행에 반대되는 인색함 등이 일어나지 않아 공덕이 광대함.

⑬ 변계실집이 일어나지 않아 공덕이 광대함.

⑭ 반야바라밀 안에 다른 모든 바라밀을 수렴하여 수행함으로써 공덕이 광대함.

⑮ 삼승의 증득대상의 모든 내용들을 지각함으로써 공덕이 광대함.

⑯ 부처의 위없는 원만보리에 가까워짐으로써 공덕이 광대함.

3) 견고정가행

3. 삼종지의 법들의
원만구족 위없고
중생구제 포기 없는 까닭에
견고하다 말하네.

이것은 정가행을 나타내는 8법 중의 세 번째인 '견고정가행'에 대한 설명이다.

인위정가행을 견고정가행이라 말하는 이유는, 지혜의 면에서는 삼종지의 모든 법을 지각하고, 방편의 면에서는 이타에 의해 중생구제를 포기하지 않는, 이 두 가지가 견고해졌기 때문이다.

4) 심편주정가행

4. 사주(四洲)들과, 소천과,
   중천, 대천세계 비유를 통해
   광대하게 복덕 지닌 것으로
   사마디에 대해 설명하셨네.

이것은 정가행을 나타내는 8법 중의 네 번째인 '심편주(心遍住)정가행'에 대한 설명이다.

남섬부주, 동승신주, 서우화주, 북구로주 등의 4주를 비롯한 삼천대천세계의 모래수보다 네 가지 보살의 선업에 수희하는 복덕이 더 크다는 말씀을 통해 세제일법위의 사마디에 대해 경전에서 널리 설하셨다.

여기서 네 가지 보살이란 가행도 보살, 7부정지(초지~7지) 보살, 3정지(8~10지) 보살, 성불까지 단 한 생이 남아 있는 보살 등을 가리킨다.

세제일법위정가행을 심편주정가행이라 부르는 이유는, 견도를 직접적으로 일으킬 수 있는 능력이 성숙되어서 무수한 사마디에 마음이 확고히 안정되게 머무는 가행이기 때문이다.

5) 견도정가행

5~23번 게송은 정가행을 나타내는 8법 중의 다섯 번째인 '견도정가행'에 대한 설명이다.

5. 전취, 퇴환 소취분별에
   각각 아홉 가지가 있고
   그것들의 대상들의 본성은
   여실하지 않다는 것 알아야 하네.

이것은 견도정가행의 제거대상인 소취분별에 대한 총괄적 설명이다.

견도정가행이 대치하는 소취분별에는 전취(轉趣)소취분별과 퇴환(退還)소취분별 두 가지가 있다.

전취소취분별이란 보살도가 나아가야 할 법을 대상으로 실재라고 취한 변계실집을 가리킨다. 퇴환소취분별이란 보살도가 멀리해야 할 법을 대상으로 실재라고 취한 변계실집을 가리킨다.

이 두 가지 소취분별은 다시 대상의 분류에 따라 아홉 가지 씩으로 분류되며, 그러한 소취분별이 취한 대상은 전도된 것임을 알아야 한다.

6. 범부, 성자 등의 차별 따라서
   실유, 또는 가유로
   중생 취한 분별들이 있으며
   그에 각각 아홉 가지가 있네.

7. 만약 취한 내용들이 진실하다면
   그것들은 무얼 취한 것인가?
   그것들이 그와 같이 인식한
   자성들은 공한 성상이라네.

이것은 견도정가행의 제거대상인 능취분별에 대한 총괄적 설명이다.

능취분별에는 실유를 취한 주체를 실재라고 취한 집실능취분별과, 가유를 취한 주체를 실재라고 취한 집가능취분별의 두 가지가 있다. 그것들은 또 취한 대상의 차별에 따라서 각각 아홉 가지로 분류된다.

이러한 모든 능취분별은 있는 것을 있는 그대로 보는 것이 아니고 존재하지 않는 것을 취한 전도된 모습의 마음이다.

8. 도(道)의 본성, 종성과,
   도(道)의 바른 성취와,
   착란 없는 심식의 대상,
   이품들에 대한 대치법,

9. 자신의 성취와, 작용과,

   그 행위의 결과 등

   행할 바를 기반으로 한

   분별에는 아홉 가지가 있네.

전취소취분별에는 다음과 같은 아홉 가지가 있다.

① 대승의 도와 과위 일반에 대해 그것이 객체로서 실재라고 취한 변계실집.('도의 본성'이 나타냄)

② 대승도의 원인인 대승의 종성에 대해 그것이 객체로서 실재라고 취한 변계실집.(종성)

③ 대승견도 등의 도에 대해 그것이 객체로서 실재라고 취한 변계실집.(도의 바른 성취)

④ 대승도의 소연에 대해 그것이 객체로서 실재라고 취한 변계실집.(착란 없는 심식의 대상)

⑤ 대치법을 수습함으로써 이품인 실집을 제거할 수 있음에 대해 그것이 객체로서 실재라고 취한 변계실집.(이품들에 대한 대치법)

⑥ 자신이 성취할 궁극의 목표에 대해 그것이 객체로서 실재라고 취한 변계실집.(자신의 성취)

⑦ 대승의 종성을 가진 중생이 소승도에 떨어지지 않게 하고, 대승으로 인도하는 작용에 대해 그것이 객체로서 실재라고 취한 변계실집.(작용)

⑧ 중생의 성향과 근기에 따라 갖가지로 화현하여 중생을 구제하는 행위에 대해 그것이 객체로서 실재라고 취한 변계실집.(그 행위)

⑨ 삼승 각각의 중생을 각자의 길에 따른 열반으로 인도한 결과에 대해 그것이 객체로서 실재라고 취한 변계실집.(결과)

10. 유(有)와 적멸 양변을
    벗어나지 못한 하열한 성취,
    전면호지 부재와,
    도(道)의 종류 불완전,

11. 다른 인연으로 이끌림,
    구경목표 방기와,
    단편성과, 갖가지 증득,
    머무름과 나아감의 미혹과,

12. 후행(後行) 등에 대해서
    아홉 가지 분별들의 본성은
    성문 등의 마음속에 생겨난
    버릴 바를 기반으로 한다네.

퇴환소취분별에는 다음과 같은 아홉 가지가 있다.

① 윤회와 열반의 양변에서 벗어난 대승도의 과위보다 하열한 소
승도의 과위에 대해 그것이 객체로서 실재라고 취한 변계실
집.('유와 적멸 양변을 벗어나지 못한 하열한 성취'가 나타냄)

② 뛰어난 방편을 갖춘 전면호지를 여읜 소승도에 대해 그것이
객체로서 실재라고 취한 변계실집.(전면호지 부재)

③ 이타를 성취하는 방편을 구족하지 못한 소승도에 대해 그것이
객체로서 실재라고 취한 변계실집.(도의 종류 불완전)

④ 대승도가 아닌 다른 인연에 의해 이끌린 소승도에 대해 그것
이 객체로서 실재라고 취한 변계실집.(다른 인연으로 이끌림)

⑤ 구경목표가 아닌 자기 자신만을 위한 해탈 추구에 대해 그것
이 객체로서 실재라고 취한 변계실집.(구경목표 방기)

⑥ 2장의 완전한 제거가 아니라 번뇌장이라는 제거대상의 단편
만을 제거하는 소승도에 대해 그것이 객체로서 실재라고 취
한 변계실집.(단편성)

⑦ 예류과 등의 갖가지 과위를 증득하는 소승도에 대해 그것이
객체로서 실재라고 취한 변계실집.(갖가지 증득)

⑧ 궁극의 과위를 성취할 때까지 대승도에 머물고 대승도에 의해
나아가는 법을 알지 못하는 미혹에 대해 그것이 객체로서 실
재라고 취한 변계실집.(머무름과 나아감의 미혹)

⑨ 열반을 성취한 후 다시 일체종지의 성취를 위해 나아가야 하

는 소승도에 대해 그것이 객체로서 실재라고 취한 변계실
집.(후행)

13. 취사선택하는 자,

   작의하는 자와, 삼계에

   밀접하게 연결된 자와,

   머무름과, 집착하는 자,

14. 일체법을 가립하는 자,

   탐착, 대치법과, 원하는 대로

   가지 못하는 자 등에 의해서

   첫 번째의 능취분별 알아야 하네.

집실능취분별에는 다음과 같은 아홉 가지가 있다.

① 공덕을 취하고 허물을 버리는 개아를 실유라고 취한 마음에
   대해 그것이 주체로서 실재라고 취한 변계실집.('취사선택하는
   자'가 나타냄)

② 궁극적 실상을 실재라고 작의한 개아를 실유라고 취한 마음에
   대해 그것이 주체로서 실재라고 취한 변계실집.(작의하는 자)

③ 삼계에 속박된 개아를 실유라고 취한 마음에 대해 그것이 주

체로서 실재라고 취한 변계실집.(삼계에 밀접하게 연결된 자)

④ 일체법에 대한 실집에 머무는 개아를 실유라고 취한 마음에 대해 그것이 주체로서 실재라고 취한 변계실집.(머무름)

⑤ 공성에 집착하는 개아를 실유라고 취한 마음에 대해 그것이 주체로서 실재라고 취한 변계실집.(집착하는 자)

⑥ 일체법을 가유로 지각하는 개아를 실유라고 취한 마음에 대해 그것이 주체로서 실재라고 취한 변계실집.(일체법을 가립하는 자)

⑦ 탐착을 가진 개아를 실유라고 취한 마음에 대해 그것이 주체로서 실재라고 취한 변계실집.(탐착)

⑧ 대치법을 갖춘 개아를 실유라고 취한 마음에 대해 그것이 주체로서 실재라고 취한 변계실집.(대치법)

⑨ 일체종지를 추구함에 있어서 오래도록 진전이 없는 개아를 실유라고 취한 마음에 대해 그것이 주체로서 실재라고 취한 변계실집.(원하는 대로 가지 못하는 자)

15. 구경목표 추구하지 않음과,
   도(道)를 도(道)가 아니라고 취함과,
   소멸 가진 생겨남,
   실법 갖고, 갖지 않은 것,

16. 머무름과, 종성 소멸과,

추구 없고, 원인이 없고,

대립자를 대하는 등을

다른 능취분별이라 한다네.

집가능취분별에는 다음과 같은 아홉 가지가 있다.

① 구경목표를 추구하지 않는 개아를 가유라고 취한 마음에 대해
   그것이 주체로서 실재라고 취한 변계실집.('구경목표 추구하지
   않음'이 나타냄)

② 도에 대해 전도견을 가진 개아를 가유라고 취한 마음에 대해 그
   것이 주체로서 실재라고 취한 변계실집.(도를 도가 아니라고 취함)

③ 생멸에 대한 실집을 가진 개아를 가유라고 취한 마음에 대해
   그것이 주체로서 실재라고 취한 변계실집.(소멸 가진 생겨남)

④ 일체법이 승의에서 존재하지 않지만 세속적 차원에서 존재함
   을 지각한 개아를 가유라고 취한 마음에 대해 그것이 주체로
   서 실재라고 취한 변계실집.(실법 갖고, 갖지 않은 것)

⑤ 실집에 머무는 개아를 가유라고 취한 마음에 대해 그것이 주
   체로서 실재라고 취한 변계실집.(머무름)

⑥ 보리심을 일으키는 등에 의해 소승의 종성이 소멸한 개아를
   가유라고 취한 마음에 대해 그것이 주체로서 실재라고 취한
   변계실집.(종성 소멸)

⑦ 성불을 추구하지 않는 개아를 가유라고 취한 마음에 대해 그

것이 주체로서 실재라고 취한 변계실집.(추구 없고)

⑧ 성불의 원인이 되는 반야바라밀의 수행이 없는 개아를 가유라고 취한 마음에 대해 그것이 주체로서 실재라고 취한 변계실집.(원인이 없고)

⑨ 보리에 장애가 되는 개아를 가유라고 취한 마음에 대해 그것이 주체로서 실재라고 취한 변계실집.(대립자)

17. 타인에게 보리 설하고,

그의 원인 베풀고,

성취하게 하는 무간도의 원인은

복덕 많은 성상이라네.

이것은 견도정가행의 원인에 대한 설명이다.

다른 중생에게 보리를 성취하는 방편을 설하고, 보리의 원인이 되는 반야바라밀경의 의미를 알려주고, 견도정가행을 성취하게 하는 중단 없는 사마디 등 광대한 복덕을 가진 이 세 가지는 견도정가행을 성취하는 원인이다.

18. 오염들이 다해 생겨나지 않음을

아는 지혜 일컬어서 보리라 하며

다함없고, 생겨남도 없나니

차례대로 그와 같이 알아야 하네.

이것은 견도정가행의 결과인 대승의 보리에 대한 설명이다.

번뇌와 소지의 2장이 완전하게 제거되었음을 아는 진지(盡智)와, 2장이 다시는 일어날 수 없음을 아는 무생지(無生智)를 성취한 것이 대승의 보리다.

진지와 무생지를 합해 진무생지(盡無生智)라 한다. 그러나 2장의 제거와 무생을 말한다고 해서 그것들을 모두 실재라고 오해해선 안 되고, 그 모든 것이 세속적 차원에서 성립하는 것일 뿐임을 알아야 한다.

보리에 소승의 보리와 대승의 보리가 있으므로 진무생지에도 역시 소승의 진무생지와 대승의 진무생지가 있다. 소승의 진무생지란 번뇌가 완전하게 제거되어 다시는 일어날 수 없음을 아는 지혜를 가리킨다.

19. 단절 없는 자성에

   견도라는 것에 의해서

   어떤 분별 없애고

   무생상의 어느 것을 얻는가?

이것은 언뜻 보기에는 실재론자가 중관파에게 반론한 것처럼 보인다. 즉, "2장도, 2장의 단절도 모두 비실재라고 주장하면서 또 한 편으로 2장의 제거나 무생지 따위를 이야기하는 것은 모순이 아닌가?"라는, 실재론자와 중관파 사이의 논쟁에서 언제나 보아왔던 바로 그러한 사고방식이다.

반면에 사자현은 중관파가 실재론자에게 모순을 지적한 것으로 해석한다. 즉, "2장이 실재라면 그것은 단절될 수 없는 본성이므로, 어떻게 제거할 수가 있고, 어떻게 무생지를 성취하겠는가?"라는 의미라는 것이다.

쫑카빠는『선설금만소』에서 전자와 같은 해석도 가능해 보이므로, 사람에게 의거하지 않는 이들이 지혜롭게 고찰하라고 하였다. 사람에게 의거하지 않는다는 것은 "사람에 의거하지 말고 법에 의거하고, 말에 의거하지 말고 뜻에 의거하며, 불요의에 의거하지 말고 요의에 의거하고, 식(識)에 의거하지 말고 지혜에 의거하라."는 의거할 것과 의거하지 말 것 네 가지 중의 하나를 말한 것이다.

누가 뭐라고 주장했다고 해서 무조건 받아들이는 맹신을 지양하는 것은 진리를 추구하는 자의 필수 덕목인 정직성이기도 하다.

20. 다른 이의 법들도 있고
　　한편으론 부처님이 설하신
　　소지장의 제거 또한 말하는 것이
　　나에게는 기이하게 보이네.

이것은 소지장의 생멸과 실재 두 가지 사이의 모순에 대한 지적이다.

19번 게송을 사자현처럼 해석하더라도 연결이나 의미상에는 아무런 문제가 없지만, 필자의 감각으로는 '당신은 내 주장이 이상하다 하지만(19번 게송), 나는 당신 주장이 오히려 더 기이하다(20번 게송)'라는 문맥이므로 19번 게송은 역시 실재론자의 반론인 것으로 보인다. 의미는 다음과 같다.

실재론자들은 중관파가 일체법의 비실재성을 주장하면서 또 한편으로 생멸 등을 주장하는 것이 모순된다고 생각하지만 나 즉, 이 논서의 저자에게는 실재론자들처럼 일체법이 실재라고 주장하면서 또 한편으로 부처님이 설하신 소지장의 제거 또한 인정하는 것이 오히려 기이하게 느껴진다. 왜냐하면 실재와 생멸은 서로 지극히 모순되기 때문이다.

21. 제거되는 무엇도 없고
    건립되는 것도 전혀 없으며
    진실성을 진실하게 주시해
    진실 보아 해탈한다네.

이것은 중관파가 대치법의 원리에 대해 어떻게 주장하는지에 대한 설명이다.

제거되는 것이란 여기서 손감을 의미하고, 건립되는 것이란 증익을 의미한다. 일체법이 세속적 차원에서 엄연히 존재하므로 세속적 차원에서 존재하지 않는다는 손감을 떠나 있고, 승의에서는 존재하지 않으므로 승의에서 존재한다는 증익에서도 떠나 있다. 이와 같이 손감과 증익을 떠난 중도를 궁극적 실상이라 하며, 게송의 '진실성'이 바로 이것을 가리킨다. 이러한 진실성을 올바르게 보고 명상하고 깨달으면 그러한 실상과 반대되는 실집은 결국엔 제거될 수밖에 없고, 실집이 완전하게 제거되는 순간이 바로 대승의 해탈을 성취하는 순간이다.

22. 보시 등의 각각에
    그것들이 서로 수렴된
    한 찰나의 인(忍)에 의해서
    수렴되는 것이 여기에서 견도네.

이것은 견도무간도의 정가행에 대한 설명이다.

육바라밀 각각에 보시의 보시, 보시의 지계 등으로 육바라밀 각각이 수렴된 견도의 고법인의 한 찰나에 수렴되는 인(忍)의 8찰나인 견도무간도는 정가행을 설하는 여기에서 견도 즉, 견도정가행이다.

보시 등의 육바라밀 각각에 육바라밀이 수렴된 서른여섯 가지의 바라밀이 수렴된 인의 8찰나의 의미에 대해서 『선설금만소』에서는 이것을 서른여섯 가지 바라밀을 비실재로 지각한다는 의미로 해석하고, 『소요장엄론』에서는 광대한 복덕의 바탕이 없이는 소지장을 대치할 수 없으므로 견도정가행이 이전에 서른여섯 가지 바라밀을 수행한 힘을 바탕으로 하고 있다는 의미로 해석한다.

23. 그 다음에 사자분신(獅子奮迅)의

    사마디에 들어간 이후

    순차적인 연기와

    역차연기 분별한다네.

이것은 견도 해탈도와 후득위의 정가행에 대한 설명이다.

견도 무간도가 견소단을 대치하여 견소단이 제거됨과 동시에 해탈도로 넘어가며, 그 다음으로 해탈도에서는 사자분신정(獅子奮迅定)에 들어 견소단이 제거된 이계과를 확고히 하고, 사마디에서 나온 후득위에서는 12연기를 분별한다.

사자분신정에 대해서는 경전에서 9차제정을 순차와 역차로 오르내리는 사마디로 설하였다.

12연기란 무명(無明), 행(行), 식(識), 명색(名色), 육처(六處), 촉(觸), 수(受), 애(愛), 취(取), 유(有), 생(生), 노사(老死) 등의 열두 가지가 원인과 결과의 연쇄로 일어나는 것을 말한다.

12연기를 관하는 방법은 앞에서부터 뒤로 관하는 순차적 방법과, 뒤에서부터 앞으로 관하는 역차적 방법의 두 가지가 있고, 또 12연기가 생겨나는 것을 관하는 유전문과, 멸하는 것을 관하는 환멸문의 두 가지가 있으므로 모두 조합하여 다음과 같은 네 가지가 된다.

① 유전문의 순차적 관찰 : 무명에 의해 행이 생겨나고, 행에 의해 식이 생겨나고, 이와 같이 생에 의해 노사가 생겨나는 것까지 12연기가 일어나는 것을 앞에서부터 뒤로 관하는 것.

② 유전문의 역차적 관찰 : 노사는 생에 의해 생겨나고, 생은 유에 의해 생겨나고, 이와 같이 행은 무명에 의해 생겨나는 것까지 12연기가 일어나는 것을 뒤에서부터 앞으로 관하는 것.

③ 환멸문의 순차적 관찰 : 무명이 멸하면 행이 멸하고, 행이 멸하면 식이 멸하고, 이와 같이 생이 멸하면 노사가 멸하는 것까지 12연기가 멸하는 것을 앞에서부터 뒤로 관하는 것.

④ 환멸문의 역차적 관찰 : 생이 멸하면 노사가 멸하고, 유가 멸하면 생이 멸하고, 이와 같이 무명이 멸하면 행이 멸하는 것까지 12연기가 멸하는 것을 뒤에서부터 앞으로 관하는 것.

유전문은 윤회의 원인과 결과를 나타내고, 환멸문은 윤회에서 벗어나는 원인과 결과를 나타낸다. 사성제에 대입하면 고제와 집제가 유전문이고, 도제와 멸제가 환멸문이다.

이와 같이 여러 방식으로 12연기를 관하는 목적은 윤회에 들어가고 나가는 이치에 통달해서 해탈을 성취하기 쉽도록 하기 위함이다.

〔십이연기〕

경전에서 연기에 대해 다음과 같이 설하셨다.

> 비구들이여, 연기를 보는 자가 법을 보느니라. 법을 보는 자가 부처
> 를 보느니라.

또 다음과 같이 설하셨다.

> 이것이 있으므로 저것이 일어나고, 이것이 생겨서 저것이 생기나니,
> 무명의 조건에 의해 행이 생겨나고, 행의 조건에 의해 식이 생겨나
> 고……

연기(緣起)는 범어로 '쁘라띠땨사뭇빠다'라 한다. 쁘라띠땨는 '의
지하다'라는 뜻이고, 사뭇빠다는 '일어나다', '생겨나다'라는 뜻이다.

소승과 유식파는 이것을 원인에 의해서 생겨난다는 뜻으로 생각
하므로 오직 유위법만을 연기로 본다.

한편 중관파는 쁘라띠땨에 의지, 상대, 만남(회합, 접촉) 등의 세
가지 뜻이 있는 것으로 보고, 사뭇빠다는 '성립'의 의미로 보아 유위
와 무위의 모든 존재가 연기에 해당한다고 본다.

다시 말해 소승과 유식파의 교리에서 연기의 정의는 '원인과 조
건에 의해 생겨난 것'이고, 중관파의 교리에서 연기의 정의는 '상대

해서 성립한 것'이다.

유위법들이 자신의 원인이나 부분에 의존한다는 것은 이해하기 쉽지만 무위법들이 자신 외의 다른 것에 상대해서 성립한다는 것은 상대적으로 이해하기 어렵다. 예를 들어 설명하면, 허공 같은 경우는 형상 등의 걸림을 배제한 것을 허공이라 하는 것이므로 허공은 형상 등의 걸림에 상대해서 성립한 것이지 독립적으로 성립하는 것이 아니다. 비슷한 방식으로 승의제는 세속제에 의존하고, 해탈은 윤회에 의존하며, 이와 같이 모든 무위법은 반드시 유위법에 의존한다.

원인에 의존하건, 부분에 의존하건, 그것의 상대적 존재에 의존하건, 그것을 취하는 다른 심식에 의존하건, 자신 이외의 다른 존재에 의존한다는 것은 그것의 비실재성을 나타내는 것이므로 연기는 공성을 논증하는 논거가 된다. 예를 들어 "새싹은 실재가 아니다. 연기이기 때문에"와 같은 논증이 바로 그것이다.

공성을 논증하는 여러 논거들 중에서도 연기의 논거는 논리의 왕이라 불린다. 왜냐하면 어떤 것을 실재라고 보는 상견을 무너뜨리는 데 탁월한 효과가 있을 뿐 아니라, 연기라는 말 자체에서나 그 내용에서나 연기하는 어떤 것을 엄연히 존재하는 것으로 강력하게 나타내고 있으므로 아무것도 존재하지 않는다는 단견에 떨어질 위험을 방지하는 데에도 탁월한 효과가 있기 때문이다.

연기의 일반적 의미가 이와 같다면 이제 십이연기의 구체적인 내용에 대해 하나씩 살펴보기로 하자.

① 무명(無明)

일반적인 의미의 무명과 십이연기의 첫 번째 연기지(緣起支)인 무명은 같은 것이 아니다.

일반적인 의미의 무명에는 인과에 미혹한 무명과 진여에 미혹한 무명의 두 가지가 있는데, 십이연기의 첫 번째인 무명은 후자에 속한다. 그 중에서도 인아집에 속한 심소를 가리키며, 이것이 바로 윤회의 뿌리이다.

② 행(行)

두 번째 연기지인 행은 무명에 의해 생겨나서 다음 생을 유발시키는 업을 가리킨다.

분류하면 복업, 비복업, 부동업 등의 세 가지가 있다.

복업을 분류하면 인간계에 태어나게 하는 업과 욕계 천상에 태어나게 하는 업이 있다.

비복업을 분류하면 지옥에 태어나게 하는 업, 아귀로 태어나게 하는 업, 축생으로 태어나게 하는 업이 있다.

부동업을 분류하면 색계에 태어나게 하는 업과 무색계에 태어나게 하는 업이 있다.

③ 식(識)

세 번째 연기지인 식은 행에 의해 생겨난 심왕을 가리킨다. 이것은 다음 생을 유발시키는 업이 아직 이숙과를 받기 전에 업의 습기를 저장하는 역할을 한다.

분류하면 인위식(因位識)과 과위식(果位識)이 있다. 인위식이란 업을 짓는 시기의 식을 가리키고, 과위식이란 업의 과보로 받은 식을 가리킨다.

④ 명색(名色)

네 번째 연기지인 명색에는 명(名)과 색(色) 두 가지가 있다.

색은 세 번째 연기지인 식이 모태에 들어간 두 번째 찰나에서부터 육처(六處)가 완성되기 전까지의 색온을 가리키고, 명은 그 시기 동안의 수, 상, 행, 식을 가리킨다.

⑤ 육처(六處)

다섯 번째 연기지인 육처는 네 번째 연기지인 명색이 자라서 안, 이, 비, 설, 신, 의 등의 6근이 된 것을 가리킨다.

⑥ 촉(觸)

여섯 번째 연기지인 촉은 대상과 근(根)과 식(識)이 모여 대상을 경험할 수 있는 순간부터 아직 고, 락, 불고불락 등의 느낌이 일어나기 전까지의, 대상의 변화를 감지하는 작용의 심소를 가리킨다.

분류하면 안촉, 이촉, 비촉, 설촉, 신촉, 의촉 등의 여섯 가지가 있다.

⑦ 수(受)

일곱 번째 연기지인 수는 나쁜 느낌, 좋은 느낌, 중립적 느낌 등의 어떤 느낌을 경험하는 작용의 심소를 가리킨다.

안수, 이수, 비수, 설수, 신수, 의수 등의 여섯 가지의 분류와, 고수, 낙수, 사수(불고불락수) 등의 세 가지의 분류가 있다.

⑧ 애(愛)

여덟 번째 연기지인 애는 탐착을 가리킨다.

분류하면 욕애(欲愛), 멸애(滅愛), 유애(有愛) 등의 세 가지가 있다.

욕애는 안락을 얻고자 하는 욕망이고, 멸애는 괴로움에서 벗어나고자 하는 욕망이며, 유애는 생존에 대한 욕망이다.

⑨ 취(取)

아홉 번째 연기지인 취는 여덟 번째 연기지인 애가 더욱 강력해진 탐착을 가리킨다.

분류하면 욕취(欲取), 견취(見取), 계금취(戒禁取), 아어취(我語取) 등의 네 가지가 있다.

욕취는 감각적 쾌락에 대한 탐착 따위이고, 견취는 악견에 대한 탐착 따위이며, 계금취는 잘못된 계율이나 고행에 대한 탐착 따위이고, 아어취는 자아에 대한 탐착 따위이다.

⑩ 유(有)

열 번째 연기지인 유는 아홉 번째 연기지인 취에 의해서 다음 생을 취할 수 있을 정도로 힘이 강력해진 업을 가리킨다. 7유(有) 중의 업유와 같다.

⑪ 생(生)

열한 번째 연기지인 생은 환생한 첫 번째 찰나의 온(蘊)을 가리킨다.

분류하면 태생(胎生), 난생(卵生), 습생(濕生), 화생(化生) 등의 네 가지가 있다.

⑫ 노사(老死)

열두 번째 연기지인 노사는 태어난 이후에 늙고 죽는 것을 가리킨다.

(1) 4유(有)

여기서 참고로 4유에 대해 간략히 설명하면, 생유(生有), 본유(本有), 사유(死有), 중유(中有) 등의 네 가지를 4유라 한다.

생유란 환생할 때의 첫 번째 찰나의 온(蘊)을 가리킨다. 『구사론』에서 "생유는 번뇌를 가지고 있다."라고 하였다.

본유란 생유의 다음 찰나에서부터 사유 이전까지의 온을 가리킨다.

사유란 죽을 때의 최후의 한 찰나의 온을 가리킨다.

중유란 사유의 다음 찰나에서부터 생유의 이전 찰나까지의 온을 가리킨다.

중생이 죽어서 중유에 나면 49일(중유 시간으로 7일) 이내에 생유를 받는다고 한다.

『구사론』과『대승아비달마집론』에서 중유의 온은 앞으로 태어날 곳의 본유의 온과 비슷한 형상이라고 하였다. 왜냐하면 중유와 본유는 동일한 업에 의해 유발되기 때문이다. 그러나『대승아비달마집론』에서는 또한, 육도 중의 어느 곳의 중유를 받은 이후 그곳의 생유를 취하지 않고 다른 곳에서 생유를 취하는 경우도 있다고 하였다.

(2) 12연기지의 다른 분류

십이연기지를 다시 4지로 분류하면 다음과 같다.

① **능인지**(能引支) : 무명, 행, 인위식.
② **소인지**(所引支) : 과위식, 명색, 육처, 촉, 수.
③ **능생지**(能生支) : 애, 취, 유.
④ **소생지**(所生支) : 생, 노사.

십이연기지를 7지로 분류하면 다음과 같다.

① 유발시키는 주체의 분지 : 무명, 행.

② 유발되는 방법의 분지 : 식.

③ 유발되는 대상의 분지 : 명색, 육처, 촉, 수.

④ 이루는 주체의 분지 : 애, 취.

⑤ 이루어지는 방법의 분지 : 유.

⑥ 이루어지는 대상의 분지 : 생.

⑦ 폐해의 분지 : 노사.

십이연기지를 세 가지 오염으로 분류하면 다음과 같다.

① 번뇌의 오염 : 무명, 애, 취.

② 업의 오염 : 행, 유.

③ 고(苦)의 오염 : 식, 명색, 육처, 촉, 수, 생, 노사.

(3) 십이연기 순환의 주기

십이연기의 1주기 순환은 빠르면 두 생에 완성되고, 늦어도 3생 안에 완성되는 것으로 본다.

빠른 경우는 예를 들어 어떤 사람이 욕계 천상에 태어날 업을 무명에 의해 식에 쌓아 놓고 죽기 전에 애와 취로 활성화시켜서 유를 형성하여 그 생에 십이연기지 중에서 원인이 되는 여섯 가지 분지를 이루고, 다음 생에 욕계 천상에 태어나 나머지 여섯 가지 분지(생. 명색. 육처. 촉. 수. 노사)를 과보로 받는 경우 따위이다.

늦은 경우는 예를 들어 어떤 사람이 욕계 천상에 태어날 업을 무명에 의해 식에 쌓아 놓고 죽기 전에 애와 취로 활성화시키지 않고서 이전 생에 지어 놓은 축생업에 의해 축생으로 태어나 축생의 몸으로 전생에 지어 놓았던 욕계 천상의 업을 활성화시켜 다음 생에 욕계 천상에 태어나 나머지 분지들을 경험하는 경우 따위이다.

능인지와 소인지 사이에 여러 생이 끼어드는 경우도 있지만 끼어든 생의 십이연기의 분지들은 또 다른 십이연기의 순환 주기에 속하는 것이며, 한 세트의 십이연기의 1주기 순환은 3생을 넘어가지 않는다.

능생지와 소생지 사이에는 다른 생이 끼어들 수가 없다. 왜냐하면 능생지인 유는 이미 다음 생을 확고하게 취하도록 하는 강력한 힘을 가진 상태이기 때문이다.

6) 수도정가행

24~36번 게송은 정가행을 나타내는 8법 중의 여섯 번째인 '수도정가행'에 대한 설명이다.

24. 멸정(滅定) 등의 구정(九定)에

두 가지의 방식으로 왕복한 이후

욕계 안에 포함되는 식(識)으로

사마디가 아닌 간격을 두고

25. 건너뛰는 식의 사마디

한개, 두개, 셋과, 네다섯,

여섯, 일곱, 여덟 개를 건너서

멸정까지 다양하게 이동한다네.

이것은 수도정가행의 초월정(超越定)에 대한 설명인데, 그 방식은 다음과 같다.

1단계 : 초선 – 2선 – 3선 – 4선 – 공무변처정 – 식무변처정 – 무소유처정 – 비상비비상처정 – 멸정 – 비상비비상처정 – 무소유처정 – 식무변처정 – 공무변처정 – 4선 – 3선 – 2선 – 초선

2단계 : 초선 – 2선 – 3선 – 4선 – 공무변처정 – 식무변처정 – 무소유처정 – 비상비비상처정 – 멸정

3단계 : 초선 – 멸정 – 2선 – 멸정 – 3선 – 멸정 – 4선 – 멸정 – 공무변처정 – 멸정 – 식무변처정 – 멸정 – 무소유처정 – 멸정 – 비상비비상처정 – 멸정 – 비상비비상처정 – 욕계 마음

4단계 : (멸정) – 욕계 마음 – (멸정 – 비상비비상처정) – 욕계 마음 – (멸정 – 비상비비상처정 – 무소유처정) – 욕계 마음 – (멸정 – 비상비비상처정 – 무소유처정 – 식무변처정) – 욕계 마음 – (멸정 – 비상비비상처정 – 무소유처정 – 식무변처정 – 공무변처정) – 욕계 마음 – (멸정 – 비상비비상처정 – 무소유처정 – 식무변처정 – 공무변처정 – 4선) – 욕계 마음 – (멸정 – 비상비비상처정 – 무소유처정 – 식무변처정 – 공무변처정 – 4선 – 3선) – 욕계 마음 – (멸정 – 비상비비상처정 – 무소유처정 – 식무변처정 – 공무변처정 – 4선 – 3선 – 2선) – 욕계 마음 – (멸정 – 비상비비상처정 – 무소유처정 – 식무변처정 – 공무변처정 – 4선 – 3선 – 2선 – 초선) – 욕계 마음

4단계의 괄호는 이루어지는 방식을 알아보기 쉽게 하기 위해서 표시한 것이다.

1단계는 사자분신정으로서 24번 게송의 첫 두 행이 나타낸다.

2단계는 초월정의 예행으로서 게송에서는 생략되었다.

3단계와 4단계가 바로 초월정의 본정이다.

3단계도 역시 게송에서는 생략되었고, 4단계는 25번 게송 전체가 나타낸다.

24번 게송의 후반 두 행은 3단계와 4단계 사이에 욕계 마음으로 간격을 둔다는 뜻인데, 3단계의 마지막에 밑줄 친 부분을 말한다.

3단계의 마지막에 비상비비상처정을 한 번 더 끼워 넣는 이유는 초월정의 수행에 익숙하지 않은 보살은 가장 고요한 상태의 멸정에서 가장 거친 상태의 욕계 마음으로 바로 이행할 수가 없기 때문에

매개가 될 수 있도록 하기 위해서다. 반면 초월정에 능숙한 보살은 이러한 매개가 필요 없이 멸정에서 바로 욕계 마음으로 이행해 간다.

초월정에 대한 설명은 주석마다 조금씩 다른데, 위의 설명은『선설금만소』와『소요장엄론』에 따른 것이다. 사자현의 근본 주석에는 두 번째 단계가 빠져 있고, 뺀첸의『바라밀개론』에 인용된 경전 구절에 의하면 네 단계가 모두 있지만, 마지막 네 번째 단계가 위의 설명과는 달리 다음과 같이 묘사되어 있다.

멸정 – 욕계 마음 – 비상비비상처정 – 욕계 마음 – 무소유처정 – 욕계 마음 – 식무변처정 – 욕계 마음 – 공무변처정 – 욕계 마음 – 4선 – 욕계 마음 – 3선 – 욕계 마음 – 2선 – 욕계 마음 – 초선 – 욕계 마음

뺀첸은『근본자석』에서, 경전이 설한 방식과『현증장엄론』이 설한 두 가지 방식으로 나누어 전자는 네 단계로 설하였음을 간략하게 설명하였고, 후자는 사자현의 주석대로 설명하였다.

네 번째 단계의 차이에 대한 뺀첸의 견해는 명확하지 않은데, 초월정에는 다양한 여러 방식이 가능하다고 생각하는 듯 보인다. 왜냐하면 그가 규정한 아래의 정의에 따르면 다양한 방식의 조합이 초월정의 정의에 부합될 수 있기 때문이다.

– 상향식 초월정의 정의 : 구차제정의 아홉 가지 사마디 중 어느 것에 멸정을 혼합하거나 욕계 마음을 혼합해서 순차적으로 들

어가는 사마디.

　분류 : 멸정을 혼합한 상향식 초월정과, 욕계 마음을 혼합한 상
　　향식 초월정 등의 두 가지가 있다.

　－하향식 초월정의 정의 : 구차제정의 아홉 가지 사마디 중 어느
　　것에 멸정을 혼합하거나 욕계 마음을 혼합해서 역차적으로 들
　　어가는 사마디.

　분류 : 멸정을 혼합한 하향식 초월정과, 욕계 마음을 혼합한 하
　　향식 초월정 등의 두 가지가 있다.

　정의에서도 보이듯이 중간에 혼합하는 것 역시 상향식에는 멸정, 하향식에는 욕계 마음으로 반드시 정해진 것은 아니라는 것이 뺀첸의 견해다. 그러나 초월정을 최초로 실행하는 보살의 경우에만은 아직 미숙하기 때문에 거친 욕계 마음을 먼저 혼합하는 방식은 어려울 것으로 생각된다고 하였다.

　이와 같이 초월정을 훈련하는 목적은 사마디를 능수능란하게 연마하기 위해서다.

　초월정을 훈련하는 것은 수도의 후득위에서일 뿐 근본지 단계에서 공성을 직관하는 상태로 보살이 초월정을 행하는 것은 불가능하다.

　이상으로 수도정가행의 기반을 설한 이후 이제 수도정가행의 제거대상인 네 가지 구생실집에 대해 설한다.

26. 간략하고 광대한 설법,

　　부처님의 가호 없음과,

　　삼세 중의 공덕 없음과,

　　세 가지의 훌륭한 길에

27. 소취분별 한 가지이며

　　가행상(加行相)의 대상 가졌네.

　네 가지 구생실집 중에서 소취분별의 한 가지인 구생의 전취소취분별은 수도정가행의 가행의 단계에서 제거하는 대상이라고 하였으며, 그 아홉 가지는 다음과 같다.

① 간략한 것을 좋아하는 유정을 인도하기 위해 설한 경전과 그 내용, 도, 과위 등에 대해 그것이 취할 대상으로서 실재라고 취한 구생실집.('간략하고'가 나타냄)

② 자세하고 광대한 것을 좋아하는 유정을 인도하기 위해 설한 경전과 그 내용, 도, 과위 등에 대해 그것이 취할 대상으로서 실재라고 취한 구생실집.(광대한 설법)

③ 부처님의 가호를 받지 못하는 것의 대치법으로 반야바라밀의 가행에 주의를 기울이는 것에 대해 그것이 취할 대상으로서 실재라고 취한 구생실집.(부처님의 가호 없음)

④ 승의에서 존재하지 않고 세속적 차원에서 존재하는 과거의

공덕에 대해 그것이 취할 대상으로서 실재라고 취한 구생실집.(삼세 중의 공덕 없음)

⑤ 승의에서 존재하지 않고 세속적 차원에서 존재하는 현재의 공덕에 대해 그것이 취할 대상으로서 실재라고 취한 구생실집.(삼세 중의 공덕 없음)

⑥ 승의에서 존재하지 않고 세속적 차원에서 존재하는 미래의 공덕에 대해 그것이 취할 대상으로서 실재라고 취한 구생실집.(삼세 중의 공덕 없음)

⑦ 상락아정의 자아를 취하는 등의 전도견을 제거하고 열반으로 인도하는 길에 대해 그것이 취할 대상으로서 실재라고 취한 구생실집.(세 가지의 훌륭한 길)

⑧ 공성을 최초로 직관에 의해 지각하는 견도에 대해 그것이 취할 대상으로서 실재라고 취한 구생실집.(세 가지의 훌륭한 길)

⑨ 공성을 반복적으로 직관에 의해 지각하고 명상하는 수도에 대해 그것이 취할 대상으로서 실재라고 취한 구생실집.(세 가지의 훌륭한 길)

두 번째는 심왕, 심소가
들어가는 대상들로 보나니

28. 보리심을 내지 않음과,
    대각 작의하지 않음과,

소승도에 대한 작의와,

원만보리 작의하지 않음과,

29. 수습, 수습하지 않음과,

그것들의 반대 등

여실하지 않은 분별을

수도에서 알아야 하네.

네 가지 구생실집 중에서 두 번째 소취분별인 구생의 퇴환소취분별은 수도정가행의 심왕과 심소가 본정에 들어간 단계의 제거대상들이라고 하였으며, 다음과 같은 아홉 가지가 있다.

① 보리심을 내지 않고 열반만을 추구하는 길에 대해 그것은 보살이 여읠 대상으로서 실재라고 취한 구생실집.('보리심을 내지 않음'이 나타냄)

② 대각의 법신을 구하지 않는 적멸일로에 대해 그것은 보살이 여읠 대상으로서 실재라고 취한 구생실집.(대각 작의하지 않음)

③ 성문승의 추구에 대해 그것은 보살이 여읠 대상으로서 실재라고 취한 구생실집.(소승도에 대한 작의)

④ 독각승의 추구에 대해 그것은 보살이 여읠 대상으로서 실재라고 취한 구생실집.(소승도에 대한 작의)

⑤ 완전한 보리를 추구하지 않는 길에 대해 그것은 보살이 여읠

대상으로서 실재라고 취한 구생실집.(원만보리 작의하지 않음)

⑥ 실집을 바탕으로 한 수습에 대해 그것은 보살이 여읠 대상으로서 실재라고 취한 구생실집.(수습)

⑦ 공성의 지각을 바탕으로 수습하지 않는 것에 대해 그것은 보살이 여읠 대상으로서 실재라고 취한 구생실집.(수습하지 않음)

⑧ 수습과 수습 없음 두 가지 모두인 것을 취한 분별에 대해 그것은 보살이 여읠 대상으로서 실재라고 취한 구생실집.(그것들의 반대)

⑨ 수습과 수습 없음 두 가지가 모두 아닌 것을 취한 분별에 대해 그것은 보살이 여읠 대상으로서 실재라고 취한 구생실집.(그것들의 반대)

30. 유정으로 가립한 대상,

   법의 가립, 비공(非空)과,

   집착하고 분별하는 성품과,

   실법 추구, 삼승과,

31. 불청정한 공양과,

   착란되는 행위 등에서

   첫 번째의 능취분별을

   이해하라 설하셨다네.

네 가지 구생실집 중에서 첫 번째 능취분별인 구생의 집실능취분별에는 다음과 같은 아홉 가지가 있다.

① 유정으로 가립한 개아를 실유라고 취한 마음에 대해 그것이 주체로서 실재라고 취한 구생실집.(유정으로 가립한 대상'이 나타냄)

② 오온 등을 법으로 가립한 개아를 실유라고 취한 마음에 대해 그것이 주체로서 실재라고 취한 구생실집.(법의 가립)

③ 세속적 차원에서 공하지 않은 삼종지에 가립한 개아를 실유라고 취한 마음에 대해 그것이 주체로서 실재라고 취한 구생실집.(비공)

④ 법을 실재라고 집착하는 개아를 실유라고 취한 마음에 대해 그것이 주체로서 실재라고 취한 구생실집.(집착하고)

⑤ 법의 실상을 분별하는 개아를 실유라고 취한 마음에 대해 그것이 주체로서 실재라고 취한 구생실집.(분별하는 성품)

⑥ 고가 소멸된 실법을 추구하는 개아를 실유라고 취한 마음에 대해 그것이 주체로서 실재라고 취한 구생실집.(실법 추구)

⑦ 삼승의 모든 증득과 단멸의 공덕을 추구하는 개아를 실유라고 취한 마음에 대해 그것이 주체로서 실재라고 취한 구생실집.(삼승)

⑧ 법성에 철저하게 머무르지 않기 때문에 시주의 공양이 청정하지 않은 개아를 실유라고 취한 마음에 대해 그것이 주체로서 실재라고 취한 구생실집.(불청정한 공양)

⑨ 보시 등을 실재로 보고 수행하기 때문에 바라밀의 수행이 착
란되어 있는 개아를 실유라고 취한 마음에 대해 그것이 주체
로서 실재라고 취한 구생실집.(착란되는 행위)

32. 유정으로 가립하고, 그것의
　　 원인 되는 주관들이 수도에 의해
　　 파괴됨으로써 그와 관련된
　　 아홉 가지 다른 이품은

33. 여실하게 본성 아는 세 가지
　　 일체지의 세 가지의 장애와,
　　 적멸도와, 진여 등과의
　　 상응하고 불상응함과,

34. 불평등과, 고제 등,
　　 번뇌들의 본성과,
　　 불이(不二) 등에 대한 미혹 등에서
　　 마지막의 분별 주장한다네.

　유정은 오온 등을 기반으로 가립되고, 그러한 가립의 원인이 되
는 것은 심식에 나타나는 현상들이며, 그와 같이 가립된 유정이 가

유라고 취한 마음을 주관으로서 실재라고 취한 아홉 가지 구생의 집 가능취분별은 수도정가행에 의해 파괴되는 이품들로서 수도정가행과 관련된다고 하였다.

네 가지 구생실집 중에서 마지막인 그러한 아홉 가지 구생의 집 가능취분별이란 다음과 같다.

① 일체종지의 장애에 대해 미혹한 개아를 가유라고 취한 마음에 대해 그것이 주체로서 실재라고 취한 구생실집.('여실하게 본성 아는 세 가지 일체지의 세 가지 장애'가 나타냄)

② 도지의 장애에 대해 미혹한 개아를 가유라고 취한 마음에 대해 그것이 주체로서 실재라고 취한 구생실집.(여실하게 본성 아는 세 가지 일체지의 세 가지 장애)

③ 기지의 장애에 대해 미혹한 개아를 가유라고 취한 마음에 대해 그것이 주체로서 실재라고 취한 구생실집.(여실하게 본성 아는 세 가지 일체지의 세 가지 장애)

④ 모든 장애를 소멸시키는 길에 대해 미혹한 개아를 가유라고 취한 마음에 대해 그것이 주체로서 실재라고 취한 구생실집.(적멸도)

⑤ 세속과 승의의 2제가 별개의 실체가 아니면서도 서로 차별이 있는 이치에 대해 미혹한 개아를 가유라고 취한 마음에 대해 그것이 주체로서 실재라고 취한 구생실집.(진여 등과의 상응하고 불상응함)

⑥ 대소승의 길이 같지 않음에 대해 미혹한 개아를 가유라고 취한 마음에 대해 그것이 주체로서 실재라고 취한 구생실집.(불평등)

⑦ 고제를 비롯한 사성제의 비실재성에 대해 미혹한 개아를 가유라고 취한 마음에 대해 그것이 주체로서 실재라고 취한 구생실집.(고제 등)

⑧ 번뇌의 비실재성에 대해 미혹한 개아를 가유라고 취한 마음에 대해 그것이 주체로서 실재라고 취한 구생실집.(번뇌들의 본성)

⑨ 주관과 객관이 별개의 실체가 아닌 실상에 대해 미혹한 개아를 가유라고 취한 마음에 대해 그것이 주체로서 실재라고 취한 구생실집.(불이)

35. 이와 같은 병들 다하여
    오랜만에 평안해진 것처럼
    모든 방면으로 퍼지는 안락
    성취하는 모든 풍성한 공덕

36. 큰 바다에 흘러드는 강처럼
    비할 바가 없는 과보들로 장엄된
    이와 같은 대보살님들에게
    전적으로 의지할 수 있다네.

이것은 수도정가행에 의해 수소단이 거의 제거된 십지의 대보살의 공덕에 대한 예찬이다.

위에서 열거한 허물이 모두 제거되면 오래도록 병을 앓다가 회복되어 평안을 되찾은 것과 같이 대안락을 얻게 되며, 이러한 대안락을 성취하게 하는 모든 풍성한 공덕을 갖춘 십지의 대보살은 비할 데가 없는 최고의 증득과 단멸의 과보로 장엄되어 있으므로 모든 중생이 바다에 흘러드는 강과 같이 전적으로 믿고 의지할 수 있다고 하였다.

수도정가행의 마지막은 대승의 최후무간도인 무간정가행이므로 이제 무간정가행에 대해 설한다.

7) 무간정가행

37. 삼천대천세계 중생을
     성문, 독각들의 원만성취와,
     결함 없는 보살들의 지위로
     이끌어 준 선(善)에 비유한

38. 많은 복덕들에 의해서
     모든 것을 아는 성품의
     부처 이루는 데 장애가 없는

중단 없는 사마디.

39. 그의 소연에는 비실재,
증상연은 억념이라 말하고,
적정함이 행상이라 하는 여기에
이론가들 연달아서 반론한다네.

이것은 정가행을 나타내는 8법 중의 일곱 번째인 '무간정가행'에 대한 설명이다.

무간정가행은 대승의 최후무간도와 같은 뜻이다. 대승의 최후무간도는 사마디 상태에서 공성을 직관에 의해 지각함으로써 최후까지 남은 가장 미세한 소지장을 대치하고 있는 상태이며, 그 다음 찰나에 소지장이 완전히 제거됨과 동시에 부처를 이룬다.

경전에서 삼천대천세계의 중생을 성문과 독각의 성취로 이끈 복덕과, 보살의 결함 없는 지위인 초지로 이끈 복덕을 비유로 들어 무간정가행의 복덕이 그보다 더 광대하다고 설하였다.

이와 같이 광대한 복덕의 힘에 의해 일체종지를 갖춘 부처를 이루는 데까지 다른 장애에 의해 중단되는 일이 없는 무간정가행은 일체법의 비실재성을 소연으로 한다. 왜냐하면 일체법의 비실재성을 바탕으로 증익을 끊어 대상을 지각하기 때문이다.

무간정가행의 증상연(增上緣)은 억념이라 이름 붙인 대승발심이다. 왜냐하면 대승발심이 무간정가행을 발생시키는 주요 기반이 되

411

는 조건이기 때문이다. 무간정가행은 공성의 행상을 갖는다. 왜냐하면 궁극적 실상인 공성을 직관에 의해 지각하는 지혜이기 때문이다.

이러한 주장에 대해 공성과 일체법을 잘 조화시키지 못하는 실재론자는 항상 심각한 모순이라 느껴 반론을 하므로, 이제 5장의 마지막으로 그러한 반론에 내포된 전도집에 대해 설할 차례다.

8) 제거대상 전도행

40. 소연들의 타당함,
    그 자성의 인식과,
    일체상을 아는 지혜와,
    승의제와 세속제,

41. 가행들과, 삼보와,
    방편 구족, 능인의 증득,
    전도집과, 도(道) 등과,
    대치법과 이품과,

42. 성상, 수습 등에 대해서
    이론가의 전도된 분별
    일체종지 대상으로 한

열여섯의 종류들로 본다네.

이것은 정가행을 나타내는 8법 중의 마지막 여덟 번째인 '제거대
상 전도행'에 대한 설명이다.
다음과 같이 열여섯 가지가 있다.

① 소연에 대해 전도된 분별 : 일체법이 비실재라면 무간정가행
   과 일체종지의 소연이 성립할 수 없다는 분별.
② 행상에 대해 전도된 분별 : 일체법이 비실재라면 소연의 자성
   을 무희론으로 인식하는 행상이 성립할 수 없다는 분별.
③ 결과에 대해 전도된 분별 : 일체법이 비실재라면 수행의 결과
   인 일체종지가 성립할 수 없다는 분별.
④ 승의제에 대해 전도된 분별 : 일체법이 비실재라면 승의제가
   성립할 수 없다는 분별.
⑤ 세속제에 대해 전도된 분별 : 일체법이 비실재라면 세속제가
   성립할 수 없다는 분별.
⑥ 행위의 본질에 대해 전도된 분별 : 보시 등이 비실재라면 지
   관쌍수의 가행이 성립할 수 없다는 분별.
⑦ 불보에 대해 전도된 분별 : 대상과 심식이 비실재라면 불보가
   성립할 수 없다는 분별.
⑧ 법보에 대해 전도된 분별 : 일체법이 명칭으로 가립된 것에
   불과하다면 법보가 성립할 수 없다는 분별.

⑨ 승보에 대해 전도된 분별 : 색법 등이 비실재라면 승보가 성립할 수 없다는 분별.

⑩ 행위의 특성에 대해 전도된 분별 : 보시 등이 비실재라면 선교방편의 행위가 성립할 수 없다는 분별.

⑪ 현증에 대해 전도된 분별 : 일체법이 비실재라면 부처의 현증이 성립할 수 없다는 분별.

⑫ 제거대상에 대해 전도된 분별 : 오온이 무상(無常)함을 지각하는 지혜 등이 비실재라면 오온이 항상하다고 취하는 따위가 제거대상으로 성립할 수 없다는 분별.

⑬ 도의 본질에 대해 전도된 분별 : 결과인 보리가 비실재라면 보리를 성취하기 위한 길이 성립할 수 없다는 분별.

⑭ 제거대상과 대치법의 분류에 대해 전도된 분별 : 취할 대상과 버릴 대상이 비실재라면 대치법과 제거대상이 성립할 수 없다는 분별.

⑮ 법들의 성상에 대해 전도된 분별 : 일체법이 비실재라면 개별적인 성상과 보편적인 성상이 성립할 수 없다는 분별.

⑯ 개별적 성상과 보편적 성상에 대한 명상에 대해 전도된 분별 : 개별적 성상과 보편적 성상이 비실재라면 그것들에 대한 명상이 성립할 수 없다는 분별.

이상 열거된 열여섯 가지의 분별은 모두 공성과 일체법이 상호 위배된다고 생각하는 전도집이다. 이러한 전도된 분별을 없애기 위해서는 승의와 세속에 대한 이해가 필수이므로 답변 역시 승의와 세속 양면에서 이루어진다.

첫 번째 분별을 예로 들면 실재론자의 반론은 다음과 같다.

"무간정가행과 일체종지의 소연은 성립하지 않는다. 일체법이 실재하지 않기 때문에."

이것은 일체법이 실재하지 않는다는 중관파의 주장을 논거로 무간정가행과 일체종지의 소연이 성립하지 않는다는 결론을 도출하려한 잘못된 귀류논법이다.

이에 대한 중관파의 대답은 다음과 같다.

"무간정가행과 일체종지의 소연이 성립하지 않는다는 말이 만약 승의의 측면에서 하는 말이라면 그대로 인정한다. 일체법이 승의에서 성립하지 않는다는 것은 우리의 주장이므로 여기엔 아무런 모순이 없다. 만약 세속적 측면에서 하는 말이라면 논거가 주장을 정당화시키지 못한다. 왜냐하면 실재하지 않는다는 것이 세속적 차원에서도 성립하지 않는다는 결론을 요구하는 것이 아니기 때문이다."

나머지 분별에 대해서도 마찬가지로 이해하면 되므로 생략한다.

6

점차가행
漸次加行

4장과 5장에서 삼종지의 행상에 대한 지배력을 얻는 원인과 결과인 원만가행과 정가행을 설한 후에, 6장에서 점차가행에 대해 설하는 이유는 삼종지의 행상에 대한 지배력을 얻는 정도로는 충분치 않고 삼종지의 행상을 확고히 하기 위해 삼종지의 모든 행상을 차례로 명상해야 함을 이해하기 위해서다.

1. 보시에서 반야까지와,
    부처 등에 대한 수념(隨念)과,
    법의 무실성(無實性)에 의해서
    점차가행 승인하셨네.

6장에서는 이 하나의 계송만을 설하였다.

점차가행을 나타내는 13법을 열거한 것이며, 그것은 다음과 같다.

① 보시바라밀 수행, ② 지계바라밀 수행, ③ 인욕바라밀 수행, ④ 정진바라밀 수행, ⑤ 선정바라밀 수행, ⑥ 반야바라밀 수행, ⑦ 불(佛)수념, ⑧ 법(法)수념, ⑨ 승(僧)수념, ⑩ 계(戒)수념, ⑪ 사(捨)수념, ⑫ 천(天)수념, ⑬ 비실재성을 아는 점차가행.

이 열세 가지 법을 바탕으로 점차가행을 수행한다고 경전에서 설하였다.

그 이유는 삼종지의 행상을 차례로 명상하는 점차가행을 수행할 때 도의 본질적 측면에서 6바라밀이 바탕이 되고, 도를 차별화하는 작용의 측면에서 6수념이 바탕이 되며, 도를 청정하게 하는 측면에서 비실재성을 지각한 지혜가 바탕이 되기 때문이다.

도의 본질적 측면에서 6바라밀이 바탕이 되는 이유는 보살의 모든 수행이 6바라밀에 수렴되기 때문이다.

도를 차별화하는 작용의 측면에서 6수념이 바탕이 되는 이유는 도의 기반으로 삼보에 대한 수념, 죄업을 끊는 면에서 계율에 대한 수념, 선업을 닦는 면에서 사수념, 취사를 여법하게 함에 대한 증인으로 부처님을 비롯한 천신에 대한 수념이 바탕이 되기 때문이다.

도를 청정하게 하는 측면에서 비실재성을 지각한 지혜가 바탕이 되는 이유는 앞의 다섯 가지.바라밀을 수행할 때 실집을 배격하는 반야바라밀의 수행이 바탕이 되어야 하기 때문이다.

그렇다면 이러한 열세 가지 법을 바탕으로 수행한다는 점차가행 그 자신은 어떠한 것인가 하면, 한 번의 애씀으로 최단 성사찰나 하나에 삼종지의 173행상을 차례로 명상하는 능력을 얻기 위해 삼종지의 행상을 차례로 명상하는 보살의 가행을 의미한다.

경계는 대승자량도 소품에서부터 최후무간도의 이전까지 존재한다.

7

찰나가행
刹那加行

6장에서 점차가행을 설한 이후 7장에서는 점차가행이 목표로 한 결과인 찰나가행에 대해 설한다.

　찰나가행의 정의는 '최단의 성사찰나 하나에 삼종지의 173행상을 직접 대상할 수 있는 능력을 성취한 보살의 수행'이다. 이것은 그 생에 성불이 확정된 보살에게만 있다. 그러한 보살이 그러한 능력을 성취한 이유는 삼대무량겁에 걸쳐 삼종지의 173행상을 차례로 명상하는 점차가행을 수행하였기 때문이다.

　찰나가행을 분류하면 비이숙(非異熟)찰나가행, 이숙(異熟)찰나가행, 무상(無相)찰나가행, 무이(無二)찰나가행 등의 네 가지가 있다. 그러나 이것들은 모두 대승의 최후무간도 하나를 여러 측면에서 나타내는 것일 뿐 서로 다른 것이 아니다.

　정의에서 '173행상을 직접 대상할 수 있는 능력을 성취한'이라고 하였을 뿐 '173행상을 직접 대상하는'이라고 하지 않은 점에 주의해야 한다. 보살의 최후무간도는 오직 공성만을 직관적으로 지각할 뿐 그 외에 다른 것들을 대상하지 않는다. 그러나 만약 그러한 능력을 성취하였다면 그것을 실행하는 경우도 분명히 있을 것이므로 최후무간도 이전의 후득위에서 삼종지의 173행상을 최단의 성사찰나 하나에 직접 대상하는 찰나가행이 존재한다는 것이 빤첸의 견해다. 그렇다면 위에서 말한 네 가지 분류는 찰나가행의 분류라기보다는 최후무간도 찰나가행의 분류라고 해야 정확할 것이다.

1) 비이숙찰나가행

1. **보시 등의 각각들에 의해도**
    일체 무루법이 수렴되므로
    능인에게 있는 찰나의
    이 증득에 대해 알아야 하네.

이것은 찰나가행을 나타내는 4법 중의 첫 번째인 '비이숙찰나가행'에 대한 설명이다.

일반적으로는 여러 가지 안에 한 가지가 수렴되지만, 보시바라밀의 무루의 지혜 따위의 각각에 의해서도 역시 보시바라밀에서 부처의 32상 80수호에 이르기까지의 여러 법을 수렴하여 명상할 수 있으므로 능인이라 이름 붙인 최후생의 보살에게 있는 찰나가행에 대해서도 이해할 수 있다고 하였다.

비이숙찰나가행의 정의는 '최단의 성사찰나 하나에 무루의 비이숙법 하나를 직관하면 그와 동류의 일체법을 직관하는 능력을 성취함으로써 소지장의 근본 대치법이 되는 보살의 수행'이다.

여기서 이숙과 비이숙의 의미가 무엇인가 하면, 보살 7지 이하의 무루의 공덕은 애씀에 의해서 성취된 것이므로 비이숙이라 하고, 보살 8지 이상의 무루의 공덕은 애씀 없이 성취된 것이므로 이숙이라 한다.

2. 비유하면 물레방아의
   한 부분을 움직이면 전체가
   함께 움직이는 것처럼
   한 찰나의 앎도 그와 같다네.

이것은 한 가지의 직관이 다른 여러 가지의 직관을 수렴하는 이치를 비유로써 설명한 것이다.

물레방아의 한 부분을 움직이면 그와 동시에 다른 모든 부분이 함께 움직이는 것과 같이 삼종지의 행상 하나를 직관한 것이 173가지 행상 전체의 직관을 수렴하는 이치도 바로 그와 같다고 하였다.

2) 이숙찰나가행

3. 어느 때에 일체의
   백법성(白法性)의 반야바라밀
   이숙법성 단계 일어난 때에
   한 찰나의 지혜라 하네.

이것은 찰나가행을 나타내는 4법 중의 두 번째인 '이숙찰나가행'
에 대한 설명이다.

어느 때에 성사찰나 하나에 이숙 단계의 무루의 일체 공덕을 지
각할 수 있는 능력을 갖춘 보살의, 오염을 여읜 청정한 백법의 반야
바라밀인 최후무간도가 일어나면 그것을 두 번째 찰나가행인 이숙
찰나가행이라 한다고 하였다.

3) 무상찰나가행

4. 보시 등의 행위의
   일체법에 꿈과 같이 머물러
   일체법의 무상성(無相性)
   한 찰나에 지각한다네.

이것은 찰나가행을 나타내는 4법 중의 세 번째인 '무상(無相)찰나가행'에 대한 설명이다.

무상찰나가행은 보시 등의 일체법이 꿈과 같다는 통찰에 의해 일체법의 무상성 즉, 공성을 지각한다고 하였다.

4) 무이찰나가행

5. 꿈과, 꿈을 보는 주체를
   다른 두 가지로 보지 않듯이
   일체법의 둘 없는 도리
   한 찰나에 본다네.

이것은 찰나가행을 나타내는 4법 중의 마지막 네 번째인 '무이(無二)찰나가행'에 대한 설명이다.

무이찰나가행은 꿈속에서 보이는 대상과 꿈꾸는 주체 두 가지가 서로 별개가 아닌 것과 마찬가지로 주관과 객관이 별개의 실체가 아니라는 능소이공(能所二空)의 도리를 지각할 수 있는 능력을 갖춘 보살의 최후무간도라고 하였다.

여기서도 무이찰나가행이 능소이공을 지각한다고 해석해선 안 되는 이유는 보살의 최후무간도는 승의제인 공성만을 지각하는 사마디인데 반해 능소이공은 승의제가 아닌 세속제이기 때문이다.

8

법신
法身

7장에서 찰나가행을 설한 이후 『현증장엄론』의 마지막 장인 8장에서는 4가행의 결과로서 찰나가행의 다음 찰나에 성취되는 법신에 대해 설한다.

부처의 몸을 두 가지로 분류하면 법신과 색신이 있다. 법신은 다른 말로 자리(自利)법신이라고 하며, 주로 지혜자량에 의해 성취되는 것이다. 색신은 다른 말로 이타(利他)색신이라고 하며, 주로 복덕자량에 의해 성취되는 것이다.

색신에는 보신과 화신이 있으므로 법신, 보신, 화신의 세 가지를 부처의 3신(身)이라 한다. 또, 법신에는 자성법신과 지혜법신 두 가지가 있으므로 두 가지 법신과 두 가지 색신을 합해 부처의 4신(身)이라 한다.

1) 자성법신

1. 부처님의 자성법신은
   무루법을 성취하고, 완전히
   청정하며, 그것들의 본질적
   성상 가진 것을 말하네.

이것은 과위법신을 나타내는 4법 중의 첫 번째인 '자성법신'에 대한 설명이다.

자성법신에는 다음의 세 가지 특성이 있다고 하였다.

① 공덕 구족의 특성 : 4념주를 비롯한 스물한 가지 무루의 지혜 를 갖춤.
② 오염 단멸의 특성 : 번뇌와 소지의 2장이 그 습기까지 완전히 제거된 청정을 갖춤.
③ 본질적 특성 : 21무루지가 승의에서 성립하지 않는 공한 성상 을 가짐.

자성법신의 정의는 '두 가지 청정을 갖춘 법성의 몸'이다. 분류하 면 본연청정자성신과 이구청정자성신의 두 가지가 있다.

본연청정자성신이란 본연적으로 청정한 자성신이란 의미로서, 일체종지의 공성을 가리킨다. 이구청정자성신이란 오염을 제거하여 청정해진 자성신이란 의미로서, 2장을 제거한 대승열반을 가리킨다.

2) 지혜법신

2~11번 게송은 과위법신을 나타내는 4법 중의 두 번째인 '지혜법신'에 대한 설명이다.

지혜법신의 정의는 '여소유법과 진소유법에 대해 구경의 통찰이 되는 지혜'이다. 일체종지와 같은 뜻이다.

분류하면 여소유법을 지각하는 지혜법신과, 진소유법을 지각하는 지혜법신의 두 가지가 있다. 전자는 일체종지가 승의제를 지각하는 측면을 나타내기 위해 설정한 것이고, 후자는 세속제를 지각하는 측면을 나타내기 위해 설정한 것인데, 명목상의 분류일 뿐, 두 가지 모두 승의와 세속의 일체법을 직관에 의해 지각하는 동일한 일체종지이다.

지혜법신을 또 방대하게 분류하면 스물한 가지 부류의 무루지가 있다. 이어지는 게송에서 설명된다.

2. 삼십칠의 보리분법과,
   사무량과, 팔해탈,
   아홉 가지 사마디,

열 가지의 변처(遍處)와,

3. 세밀하게 승처(勝處)를
   분류하여 여덟 가지와,
   무염정(無染定)과, 원지(願智)와,
   육신통과, 사무애지(四無碍智)와,

4. 네 가지의 청정과,
   십자재와, 십력과,
   두려움이 없는 네 가지,
   보호하지 않는 세 가지,

5. 세 가지의 염주(念住)와,
   불망실의 법성과,
   습기들의 완전한 단멸,
   유정들에 대한 대연민,

6. 부처님에게만 갖춰진
   불공법의 열여덟 가지,
   일체상을 아는 지혜 등
   이것들을 법신이라 말하네.

이것은 다음과 같은 지혜법신의 무루지 21부를 열거한 것이다.

① 37보리분법, ② 4무량, ③ 8해탈, ④ 9차제정, ⑤ 10변처정, ⑥ 8
승처정, ⑦ 무염정, ⑧ 원지, ⑨ 6신통, ⑩ 4무애지, ⑪ 4정, ⑫ 10자
재, ⑬ 10력, ⑭ 4무외, ⑮ 3불호, ⑯ 3념주, ⑰ 의무실성(意無失性),
⑱ 영단습기, ⑲ 대연민, ⑳ 18불공법, ㉑ 3종지.

이 중에서 대부분은 앞에서 이미 설명하였기 때문에 새로 나온
것만 여기서 설명하기로 한다.

(1) 십변처정(十遍處定)

'그것의 마음기반이 되는 선의 본정이나 무색의 본정 중의 어느 것
에 의지해서 그것의 소연경인 청, 황 등의 열 가지 대상 중의 어느 한
가지가 편만하도록 화현시킬 수 있는 사마디'가 변처정의 정의이다.

분류하면 지(地), 수(水), 화(火), 풍(風), 청(靑), 황(黃), 적(赤), 백
(白), 공(空), 식(識) 등의 열 가지 변처정이 있다. 이 중에 앞의 여덟
가지는 선의 본정에 의지해서 일으키고, 공변처정은 공무변처의 본
정, 식변처정은 식무변처의 본정에 의지해서 일으킨다.

지변처정의 정의는 '그것의 마음기반이 되는 선의 본정에 의지해서
그것의 소연경인 지(地)가 편만하도록 화현시킬 수 있는 사마디'이다.

공변처정의 정의는 '그것의 마음기반이 되는 공무변처의 본정에 의지해서 그것의 소연경인 공(空)이 편만하도록 화현시킬 수 있는 사마디'이다.

나머지도 이와 같이 응용해서 이해하면 되므로 생략한다.

(2) 팔승처정(八勝處定)

'그것의 마음기반이 되는 선의 본정에 의지해서 소연을 제압하는 데 통달한 사마디'가 승처정의 정의이다.

분류하면 모양을 제압하는 승처정 네 가지와, 색깔을 제압하는 승처정 네 가지가 있다. 모양을 제압하는 승처정 네 가지란, 내부를 유형상으로 생각하고 외부의 작은 형상을 관하는 승처정, 내부를 유형상으로 생각하고 외부의 큰 형상을 관하는 승처정, 내부를 무형상으로 생각하고 외부의 작은 형상을 관하는 승처정, 내부를 무형상으로 생각하고 외부의 큰 형상을 관하는 승처정 등을 가리킨다.

첫 번째의 정의는 '그것의 마음기반인 선의 본정에 의지해서 수행자 자신을 형상이 있는 것으로 생각하고 외부의 작은 형상을 소연하여 원하는 대로 지배하는 사마디'이다. 나머지도 마찬가지로 응용하면 된다.

색깔을 제압하는 승처정 네 가지란, 청(靑)을 제압하는 승처정, 황(黃)을 제압하는 승처정, 적(赤)을 제압하는 승처정, 백(白)을 제압하는 승처정 등을 가리킨다.

청을 제압하는 승처정의 정의는 '그것의 마음기반인 선의 본정에 의지해서 수행자 자신을 무형상으로 생각하고 외부의 파란색을 소연하여 그보다 더욱 파랗게 보는 등 원하는 대로 지배하는 사마디'이다. 나머지도 마찬가지로 응용한다.

(3) 사정(四淨)

① 신정(身淨) : 몸을 취하고, 머물고, 버리는 데 통달한 지혜.
② 연정(緣淨) : 오감의 대상들을 변화, 화현시키는 데 통달한 지혜.
③ 심정(心淨) : 무수한 사마디에 통달한 지혜.
④ 지정(智淨) : 무수한 다라니에 통달한 지혜.

(4) 십자재(十自在)

① 명(命)자재 : 수명에 자재한 지혜.
② 심(心)자재 : 무수한 사마디들에 자재한 지혜.
③ 재(財)자재 : 허공장(虛空藏)에 통달함으로써 필요한 물품에 자재한 지혜.
④ 업(業)자재 : 업의 결과를 보여줌에 자재한 지혜.

⑤ 생(生)자재 : 원하는 대로 태어남에 자재한 지혜.

⑥ 승해(勝解)자재 : 온 세상이 부처의 몸으로 가득함을 보여줄 수 있는 지혜.

⑦ 원(願)자재 : 대각의 화현을 보여줄 수 있는 지혜.

⑧ 신통(神通)자재 : 여러 중생에게 동시에 다양한 신통을 보여줌에 자재한 지혜.

⑨ 지(智)자재 : 일체법을 걸림 없이 아는 지혜.

⑩ 법(法)자재 : 설법의 모든 내용에 대해 자재한 지혜.

(5) 삼불호(三不護)

불호란 부처님의 몸과 말과 마음의 행위가 모두 완전하게 청정하여 허물이 일어날 수 없으므로 조심할 필요가 없음을 의미한다.

신(身)불호, 어(語)불호, 심(心)불호 등의 세 가지가 있다.

(6) 삼념주(三念住)

부처님이 설법 시에 경청하는 이들에게 애착을 갖지 않고 평정에 머물고, 경청하지 않는 이들에게도 성냄을 일으키지 않고 평정에 머물며, 경청과 경청하지 않는 두 가지가 섞인 이들에게도 애착과 성냄을 일으키지 않고 평정에 머무는 이 세 가지를 3념주라 한다.

(7) 영단습기(永斷習氣)

영단습기란 번뇌장과 소지장이 그 습기까지 완전히 제거된 지혜를 의미한다.

7. 성문들의 무염정은 보는 이들의
   번뇌들을 멀리하는 특성을 갖고
   부처님의 무염정은 마을 등에서
   사람들의 번뇌 흐름 끊어버리네.

이것은 부처의 21부 무루지 중에서 무염정에 대한 설명이다.
일반적으로 무염정이란 "중생이 나를 볼 때 나를 소연해서 번뇌가 일어나지 않게 하소서." 하고 발원한 후 사마디에 들어간 것을 말한다.
그러나 부처의 무염정은 성문 등의 일반적인 무염정보다 훨씬 수승하다. 왜냐하면 성문의 무염정은 자신을 바라보는 사람들의 번뇌의 소연이 되지 않도록 하는 정도에 불과하지만, 부처의 무염정은 마을이나 도시 등에서 부처님을 만나는 사람들의 번뇌가 뿌리에서부터 끊어지게 하는 작용이 있기 때문이다.

8. 부처님의 원지는

   자연성취하고, 집착 여의고,

   걸림 없고, 항상하게 머물며

   모든 질문들에 대답하시네.

이것은 부처의 21부 무루지 중에서 원지(願智)에 대한 설명이다. 일반적으로 원지란 어떤 것에 대해 알고자 하는 발원을 한 후 선정에 들었다가 나오면 알고자 했던 대상에 대해 알게 되는 지혜를 의미한다.

그러나 부처님의 원지는 일반적인 원지보다도 훨씬 수승하다. 왜냐하면 부처님의 원지는 애씀 없이 자연적으로 이루어지고, 존재들에 대한 실집을 여의었고, 2장을 뿌리 뽑아서 일체 지각대상에 걸림이 없으며, 윤회계가 존재하는 한 항상하게 머무르며 끊임없이 중생을 위해 행하고, 무애지에 의해 모든 의문을 해소해 주시기 때문이다.

그렇다면 어찌해서 모든 중생이 부처님을 만나서 이익을 얻지 못하는가 하는 의문이 들 것이므로 이에 대해 다음 게송이 답변한다.

9. 원인들이 성숙되어서

   어떤 이들에게 무엇이

   어느 때에 이익이 되는

   그와 같은 방식으로 나타난다네.

부처님을 직접 만나서 이익을 얻는 등은 중생 각각이 쌓은 자량에 달려 있다. 왜냐하면 부처님에 대한 신심과 사마디와 지혜를 닦는 등의 선근이 무르익어서 부처님의 가르침을 이해하고 부처님의 가르침에 의해 변화될 수 있는 준비가 스스로 되어 있어야만 그러한 때 부처님도 알아볼 수 있는 것이고, 부처님의 가르침의 효과도 나타나는 것이지, 그렇지 않다면 부처님을 보고도 알아보지 못하고, 부처님의 가르침을 듣고도 이해하지 못할 것이기 때문이다.

10. 하늘신이 비를 내려도
불온전한 씨앗 발아할 수 없듯이
많은 부처님들 출현하여도
선연 없는 이는 감화 받지 못하네.

앞의 게송에 이어서 비유를 통해 의문에 답하고 있다.
하늘에서 아무리 비가 내리더라도 씨앗이 썩어 있는 등으로 온전하지 못하다면 그러한 씨앗에선 싹이 자라나올 수가 없듯이, 아무리 많은 부처님이 출현해서 중생을 위해 행하더라도 중생 자신에게 선연이 없다면 아무런 감화를 받지 못할 수 있다.

11. 그와 같이 행위 광대하여서

부처 편만하다 말하고

끊임없이 이어지는 까닭에

항상하다고도 말하네.

앞에서 설명한 바와 같이 부처의 21부 무루지는 일체중생 구제를 위해 광대하게 작용하므로 편만하다고 말한다.

또, 일반적으로 항상하다는 것은 변화가 없다는 의미인 반면, 부처의 무루지는 다른 모든 유위법과 마찬가지로 매 찰나 생멸하는 무상한 것이긴 하지만, 그 흐름이 끊임없이 이어져 윤회계가 존재하는 한 언제까지나 중생을 위해 머물기 때문에 항상하다고 표현하기도 한다.

3) 보신

12~32번 게송은 법신을 나타내는 4법 중의 세 번째인 '보신'에 대한 설명이다.

12. 서른두 가지의 길상과

여든 가지 수호(隨好)로

대승 향유하는 까닭에

부처님의 보신이라 한다네.

이것은 보신의 의미를 총괄적으로 나타낸 것이다.

32상(相) 80수호(隨好)로 장엄되고, 대승법을 향유하는 등의 다섯 가지 고정된 법을 갖춘 부처의 색신을 보신이라 한다. 다시 말해, '다섯 가지 고정된 법을 갖춘 색신'이 보신의 정의다. 다섯 가지 고정된 법이란 다음과 같다.

① 장소 고정 : 밀엄색구경천에만 머묾.
② 권속 고정 : 주변에 오직 보살 성자들만 머묾.
③ 설법 고정 : 대승법만을 설함.
④ 몸 고정 : 32상 80수호로 장엄됨.
⑤ 시간 고정 : 윤회계가 다할 때까지 머묾.

밀엄색구경천이란 색계 제18천으로서, 제17천인 색구경천과는 다르다.

13. 손과 발의 바퀴 무늬, 거북 같은 발,
    손가락과 발가락이 막에 연결돼 있고,
    손과 발의 부드럽고 젊은 피부와,
    몸의 높은 일곱 부분, 긴 손가락과,

14. 넓은 발뒤꿈치, 크고 곧은 몸,

드러나지 않은 복사뼈와, 위로 향한 털,

사슴 같은 종아리와, 아름다운 긴 팔과,

몸속으로 감추어진 남근과,

15. 황금색의 얇고 부드러운 피부와,

각각 오른 방향으로 선회하여 있는 털,

눈썹 사이 하얀 털과, 사자 같은 상체와,

둥근 어깨 모서리와, 넓은 어깨와,

16. 좋지 않은 맛에서도 최고의 맛 느끼고,

반얀나무처럼 가로 세로 길이 같은 몸,

튀어나온 정수리와, 길고 아름다운 혀,

범음 같은 목소리와, 사자 같은 뺨,

17. 매우 희고, 가지런한, 촘촘한 치아,

모두 합해 마흔 개를 갖추고,

청옥 같은 눈과, 소왕 같은 눈매 등

이것들이 부처님의 삼십이상이라네.

다음과 같은 부처의 32상을 열거하였다.

① 손바닥과 발바닥의 바퀴 무늬 : 과거 생에 스승을 시봉한 과보.

② 거북이처럼 평평한 발바닥 : 과거 생에 계율을 올바로 수지한 과보.

③ 손가락과 발가락 사이의 막 : 과거 생에 사섭법을 익힌 과보.

④ 매우 부드러운 손발 : 과거 생에 궁핍한 이들에게 먹고 마실 것 등을 풍족하게 베푼 과보.

⑤ 충만한 몸의 일곱 부분(양 손등, 양 발등, 양 어깨, 뒷머리) : 과거 생에 죽 등을 풍족하게 베푼 과보.

⑥ 긴 손가락 : 과거 생에 생명의 위험에 처하거나 속박된 중생을 풀어준 과보.

⑦ 넓은 발뒤꿈치 : 과거 생에 중생의 생계를 도운 과보.

⑧ 크고 곧은 몸 : 과거 생에 살생을 끊은 과보.

⑨ 튀어나오지 않은 복사뼈 : 과거 생에 보시 등의 선법에 애쓴 과보.

⑩ 위쪽으로 향해 있는 털 : 과거 생에 중생을 선업으로 인도한 과보.

⑪ 사슴 같은 종아리 : 과거 생에 중생에게 의술과 기술 등을 훌륭하게 가르친 과보.

⑫ 길고 아름다운 손 : 과거 생에 자신의 재물을 모두 타인에게 베푼 과보.

⑬ 몸속에 숨어 있는 남근 : 과거 생에 중생에게 금욕행을 올바르게 지키도록 하고, 비밀어를 지킨 과보.

⑭ 황금색 피부 : 과거 생에 중생에게 깔개 등을 많이 베푼 과보.

⑮ 얇고 부드러운 피부 : 과거 생에 중생에게 좋은 집과 궁전 등을 베푼 과보.

⑯ 각각 오른쪽으로 휘돌아 있는 털 : 과거 생에 번잡함과 산만함을 끊은 과보.

⑰ 미간의 하얀 털 : 과거 생에 스승과 부모 등을 지극히 공경한 과보.

⑱ 사자와 같은 상체 : 과거 생에 타인에게 나쁜 말 하는 것을 끊은 과보.

⑲ 둥근 어깨 모서리 : 과거 생에 타인의 훌륭한 말에 일치하게 행한 과보.

⑳ 넓은 어깨 : 과거 생에 중생에게 의료 등을 제공한 과보.

㉑ 맛없는 것도 맛있게 느끼는 미각 : 과거 생에 병자들을 간호한 과보.

㉒ 두 팔을 벌린 길이와 키가 동일함 : 과거 생에 정원과 다리 등을 건설한 과보.

㉓ 상투처럼 튀어나온 정수리 : 과거 생에 사원 등을 보시한 과보.

㉔ 길고 붉은 혀 : 과거 삼대무량겁 동안 중생에게 듣기 좋은 말을 한 과보.

㉕ 범음처럼 맑고 멀리 들리는 목소리 : 과거 생에 여러 세상에 정법을 홍포한 과보.

㉖ 사자와 같은 뺨 : 과거 생에 쓸데없는 말을 끊은 과보.

㉗ 지극히 하얀 치아 : 과거 생에 모든 중생을 존중하고 칭찬을 많

이 한 과보.

㉘ 가지런한 치아 : 과거 생에 바르지 못한 생계를 끊은 과보.

㉙ 촘촘한 치아 : 과거 삼대무량겁 동안 중생에게 진실하게 말한
과보.

㉚ 모두 합해 마흔 개의 치아 : 과거 생에 이간질을 끊은 과보.

㉛ 청옥같이 짙푸른 눈동자 : 과거 생에 모든 중생을 외아들처럼
귀중하게 여긴 과보.

㉜ 소의 왕처럼 부드러운 눈매 : 과거 생에 중생을 탐착과 성냄 없
이 대한 과보.

18. 이와 같은 각각의 상을
    이뤄지게 하는 원인들
    빠짐없이 모두 갖춤으로써
    완전하게 상(相)이 이뤄지나니

19. 스승 배웅하는 따위와,
    바른 계율 수지와,
    사섭법과, 재물의
    아낌없는 보시와,

20. 생명 구해 주는 행위와,

선의 바른 실천, 증장 등

삼십이상 얻는 원인은

경전에서 설한 바와 같다네.

이것은 부처의 32상의 원인에 대한 설명이다.

부처의 32상은 각각의 모든 원인을 빠짐없이 갖춤으로써 그 결과로 이뤄지는 것이다. 그렇다면 그 원인이란 무엇인가 하면, 경전에서 설한 바와 같이 스승 시봉, 계율 수지, 사섭법, 보시, 방생, 선행 등이 32상의 원인이 된다. 나머지는 모두 위에서 설명한 바와 같다.

21. 부처님의 구릿빛의 손톱은

    윤기 있고, 높고, 손가락들은

    둥그렇고, 넓고, 점차 가늘어지고,

    핏줄 드러나지 않고, 얽힘이 없고,

22. 돌출되지 않은 복사뼈,

    불균형이 없는 두 다리,

    사자, 코끼리와, 새처럼,

    소왕처럼 가고, 오른돌이 하시며,

23. 우아하고, 반듯하고, 단정하시며,

닦은 것과 같고, 균형 잡힌 몸,

청결하고, 부드럽고, 청정하시며,

원만구족한 상(相), 커다란 체격,

24. 보폭 일정하고, 맑은 눈,

살은 젊고, 몸에 야윔이 없고,

풍만하고, 지극하게 견실한 몸과,

선명하게 구별되는 몸의 부분들,

25. 가림 없는 깨끗한 시야,

허리 둥그렇고, 가늘고,

지나치게 길지 않으며,

배는 평평하고, 배꼽은

26. 깊고, 우측으로 돌아 있으며,

어느 방향에서 봐도 보기에 좋고,

모든 행위 청정하고, 몸에는

점과 티가 전혀 없으며,

27. 솜과 같이 부드러운 손,

선명하고, 깊고, 기다란 손금,

너무 길지 않은 얼굴과,

복숭아와 같이 붉은 입술과,

28. 부드럽고, 얇고, 붉은 혀,
    우레 같고, 듣기 좋은 음성은
    부드럽고, 송곳니는 둥글고,
    뾰족하고, 희고, 양쪽이 같고,

29. 아래쪽이 점차 가늘어지며,
    높은 코는 청결하고, 두 눈은
    넓고, 속눈썹은 짙으며,
    연꽃잎과 같이 생긴 눈,

30. 길고, 부드러운 눈썹은
    윤기 있고, 모든 털이 고르고,
    길고 커다란 손, 동일한 두 귀,
    청각에는 쇠퇴함이 없으며,

31. 머리칼의 경계 선명한
    넓은 이마, 커다란 머리,
    파리처럼 검은 머리칼,
    숱이 많고, 부드럽고, 엉키지 않고,

32. 거칠지가 않고, 향기로워서
　　유정들의 마음 매혹시키며,
　　손과 발의 길상 문양 등
　　이것들을 부처님의 수호(隨好)라 하네.

다음과 같은 부처의 80수호를 열거하였다.

① 구릿빛 손톱, ② 윤기 있는 손톱, ③ 가운데가 높은 손톱, ④ 동그란 손가락, ⑤ 풍만한 손가락, ⑥ 끝으로 갈수록 가늘어지는 손가락, ⑦ 밖으로 드러나지 않는 핏줄, ⑧ 핏줄이 얽힌 곳이 없음, ⑨ 돌출되지 않은 복사뼈, ⑩ 정확히 대칭되는 양 다리, ⑪ 사자 같은 걸음걸이, ⑫ 코끼리 같은 걸음걸이, ⑬ 거위 같은 비행, ⑭ 소의 왕과 같은 걸음걸이, ⑮ 오른쪽으로 선회해서 가심, ⑯ 우아한 몸놀림, ⑰ 반듯한 이동, ⑱ 단정한 몸, ⑲ 닦은 것 같은 몸, ⑳ 신체 부분들의 길이와 두께 등이 적당함, ㉑ 청결(짱와)한 몸, ㉒ 부드러운 몸, ㉓ 청정(닥빠)한 몸, ㉔ 상(相)의 원만구족, ㉕ 커다란 체격, ㉖ 일정한 보폭, ㉗ 맑은 눈, ㉘ 몸의 살이 젊음, ㉙ 몸의 야윔이 없음, ㉚ 풍만한 몸, ㉛ 견실한 몸, ㉜ 몸의 부분들이 선명하게 구별됨, ㉝ 가림이 없고 깨끗한 시야, ㉞ 둥근 허리, ㉟ 가는 허리, ㊱ 지나치게 길지 않은 허리, ㊲ 평평한 배, ㊳ 깊은 배꼽, ㊴ 오른쪽으로 휘돌아 있는 배꼽, ㊵ 어떤 각도에서 보아도 보기 좋음, ㊶ 청정한 삼문의 행위, ㊷ 몸에 점이나 티가 없음, ㊸ 솜처럼 부드러운 손, ㊹ 선명한 손금, ㊺ 깊은 손금, ㊻ 긴

손금, ㊼너무 길지 않은 얼굴, ㊽복숭아처럼 붉은 입술, ㊾부드러운 혀, ㊿얇은 혀, ⑤붉은 혀, ㊾우레와 같은 음성, ㊾들기 좋고 부드러운 음성, ㊾둘레가 둥근 송곳니, ㊾끝이 뾰족한 송곳니, ㊾하얀 송곳니, ㊾동일한 양쪽 송곳니, ㊾끝으로 갈수록 가늘어지는 송곳니, ㊾높은 콧대, ⑥청결한 코, ⑥커다란 눈, ⑥짙은 속눈썹, ⑥연꽃잎 같이 생긴 눈, ⑥기다란 눈썹, ⑥부드러운 눈썹, ⑥윤기 있는 눈썹, ⑥눈썹의 모든 털이 길이가 동일함, ⑥길고 큰 손, ⑥정확히 대칭되는 양쪽 귀, ⑦청각의 쇠퇴가 없음, ⑦경계가 선명한 이마, ⑦넓은 이마, ⑦커다란 머리, ⑦검은 머리칼, ⑦머리숱이 많음, ⑦부드러운 머리칼, ⑦엉키지 않은 머리칼, ⑦거칠지 않은 머리칼, ⑦향기로운 머리칼, ⑧길상매듭과 만(卍)자 등의 길상한 문양이 있는 손발.

32상과 80수호의 차이는, 32상이 주요한 특성이라면 80수호는 부차적 특성이라 한다.

4) 화신

33. 윤회계가 존재하는 한
　　유정들의 이익 위해서
　　갖가지로 행하시는 몸
　　부처님의 화신에는 중단이 없네.

이것은 법신을 나타내는 4법 중의 마지막 네 번째인 '화신'에 대한 설명이다.

화신의 정의는 '다섯 가지 고정된 법을 갖추지 않은 색신'이다. 다섯 가지 고정된 법 중에서 어떤 것을 갖추지 않았는가 하면, 장소, 권속, 설법 등의 세 가지이다.

분류하면 교(巧)화신, 생(生)화신, 수승(殊勝)화신 등이 있다.

교화신이란 부처님이 공교천(工巧天: 위샤까르마)으로 화현하신 것 따위를 가리킨다.

생화신이란 부처님이 사슴으로 화현하신 것 따위를 가리킨다.

수승화신이란 32상 80수호를 갖추고, 삼계 중생을 두루 이익되게 하는 법륜을 굴리며, 12행적을 나타내신 화신 샤까무니 부처님 따위를 가리킨다.

12행적이란 부처님의 일대기 중에서 다음과 같은 중대한 행위 열두 가지를 의미한다.

① 도솔천에서 내려옴, ② 입태, ③ 출생, ④ 학예 통달, ⑤ 세속적 유희, ⑥ 사문유관과 출가, ⑦ 육년 고행, ⑧ 보리수 아래 금강결좌, ⑨ 항마, ⑩ 무상정각, ⑪ 전법륜, ⑫ 대열반.

이상으로 자성법신, 지혜법신, 보신, 화신 등의 부처의 4신을 모두 설명하였다. 이러한 4신이 이뤄지는 방식은 다음과 같다.

최후무간도에 들어간 보살은 아직 2제를 본질적인 별개로 취하는 습기를 완전히 끊지 못하였기 때문에 승의제를 직관하는 최후무간도의 의식상에 세속제는 전혀 나타나지 않는다. 최후무간도에 의해 소지장이 완전히 제거된 해탈도가 일어나는 순간 2장을 제거한 열반 즉, 이구청정자성신이 이루어지고, 소지장이 제거됨으로써 일체법이 손바닥의 아말라끼 열매처럼 환히 보이는 일체종지 즉, 지혜법신이 이루어지며, 일체종지와 일체종지의 공성은 함께 존재하므로 일체종지가 이루어짐과 동시에 본연청정자성신 역시 이루어지고, 몸은 32상 80수호로 장엄된 보신의 몸으로 변화되며, 하늘에 달이 뜨는 순간 강에도 달의 모습이 비추듯이 보신이 이루어지는 순간 보신과 동일한 직전 원인을 공유하는 관계인 화신 역시 이루어진다.

이와 같이 부처의 4신은 대승의 최후무간도에 의해 소지장이 제거되는 성불의 첫 순간 동시적으로 이루어진다.

[지혜법신의 행업]

34. 그와 같이 윤회계가 존재하는 한
    그의 행업에도 역시 중단 없나니
    유정들을 적정의 업과,
    네 가지의 섭법으로 이끌고,

35. 번뇌들과 더불어

청정법에 대한 지각과,

유정들의 여실한 실상,

여섯 가지 바라밀,

36. 성불의 길, 자성공,

이종현현 소멸과,

기호, 소연 없음과,

유정들의 성숙과,

37. 보살도와, 집착의

배격, 보리 성취와,

불국토의 정화와,

확정됨과, 중생 위해서

38. 무한하게 행함과,

부처 의지하는 등의 공덕과,

보리 지분, 모든 업들의

헛됨 없음, 진리 직관과,

39. 전도견의 제거와,

그의 기반 없는 이치와,

청정함과, 자량과,

유위법과 무위법들을

40. 달리 보지 않음과,

　열반으로 인도하는 등

　이와 같이 법신의 행업

　스물일곱 가지들로 본다네.

　이것은 지혜법신의 27행업에 대한 설명이다.

　성해탈군은 34번 게송의 첫 두 행을 화신에 중단이 없는 것과 같이 화신의 행업에도 중단이 없다는 의미로 해석하였지만, 사자현은 지혜법신에 중단이 없는 것과 같이 지혜법신의 행업에도 중단이 없다고 해석하였다.

　33번 게송에서 화신에 대해 설하였고, 화신에 중단이 없다고 하였으므로 일견 성해탈군과 같이 해석하는 것이 당연한 것처럼 보이기도 하지만, 또 40번 게송을 보면 위에 나열한 행업들이 법신의 27행업이라 말하고 있다.

　여기서 법신을 지혜법신으로 보는 이유는, 두 가지 법신 중에서 자성법신은 무위법이므로 그의 행업에 중단이 없다는 말이 적절하지 않기 때문이다.

　그렇다면 지혜법신의 27행업이란 다음과 같다.

ㄱ. 자량도로 인도

① 열반을 추구하는 마음을 일으키도록 인도.('적정의 업'이 나타냄)

② 타인의 내면을 성숙시키는 사섭법의 수행으로 인도.(네 가지의 섭법)

③ 고제와 집제를 제거대상으로, 멸제와 도제를 취할 대상으로 아는 사성제의 이해로 인도.(번뇌들과 더불어 청정법에 대한 지각)

ㄴ. 가행도로 인도

④ 자신이 지각한 법의 실상을 중생이 여실하게 지각하도록 인도.(유정들의 여실한 실상)

⑤ 육바라밀이 모두 갖추어진 수행으로 인도.(여섯 가지 바라밀)

⑥ 성불의 길인 십선으로 인도.(성불의 길)

⑦ 일체법의 공성을 수혜(修慧)에 의해 지각하는 길로 인도.(자성공)

ㄷ. 견도로 인도

⑧ 이종현현이 없이 공성을 최초로 직관하는 경지로 인도.(이종현현 소멸)

ㄹ. 보살 2지와 3지로 인도

⑨ 일체법이 기호로 가립되었다는 지각을 바탕으로 한 보살 2지와 3지의 수행으로 인도.(기호)

ㅁ. 보살 4, 5, 6지로 인도

⑩ 일체법이 실재로서 소연할 바가 없다는 지각을 바탕으로 한 보살 4지, 5지, 6지의 수행으로 인도.(소연 없음)

ㅂ. **보살 7지로 인도**

⑪ 방편바라밀의 수행에 의해서 중생을 성숙시키는 길로 인도.(유정들의 성숙)

ㅅ. **보살 8지로 인도**

⑫ 삼승의 길을 직관에 의해 지각하는 도지로 인도.(보살도)

⑬ 실집의 현행이 없는 경지로 인도.(집착의 배격)

⑭ 불보의 가명을 얻는 경지로 인도.(보리 성취)

⑮ 불국토의 정화로 인도.(불국토의 정화)

ㅇ. **보살 9지로 인도**

⑯ 성불이 확정되는 경지로 인도.(확정됨)

⑰ 일체중생을 위한 행위가 무한한 경지로 인도.(중생 위해서 무한하게 행함)

ㅈ. **보살 10지로 인도**

⑱ 무수한 부처님을 친견하고 공양 올리는 등의 공덕행으로 인도.(부처 의지하는 등의 공덕)

⑲ 대각의 지분인 선업자량이 모두 갖추어진 경지로 인도.(보리 지분)

⑳ 아무리 작은 업도 헛되지 않음을 직관하는 경지로 인도.(모든 업들의 헛됨 없음)

㉑ 사성제를 완전히 직관하는 경지로 인도.(진리 직관)

㉒ 자아를 상락아정으로 보는 네 가지 전도견의 완전한 제거로 인도.(전도견의 제거)

㉓ 네 가지 전도견의 기반인 실집이 없는 경지로 인도.(그의 기반 없는 이치)

㉔ 일체법의 평등성을 지각한 청정이 완성된 경지로 인도.(청정함)

㉕ 대각의 원인인 두 가지 자량이 구족된 경지로 인도.(자량)

㉖ 윤회와 열반이 비실재로서 평등함을 직관하는 경지로 인도.(유위법과 무위법들을 달리 보지 않음)

ㅊ. 부처의 과위로 인도

㉗ 무주열반으로 인도.(열반으로 인도)

27행업을 5도와 10지에 배정하는 방식은『선설금만소』와『소요장엄론』의 견해가 다른데, 여기서는『소요장엄론』에 따랐다.

배정 방식이 달라지면 자구의 해석 또한 조금씩 달라져야 한다.

부록

8사(事) 70의(義)

팔사(팔현증) : 3종지, 4가행, 과위법신.

1. 변지(일체종지) : 발심 등의 열 가지 법을 직관에 의해서 지각하
   는 궁극의 지혜.
2. 도지 : 특수한 방편과 지혜를 바탕으로 한 대승 성자의 지각.
3. 기지 : 소승의 주요 증득대상에 머무는 성자의 지각.
4. 원만가행 : 삼종지의 행상을 수습하는 지혜를 바탕으로 한 보
   살의 수행.
5. 정가행 : 삼종지를 수렴한 수습이 대승자량도보다 수승한 지
   혜를 바탕으로 한 보살의 수행.
6. 점차가행 : 삼종지의 행상을 견고히 하기 위해서 삼종지의 행
   상을 차례로 수습하는 지혜를 바탕으로 한 보살의 수행.
7. 찰나가행 : 최단의 성사찰나 하나에 삼종지의 173행상을 직접
   대상할 수 있는 능력을 얻은 보살의 수행.
8. 과위법신 : 그것을 성취케 하는 방편인 4가행을 수습함으로써
   성취한 구경의 과위.

**칠십의 : 변지 10법, 도지 11법, 기지 9법, 원만가행 11법, 정가
행 8법, 점차가행 13법, 찰나가행 4법, 과위법신 4법.**

1. 변지(일체종지)를 나타내는 10법

1) 대승발심 : 이타를 위해 완전한 보리를 목표로 하고, 그것의 조력이 된 욕구와 상응하는, 대승의 입문이 되는 특수한 심왕.

2) 대승교계 : 대승발심의 궁극적 목표를 성취하는 방법을 나타내는 대승의 설법.

① 대승행, ② 2제와 4제, ③ 삼보, ④ 무탐착, ⑤ 지침 없음, ⑥ 도의 호지, ⑦ 오안, ⑧ 육신통, ⑨ 대승견도, ⑩ 대승수도.

3) 대승결택지(대승가행도) : 그것의 원인인 대승의 순해탈분이 다한 이후에 일어나는 대승의 의(義)현증.

4) 자성주종성 : 그것의 기반이 되는, 장애가 제거되지 않은 심식의 법성이자, 자성법신으로 변할 수 있는 것.

5) 대승행의 소연 : 대승행이 증익을 끊어야 할 기반.

① 선, ② 악, ③ 무기, ④ 세간도, ⑤ 출세간도, ⑥ 유루, ⑦ 무루, ⑧ 유위, ⑨ 무위, ⑩ 공통적인 성취, ⑪ 불공불법.

6) 대승행의 구경목표 : 모든 보살이 수행에 들어가는 궁극의 성취목표.

① 큰 마음 : 부처의 대연민과 보리심.

② 큰 단멸 : 2장을 남김없이 제거한 부처의 열반.

③ 큰 증득 : 일체법을 직관에 의해 지각하는 구경의 지혜.

7) 피갑행 : 바라밀 각각의 안에 여섯 가지씩 수렴해서 수행하는 지혜를 바탕으로 한 보살의 수행. 분류하면 보시의 보시에서

부터 지혜의 지혜까지 36피갑행이 있다.

8) 취입행 : 대승의 수행과 과위 중의 어느 것에 대해 정가행을 위주로 수행하는 지혜를 바탕으로 한 보살의 수행.

   – 취입 대상 : ① 사선정과 사무색정, ② 육바라밀, ③ 출세간 도, ④ 사무량심, ⑤ 무소연, ⑥ 삼륜청정, ⑦ 구경목표 삼 대공덕, ⑧ 육신통, ⑨ 일체종지.

9) 자량행 : 두 가지 자량을 광대하게 갖춤으로써 대승가행도의 세 제일법위 중품보다 수승하고, 자신의 결과인 대각을 유발하는 보살의 수행.

① 대연민 자량행, ② 보시 자량행, ③ 지계 자량행, ④ 인욕 자량행, ⑤ 정진 자량행, ⑥ 선정 자량행, ⑦ 반야 자량행, ⑧ 지(止) 자량행, ⑨ 관(觀) 자량행, ⑩ 방편과 지혜의 결합 자량 행, ⑪ 선교방편 자량행, ⑫ 복덕 자량행, ⑬ 지혜 자량행, ⑭ 도(道) 자량행, ⑮ 다라니 자량행, ⑯ 보살지 자량행, ⑰ 대치 자량행.

10) 정출행 : 변지(일체종지)로 반드시 나가게 하는 청정지(淸淨地) 의 지혜.

   – 정출행에 의해 나가야 할 곳 : ① 구경목표 삼대공덕, ② 일체법이 비실재로서 평등함을 아는 지혜, ③ 중생을 위한 무한한 행위, ④ 애씀 없는 부처행, ⑤ 상단의 양변을 여읜 지혜에 의한 2장의 완전한 제거, ⑥ 삼승의 증득대상 일체 를 증득, ⑦ 일체종지, ⑧ 대승수도의 금강유정.

2. 도지를 나타내는 11법

1) **도지지분**(道智支分) : 도지의 원인, 본질, 결과 세 가지 중의 어느 것에 수렴되고, 대연민을 바탕으로 한 특별한 공덕.

① 적합성의 지분 : 아만의 활동이 가라앉은 것.

② 대상 확정의 지분 : 위없는 보리를 향해 발심한 것.

③ 보편의 지분 : 대승의 종성을 갖춘 것.

④ 자연성의 지분 : 욕계와 색계의 번뇌를 일부러 끊지 않은 것.

⑤ 기능의 지분 : 섭수하지 못한 중생은 섭수하고, 섭수된 중생은 성숙시키고, 성숙된 중생은 해탈시키는 것.

2) **성문도를 아는 도지** : 대승발심, 회향, 공성을 직관적으로 지각한 지혜 등의 세 가지를 바탕함으로써 교화대상인 성문종성을 이끌어주기 위해 알아야 하는 '지혜 면의 주요 증득대상'에 머무는 대승 성자의 지혜.

3) **독각도를 아는 도지** : 대승발심, 회향, 공성을 직관적으로 지각한 지혜 등의 세 가지를 바탕함으로써 교화대상인 독각종성을 이끌어주기 위해 알아야 하는 '지혜 면의 주요 증득대상'에 머무는 대승 성자의 지혜.

4) **대승견도** : 대승의 제(諦)현증.

5) **대승수도의 작용** : 대승수도를 성취한 적이 있는 개아가 갖춘, 대승수도를 수습함으로써 성취한 공덕.

6) **신해수도** : 불모(반야바라밀)를 세 가지 이익의 근원으로 믿는

유루의 대승 후(後)현증.

① 자리(自利)신해수도, ② 이리(二利)신해수도, ③ 이타(利他)
신해수도.

7) **신해수도의 공덕**(찬탄, 공경, 칭송) : 신해수도를 성취한 적이
있는 개아가 갖춘, 신해수도를 수습함으로써 성취한 공덕.

8) **회향수도** : 자타의 선근을 완전한 보리의 지분으로 변화시키
는 유루의 대승 후현증.

9) **수희수도** : 자타의 선근을 대상으로 수희를 수습하는 유루의
대승 후현증.

10) **성취수도** : 대승의 무루수도이자, 주로 구경증득을 성취케
하는 것.

11) **청정수도** : 대승의 무루수도이자, 주로 구경단멸을 성취케
하는 것.

3. 보살의 기지를 나타내는 9법

1) **지혜에 의해 유변에 머물지 않는 도지** : 속제를 기준으로 한
유변을 방지하는 부류에 머무는 대승 성자의 지혜.

2) **연민에 의해 적멸변에 머물지 않는 도지** : 속제를 기준으로
한 적멸변을 방지하는 부류에 머무는 대승 성자의 지혜.

3) **과(果)반야바라밀에서 먼 기지** : 공성을 지각한 지혜에 바탕하

지 않고, 대승의 주요 증득대상에 머물지 않는 소승 성자의 지혜.

4) 과(果)반야바라밀에 가까운 기지 : 수승한 방편을 바탕으로 한 기지.

5) 이품기지 : 실집에 속박된 부류에 머물고, 대승의 주요 증득 대상에 머물지 않는 소승 성자의 지각.

6) 대치품기지 : 특수한 방편을 바탕으로 하고, 소승의 증득대상 에 머무는 성자의 지각.

7) 보살기지의 원인이 되는 가행.

8) 가행의 평등성.

① 색 등의 일체법의 본질에 대해 실재라고 취하지 않는 것.

② 색 등의 일체법의 특성에 대해 실재라고 취하지 않는 것.

③ 색 등의 일체법의 분류에 대해 실재라고 취하지 않는 것.

④ 색 등의 일체법을 대상으로 한 주관에 대해 실재라고 취하 지 않는 것.

9) 대승견도 : 대승의 제(諦)현증.

4. 원만가행을 나타내는 11법

1) 삼종지의 173행상 : 기지27행상, 도지36행상, 변지110행상.

2) 보살의 20가행.

3) 보살가행의 14공덕.

4) 보살가행의 46장애.

5) 보살가행의 성상 : 지상(智相), 수승상(殊勝相), 작용상(作用相), 자성상(自性相).

6) 대승 순해탈분(대승자량도) : 대승의 법(法)현증.

7) 대승 순결택분(대승가행도) : 대승의 의(義)현증.

8) 불퇴전의 표징을 얻은 보살 : 색법 등을 대상한 실집의 현행을 배격한 등의 마흔네 가지 표징 중의 어느 것을 얻은 보살.

9) 유적(有寂)평등성가행 : 후득위에서도 실집의 현행이 일어날 여지를 완전히 제거한 청정지의 지혜이자, 주로 지혜법신을 성취케 하는 부류에 머무는 것.

10) 청정불토가행 : 자신이 성불할 특수한 불국토를 성취케 하는 선근의 효력에 힘이 실린 청정지의 지혜이자, 주로 보신을 성취케 하는 부류에 머무는 것.

11) 선교방편가행 : 거친 노력이 잦아듦으로써 이타행이 자연성취 되도록 놓아두는 청정지의 지혜이자, 주로 화신을 성취케 하는 부류에 머무는 것.

5. 정가행을 나타내는 8법

1) 표징정가행(난위정가행) : 경에서 열두 가지 표징 중의 어느 것에 의해 규정해 보인 대승의 순결택분 첫 단계.

2) 복덕증장정가행(정위정가행) : 경에서 열여섯 가지 복덕증장 중
　　의 어느 것에 의해 규정해 보인 대승의 순결택분 두 번째 단계.

3) 견고정가행(인위정가행) : 경에서 방편과 지혜의 두 가지 견고
　　한 증득에 의해서 규정해 보인 대승의 순결택분 세 번째 단계.

4) 심편주정가행(세제일법위정가행) : 경에서 심편주에 의해 규정
　　해 보인 대승의 순결택분 네 번째 단계.

5) 견도정가행

6) 수도정가행

7) 무간정가행 : 삼종지를 수렴한 수습이 대승자량도보다 수승한
　　지혜를 바탕으로 한 보살의 수행이자, 소지장의 근본대치법.

8) 제거대상 전도행 : 2제(諦)를 동자성(同自性)으로 합치시킬 수
　　없다고 취하는 심식의 현행이나 그 씨앗.

6. 점차가행을 나타내는 13법

－ 6바라밀 : ① 보시, ② 지계, ③ 인욕, ④ 정진, ⑤ 선정, ⑥ 반야.
－ 6수념 : ⑦ 불(佛)수념, ⑧ 법(法)수념, ⑨ 승(僧)수념, ⑩ 계(戒)수
　　념, ⑪ 사(捨)수념, ⑫ 천(天)수념.
　　⑬ 비실재성을 아는 점차가행 : 일체법에 실재의 자성이 없음
　　을 지각한 지혜를 바탕으로 한 점차가행.

7. 찰나가행을 나타내는 4법

1) **비이숙찰나가행** : 최단의 성사찰나 하나에 무루의 비이숙법 하나를 직관하면 그와 동류의 일체법을 직관하는 능력을 성취함으로써 소지장의 근본대치법이 되는 보살의 수행.

2) **이숙찰나가행** : 최단의 성사찰나 하나에 무루의 이숙법 하나를 직관하면 그와 동류의 일체법을 직관하는 능력을 성취함으로써 소지장의 근본대치법이 되는 보살의 수행.

3) **무상(無相)찰나가행** : 공성을 직관함으로써 소지장의 근본대치법이 되는 보살의 수행.

4) **무이(無二)찰나가행** : 주객의 실체가 다르지 않음을 직관하는 능력을 성취함으로써 소지장의 근본대치법이 되는 보살의 수행.

8. 과위법신을 나타내는 4법

1) **자성법신** : 두 가지 청정을 갖춘 법성신(法性身).
　① 본연청정자성신 : 일체종지의 공성.
　② 이구청정자성신 : 2장을 제거한 대승열반.

2) **지혜법신** : 여소유법과 진소유법에 대해 구경의 통찰이 되는 지혜.

3) **보신** : 다섯 가지 고정된 법을 갖춘 색신.

- 다섯 가지 고정된 법 :

①장소 고정(밀엄색구경천에만 머묾), ② 권속 고정(주변에 오직 보살 성자들만 머묾), ③ 설법 고정(대승법만을 설함), ④ 몸 고정(32상 80수호로 장엄됨), ⑤ 시간 고정(윤회계가 다할 때까지 머묾).

4) **화신** : 다섯 가지 고정된 법을 갖추지 않은 색신.

① 교(巧)화신 : 부처님이 공교천(工巧天: 위샤까르마)으로 화현하신 것 따위.

② 생(生)화신 : 부처님이 사슴으로 화현하신 것 따위.

③ 수승(殊勝)화신 : 32상 80수호를 갖추고, 삼계 중생을 두루 이익되게 하는 법륜을 굴리며, 12행적을 보이는 화신. 샤까무니 부처님 따위.

 - 12행적 : ① 도솔천에서 내려옴, ② 입태, ③ 출생, ④ 학예통달, ⑤ 세속적 유희, ⑥ 사문유관과 출가, ⑦ 육년 고행, ⑧ 보리수 아래 금강결좌, ⑨ 항마, ⑩ 무상정각, ⑪ 전법륜, ⑫ 대열반.

선설장론 요약

『불경의 요의와 불요의를 분별한 선설장론』이라는 이 논서는 부처님께서 설하신 세 가지 법륜 중에서 어떤 말씀이 요의이고 어떤 말씀이 불요의인지에 대해 유식과 중관의 각 교파가 어떻게 해설하는지에 대한 논서다.

그렇다면 먼저 세 가지 법륜이란 무엇을 말하는 것인지를 알아야 하므로 그에 대해 간략히 설명해보도록 하겠다.

1. 세 가지 법륜

세 법륜 각각의 정확한 정의는 유식파와 중관파의 견해에서 각각 다르고 세밀하게 논하고자 하면 너무 번잡하고 어려워지므로 쉽고 간략하게 설명하고자 하는 의도에 맞추어 대략적으로 설명해 보도록 하겠다.

1) 첫 번째 법륜

다른 말로 사제(四諦)법륜. 소승의 제자들을 위해서 일체법이 실재라는 바탕 위에서 사성제를 설한 경전들.

2) 두 번째 법륜

다른 말로 무상(無相)법륜. 대승의 상근기를 대상으로 일체법이 비실재라고 설한 경전들. 예를 들면 반야경.

3) 세 번째 법륜

다른 말로 선변(善辨)법륜. 두 번째 법륜의 참뜻을 이해할 근기가 되지 못하는 대승의 하근기 제자들을 위해 변계소집의 상(相)무자성, 의타기의 생(生)무자성, 원성실의 승의(勝義)무자성 등 세 가지 무자성으로 분별해서 설한 경전들. 예를 들면『해심밀경』.

2. 요의와 불요의의 정의

이 세 가지 법륜을 각각의 교파들이 어떻게 요의와 불요의로 구분하는지 알기 위해서는 이제 요의와 불요의의 의미에 대해 알아야 하는데, 이에 대한 정의가 각 파마다 다르므로 그에 대해 간략히 표시하면 다음과 같다.

1) 유식파
– 요의 : 부처님께서 설하신 문자 그대로 받아들일 수 있는 경전.
– 불요의 : 부처님께서 설하신 문자 그대로 받아들일 수 없는 경전.

2) 중관자립파

- 요의 : 부처님께서 설하신 문자 그대로 받아들일 수 있고, 승의제를 주요 명시 내용으로 하는 경전.
- 불요의 : 부처님께서 설하신 문자 그대로 받아들일 수 없거나 세속제를 주요 명시 내용으로 하는 경전.

3) 중관귀류파

- 요의 : 승의제를 주요 명시 내용으로 하는 경전.
- 불요의 : 세속제를 주요 명시 내용으로 하는 경전.

3. 요의경과 불요의경의 예시

이와 같이 요의와 불요의에 대한 정의가 다르고 또 진리에 대한 각 파의 견해가 다르기 때문에 부처님의 어떤 말씀을 요의로 보고 또 어떤 말씀을 불요의로 보는지 역시 각각 다를 수밖에 없다. 그렇다면 이제 각 파가 구체적으로 부처님의 어떤 말씀을 요의와 불요의로 구분하는지 간략히 표시해 보도록 하겠다.

1) 유식파

- 요의경 : 『해심밀경』을 비롯해서 일체법을 3성으로 나누어 변계소집은 상무자성, 의타기는 생무자성, 원성실은 승의

무자성으로 나타낸 세 번째 법륜의 말씀들.

- 불요의경 : 첫 번째 법륜 중에서 일체법이 실재라고 설한 말씀들, 문자적으로 일체법에 자성이 없다고 설한 두 번째 법륜.(여기서 '문자적으로'라는 말이 들어간 이유는, 두 번째 법륜이 실제로는 일체법무자성을 설한 것이 아니라고 유식파는 생각하기 때문이다.)

2) 중관자립파

- 요의경 : 두 번째 법륜 중에서 반야십만송과 같이 '승의에서'라는 한정어를 명시적으로 붙여서 무자성을 설한 말씀들. 3성이 모두 승의에서 성립하지 않음을 명시적으로 나타낸 세 번째 법륜. 예를 들면 『해심밀경』의 승의생품.
- 불요의경 : 첫 번째 법륜 전부, 두 번째 법륜 중에서 『반야심경』과 같이 '승의에서'라는 한정어를 명시적으로 붙이지 않고 무자성을 설한 말씀들.

3) 중관귀류파

- 요의경 : 첫 번째 법륜 중에서 오온을 허깨비나 꿈, 물거품 등으로 비유한 경전들과 같이 공성을 나타낸 말씀들, 두 번째 법륜 전부.
- 불요의경 : 첫 번째 법륜 중에서 인과나 계율 등의 세속제를 설한 말씀들, 세 번째 법륜 전부.

4. 존재의 실상과 수행에 대한 교리

위에 열거한 요의와 불요의의 예시가 어째서 그러한지는 존재의 실상에 대해 각 종파에서 주장하는 주요 교리를 이해하고 나서야 각 파가 제시한 요의와 불요의의 정의와 비교해서 판단할 수 있을 것이므로 이제 이에 대한 설명이 필요하다.

　불교에 대한 지식이 부족한 사람들 중의 일부는 간혹 불교 교리가 수행과는 상관없는 사변적인 이야기인 것처럼 생각하기도 하는데, 사실 불교 교리는 순전히 수행을 위해서 생겨난 것이다. 왜냐하면 부처님께서는 중생이 고통 받고 윤회하는 이유가 자기 자신의 존재의 실상을 제대로 보지 못하고서 잘못 착각했기 때문이고, 그러므로 고통과 윤회로부터 벗어나기 위해서는 바로 그 착각을 제거하는 것 말고는 달리 방법이 없으며, 또 그 착각을 제거하기 위해서는 역시 올바른 지각 말고는 다른 방법이 없다고 설하셨기 때문이다. 그러므로 불교도가 존재의 실상에 대해 배우는 것은 수행과는 상관없이 철학놀음을 하려는 것이 아니라 실상을 제대로 알아서 윤회의 뿌리를 끊어 해탈하고자 하는 데 목적이 있는 것이다.

　대승은 여기서 더 나아가 자기 자신의 해탈뿐만 아니라 일체중생의 해탈을 추구하는데, 그러기 위해서는 2장(障) 중에서 번뇌장만을 끊은 소승의 해탈만으로는 부족하기 때문에 소지장마저 끊어 부처가 되기 위해 노력한다. 소지장을 끊기 위해 필요한 것이 바로 법무아의 지혜와 보리심 두 가지이며, 번뇌장을 끊기 위해 필요한 것이 인무아의 지혜와 염리심(다른 말로 출리심)이다.

그러면 이제 이것들에 대해 하나씩 알아보도록 하자.

1) 염리심과 보리심

염리심과 보리심은 불교도의 수행에 필요한 양 날개인 방편과 지혜 중에 방편에 해당한다.

이것은 쉽게 말하면 수행을 하는 동기라고 할 수 있다. 다시 말해 염리심은 해탈하고자 하는 동기이고, 보리심은 성불하고자 하는 동기이다. 이해하기 쉽게 정리하면 다음과 같다.

- 염리심(출리심) : 자기 개인의 해탈을 진심으로 추구하는 마음.
- 보리심 : 진심으로 일체중생을 해탈시키고자 성불을 추구하는 마음.

사실 보리심의 정의는 정확하게 기술하고자 하면 매우 복잡하고 교학적으로 난해한 논쟁거리를 여럿 포함하지만 내용을 쉽게 전달하려는 이 글의 취지에 맞게 단순화하였으니 양해 바란다.

간혹 오해하는 분들이 있어 한 가지만 설명하고 넘어가자면, 보리심은 자기 자신의 해탈을 추구하는 마음 역시 반드시 포함하고 있어야 한다는 사실이다. 왜냐하면 자기는 해탈을 싫어하면서 남에게 해탈이 좋은 것이라고 권유한다면 이것은 사기에 불과하기 때문이다.

대승의 수행자는 해탈을 싫어하는 것이 아니다. 자기 자신이 너무나도 해탈하고 싶기 때문에 그러한 심정에 비추어서 다른 중생이 윤회 속에서 고통 받는 것을 참지 못하고 구제하고 싶은 마음에 성불을 추구하는 것이므로 당연히 보리심엔 해탈을 추구하는 마음이 포함된다. 그러나 그렇다고 해서 보리심이 염리심이 되는 것은 아니다. 왜냐하면 자기 개인의 해탈을 추구하는 것이 아니라 일체중생의 해탈을 추구하는 것이기 때문이다. 물론 일체중생의 해탈을 추구한다면 자기 자신의 해탈 역시 추구해야 한다. 일체중생 안에 자기 자신도 포함되니까.

그러나 그렇다고 하더라도 그것이 '자기 개인'의 해탈을 추구하는 것은 아니라고 말할 수 있을 것이다. 여기서 만약 보리심이 염리심이 되는 것을 방지하기 위해 염리심의 정의를 '자기 자신만의 해탈을 추구하는 마음'이라고 말한다면 물론 보리심이 염리심의 정의에 부합하지 않게 하고자 하는 목적은 확실히 달성된다. 그러나 이 경우 소승의 수행자들이 '오직 나 혼자만 해탈할 거야' 하고 생각하고 수행한다는 인상을 주게 된다. '다른 사람은 해탈하면 안 돼. 나만 해탈할 거야'라고 생각하는 사람은 아마 찾아보기 힘들 것이다. 그리고 그러한 마음은 불교 수행의 올바른 동기가 될 수 없고, 올바른 염리심으로 인정될 수 없다.

지금쯤 별로 중요하지도 않은 사변으로 흐르고 있다고 느낄 법도 한데, 사실 이러한 논의를 언급하고 넘어가는 것은 그 다음의 설명을 위해서다. 왜냐하면 대승의 교파들은 염리심과 보리심에 의해서 소승도와 대승도가 갈린다고 설명하기 때문이다. 무슨 말인가 하면,

염리심이 최초로 일어나는 때가 바로 소승의 자량도에 들어가는 순간이고, 보리심이 최초로 일어나는 때가 바로 대승의 자량도에 들어가는 순간이라는 것이다. 그래서 염리심을 소승발심이라 하고, 보리심을 대승발심이라 한다.

자량도란 불교의 수행 단계와 과위를 의미하는 5도 중의 첫 번째 단계이고, 5도란 자량도, 가행도, 견도, 수도, 무학도 등이다.

소승의 무학도를 성취하는 순간이 해탈하는 순간이고, 대승의 무학도를 성취하는 순간이 성불하는 순간이다. 물론 성불하면 당연히 해탈도 성취된다. 유식파와 중관자립파 견해에선 소승도를 거치지 않고 바로 대승도로 들어간 경우 성불과 해탈이 무학도를 성취하는 순간에 동시에 이루어진다고 보고, 중관귀류파의 견해에선 소승도를 거치지 않고 대승도로 들어간 경우 수도에서 보살 8지를 성취하는 순간 해탈을 먼저 성취한다고 본다.

하여간 해탈을 추구하는 동기를 가지고 수행을 하면 해탈 길에 들어가고, 성불을 추구하는 동기를 가지고 수행을 하면 성불 길에 들어간다는 이러한 교리는 모두 수행에 직접적으로 필요하고 지당한 이야기이다.

2) 인무아와 법무아

불교 수행의 양 날개인 방편과 지혜 중 방편에 대한 설명을 위에서 간략히 마쳤고, 이제 지혜에 해당하는 무아의 지각에 대해 설명할 차례다.

두 가지 무아 즉, 인무아와 법무아의 교리는 앞서 설명한 바와 같이 존재의 실상에 대한 착각을 없애기 위해 필요한 것이다. 예를 들어 어떤 것이 실재가 아닌데 실재라고 착각하고 있다면 그 착각을 없애는 유일한 방법은 그것이 실재가 아님을 지각하는 길밖에는 없다. 불교 용어를 사용해서 말하면 지혜로써 무명을 대치한다는 것인데, 이것이 바로 불교 수행의 핵심 원리이고, 부처님께서 수없이 무아를 설하신 이유다.

그럼 이제 대승의 각 교파이 인무아와 법무아를 어떻게 설정하는지 보기 쉽게 정리해 보자.

① **유식파**
  - 거친 인무아 : 개아에 상일주재의 자아가 없음.(상일주재의 자아 : 변함없이 항상하고, 부분이 없이 단일하고, 인연에 의존함 없이 독립적인 자아)
  - 미세한 인무아 : 개아에 독립적인 실체의 자아가 없음.(독립적인 실체의 자아 : 자신의 온蘊과 상관없이 독립적으로 존재하는 자아)
  - 법무아 : 외경의 부재, 주관과 객관이 별개의 실체가 아님, 색 등이 색 등을 취한 분별식의 탐착대상임이 자상에 의해 성립하지 않음.(이 세 가지는 모두 같은 내용의 다른 표현임)

② **경부행중관자립파**
  - 거친 인무아 : 개아에 상일주재의 자아가 없음.

- 미세한 인무아 : 개아에 독립적인 실체의 자아가 없음.
- 법무아 : 일체법이 실재가 아님.

③ **요가행중관자립파**

- 거친 인무아 : 개아에 상일주재의 자아가 없음.
- 미세한 인무아 : 개아에 독립적인 실체의 자아가 없음.
- 거친 인무아 : 외경의 부재, 주관과 객관이 별개의 실체가 아
  님. 색 등이 색 등을 취한 분별식의 탐착대상임이 자상에 의
  해 성립하지 않음.
- 미세한 인무아 : 일체법이 실재가 아님.

④ **중관귀류파**

- 거친 인무아 : 개아에 독립적인 실체의 자아가 없음.
- 미세한 인무아 : 개아가 실재가 아님.
- 법무아 : 일체법이 실재가 아님.

5. 각 교파가 요의와 불요의를 구분하는 방식

위에서 설명한 바와 같이 불교 내의 각 종파마다 존재의 실상에 대한
견해가 다르기 때문에 똑같은 부처님 말씀을 가지고도 해석이 달라
질 수밖에 없다. 또 한편으로는 중생이 저마다 견해가 다르고 성향이

다르고 똑같은 말을 가지고도 다른 결과를 나타내기 때문에 부처님 입장에서는 모든 중생에게 똑같은 가르침을 줄 수가 없다.

예를 들어서 어떤 사람은 일체법이 비실재라고 말하면 아무것도 존재하지 않는다는 뜻으로 받아들여서 인과를 부정하고, 그러므로 어떤 행동을 해도 상관없다고 생각해서 결국 악도에 떨어지기 때문에 그런 사람에게는 일체법이 실재라고 말할 수밖에 없는 것이다. 그러므로 부처님 한 분의 가르침 안에도 문자 그대로 놓고 보면 모순이 되는 말씀들이 생겨나게 된다. 그러나 모순이 되는 두 가지를 다 받아들일 수는 없는 것이므로 부처님의 제자들은 결국 논리에 의거해서 진실된 말씀과 방편적인 말씀을 가려낼 수밖에 달리 방법이 없다. 그래서 생겨난 것이 바로 요의와 불요의에 대한 이론이다.

그러나 "각 교파가 저마다 다른 주장을 하는데 그 모두가 진실일 수는 없으므로 결국 한 교파의 교리만 빼고 나머지 모두가 거짓이든지, 아니면 그 모두가 거짓이든지 둘 중의 하나가 아니겠느냐?"고 생각해서 실망할 필요는 없다. 왜냐하면 앞서 설명했듯이 불교의 교리는 단순한 철학놀음이 아니라 오직 수행을 해서 해탈이나 성불을 성취하기 위해 있는 것이고, 불교 내의 각 교파의 교리들이 이러한 목적을 이루는 데 저마다 도움이 되기 때문이다. 물론 아집을 제거하기 위해선 그 아집이 어떻게 실상을 왜곡하고 있는지 정확하게 파악해서 그것을 배격해야 하므로 아집이 대상을 취하는 방식과, 그것을 정면으로 배격하는 내용인 무아의 의미에 대해서 정확한 견해를 갖지 않고는 궁극적으로 아집을 제거하는 것은 불가능하다.

그러나 앞서 설명한 인무아와 법무아에 대한 각 교파의 설정방식을 살펴보면 그 모든 견해가 저마다 해탈이나 성불을 향한 바람직한 심적 변화를 일으킬 수 있음을 짐작할 수 있고, 거친 견해를 이해하고 나면 그 다음엔 그보다 좀 더 수승한 견해를 이해할 준비가 되므로 하위 교파의 교리가 상위 교파의 교리로 이행해가는 계단이 될 수 있음 또한 충분히 짐작할 수 있다.

그렇다면 이제 마지막으로 앞서 설명한 모든 내용을 바탕으로 해서 대승불교의 각 교파가 부처님의 말씀을 어떻게 요의와 불요의로 구분하는지 설명할 차례다.

1) 유식파의 교판 방식

유식파는『해심밀경』에 의거해서 부처님의 말씀을 요의와 불요의로 구분한다.

불경의 요의와 불요의를 구분하는 내용은『해심밀경』의 제7장 승의생품이다. 여기서 승의생은 부처님께 첫 번째 법륜과 두 번째 법륜이 문자 그대로 놓고 보면 모순이 되니 부처님의 참뜻은 무엇이냐고 질문하며, 부처님은 이에 대해 첫 번째 법륜에서 일체법이 실재라고 설한 것은 소승의 제자들의 근기에 맞추어 설한 것이며, 두 번째 법륜에서 일체법의 무자성을 설한 것은 일체법을 변계소집, 의타기, 원성실 등의 3성으로 나누어 그 각각의 무자성의 이치를 염두에 두고 설한 것이라고 답변하신다.

그렇다면 먼저 그 3성이 무엇인지 알아야 하는데, 그 각각의 정의는 다음과 같다.

- 변계소집 : 분별식에 의해 가립되었을 뿐인 것.
- 의타기 : 원인과 조건으로부터 생겨난 것.
- 원성실 : 그것을 대상으로 수습(修習)하면 2장(번뇌장과 소지장)이 소멸되는 궁극의 대상.

가장 쉬운 의타기부터 먼저 설명하면, 의타기와 유위법은 동의어이다. 유위법에는 색법(色法), 심법(心法), 불상응행(不相應行) 등의 세 가지가 있다.

색법에는 색, 성, 향, 미, 촉 등의 오경(五境)과, 안(시각기관), 이(청각기관), 비(후각기관), 설(미각기관), 신(촉각기관) 등의 오근(五根: 다섯 가지 감각기관)이 있다. 오경이란 오근 각각에 의해 직접적으로 지각되는 각각의 대상들을 의미한다. 예를 들어 안근(시각기관)이 직접적으로 지각하는 대상을 색이라 한다. 그러나 여기서 말하는 색이란 일반적으로 말하는 색깔을 의미하는 것이 아니라 색깔과 모양 등의 형상을 의미한다.

심법이란 정신적 작용을 의미하는데, 여섯으로 나누면 안식, 이식, 비식, 설식, 신식, 의식이 있고, 앞의 다섯 가지(전5식)를 통틀어서 근식(根識: 감각적 지각)이라고 부른다. 그래서 심법을 간단히 나누면 근식과 의식 둘이다.

전5식은 이해하기 쉬우므로 생략하고, 의식 즉 제6식에 대해 약간 설명하자면, 제6식은 시각기관을 비롯한 다섯 가지 감각기관 중의 어느 것에도 직접적으로 의지하지 않고서 일어나는 정신작용인데, 여기엔 기억이나 추론 등의 분별식만 있는 것이 아니고 무분별식도 포함된다. 제6식이면서 무분별식인 것을 다른 말로 '의현식'이라고 한다. 참고로 전5식에는 오직 무분별식만 있다.

제6식 중에서 무분별식의 예를 들면, 자증식, 요가현량 등이 있고, 쉬운 예로는 어떤 대상을 오래도록 강렬하게 떠올리다 보면 그것을 감각적 지각처럼 생생하게 지각하는 의식이 발생하는데 그 역시 무분별의 제6식 즉 의현식에 포함된다.

불교의 수행단계에서 예를 들면, 자량도와 가행도 단계에서는 무아를 분별식에 의해서밖에 지각하지 못한다. 자량도 단계에서 무아를 대상으로 한 지(止)를 완성하고 나서 이것을 바탕으로 더 나아가 무아를 대상으로 한 관(觀)을 완성하는 순간 가행도로 넘어간다. 즉, 무아를 대상으로 한 지관쌍수의 사마디를 성취하는 순간이 바로 가행도로 넘어가는 순간이다. 그러므로 가행도 단계에서는 지관쌍수의 사마디에 의해 무아를 지각하지만 이것은 여전히 분별식에 불과하다. 이것이 최초로 무아를 대상으로 한 무분별의 지각으로 전환될 때가 바로 견도로 넘어가는 순간이다.

즉, 견도에서는 무아를 분별식을 여의고서 마치 눈으로 보듯이 생생하게 지각할 수가 있다. 필자의 추측에 많은 수행자들이 이때 완전한 깨달음을 얻어 수행이 끝난 것으로 착각하는 것 같다. 그러나 무시이래로부터 이어져온 아집은 그렇게 금방 뿌리가 뽑히지 않는다. 무아를 지각하고 있는 그 순간에는 아집이 일어날 수 없지만 그 뿌리가 잠재해 있는 한 아집은 기회가 있을 때마다 계속해서 자라나온다.

풀을 잘라도 뿌리가 땅속에 남아 있으면 나중에 다시 땅 밖으로 자라나오는 것과 같다. 그러므로 아집이 다시는 생겨날 수 없도록 완전히 뿌리째 뽑기 위해서는 무아를 생생하게 지각하고 있는 사마디를 통해서 그 아집의 뿌리에 지속적으로 해를 가해야 한다. 그러다 보면 언젠가는 그 뿌리마저도 완전히 제거되는 때가 오는데 그때가 바로 해탈을 성취하는 순간이다.

이와 같이 보면 이러한 이론이 모두 다름 아닌 수행과 해탈을 위해서 있다는 것을 알 수가 있다.

다음으로 유위법 중에서 불상응행에 대해 설명하자면, 불상응행이란 이러한 색법과 심법 중 어느 것에도 포함되지 않는 유위법을 말하며, 예를 들면 사람, 찰나멸 등이 있다.

이제 다음으로 3성 중에서 원성실에 대해 설명하면, 원성실이란 궁극적 진리 곧 승의제를 의미한다. 그렇다면 유식파가 생각하는 궁극적 진리란 무엇인가 하면 외경이 존재하지 않는다는 것이다. 그것을 또 다른 말로 "주관과 객관이 별개의 실체가 아니다."라고도 표현한다. 또 다른 말로 "색 등이 색 등을 취한 분별식의 탐착대상임이 자상에 의해 성립하지 않는다."라고 한다.

마지막으로 변계소집이란 이러한 의타기와 원성실을 제외한 모든 것들이다. 변계소집은 꼭 존재하는 것만 가리키는 것이 아니라 존재하지 않는 것도 역시 포함한다. 예를 들어 토끼뿔, 창조주, 상일주재의 자아, 오온과는 별도의 독립적인 자아 등이 모두 존재하지 않는 변계소집이다. 존재하는 변계소집은 원성실을 제외한 모든 무위법들이다.

『해심밀경』에는 부처님께서 이러한 3성 각각의 무자성을 가리켜서 일체법에 자성이 없다고 설하신 것으로 설명하였으므로 이제 그 3성의 무자성이란 무엇인가 하면 다음과 같다.

- 변계소집의 상(相)무자성 : 변계소집에 자상이 없다.
- 의타기의 생(生)무자성 : 의타기는 자신 외의 다른 원인과 조건에 의지해서 생겨나는 것이다.
- 원성실의 승의(勝義)무자성 : 원성실은 승의(궁극적 진리)이고, 오직 법아의 무자성에 의해서만 구별되는 것이다.

그러면 이제 결론적으로 유식파가 세 가지 법륜을 어떤 방식으로 요의와 불요의로 구분하는가 하면, 첫 번째 법륜에서 일체법이 실재라고 설하신 말씀들은 문자 그대로 받아들일 수 없으므로 즉, 문자 그대로의 의미는 진실이 아니므로 불요의이다. 그렇다면 부처님께서 왜 그러한 말씀을 하셨는가 하면 소승 교파의 근기에겐 그렇게 가르쳐야 이익이 되기 때문에 그렇게 설하신 것이다.

두 번째 법륜에서 일체법에 자성이 없다고 설하신 말씀 역시 문자 그대로 받아들일 수 없으므로 불요의이다. 그렇다면 부처님께서 왜 그러한 말씀을 하셨는가 하면 3성 각각의 무자성의 이치를 가리켜서 그렇게 말씀하신 것이다. 그러므로 두 번째 법륜은 일체법이 무자성이라고 문자 그대로 받아들이는 이들(이를테면 중관파)을 위해 설하신 것이 아니라 일체법에 자성이 없다는 말을 3무자성의 이치로 알아들을 수 있는 유식파 중의 상근기를 위해 설하신 것이다.

그러나 유식파 중의 하근기는 두 번째 법륜의 가르침을 통해서 3무자성의 뜻을 알아듣지 못하기 때문에『해심밀경』을 비롯한 세 번째 법륜이 두 번째 법륜의 참뜻을 명확하게 설명하였고, 그러므로 세 번째 법륜은 문자 그대로 받아들일 수 있는 요의경이며, 세 번째 법륜의 대상은 유식파 중의 하근기이다.

2) 중관자립파의 교판 방식

자립파는 주로『무진혜경』에 의거해서 불경을 교판하지만『해심밀경』을 부정하는 것은 아니다. 다만『해심밀경』의 의미를 유식파와 다르게 해석한다.

어떻게 다르게 해석하는가 하면, 변계소집의 상무자성을 유식파처럼 변계소집에 자상이 없다는 의미로 받아들이지 않고 변계소집이 승의에서 자상이 없다는 의미로 받아들이는 것이다. 마찬가지로 의타기의 생무자성은 의타기가 승의에서 발생이 없다는 의미로, 원성실의 승의무자성은 원성실이 승의에서 자성이 없다는 의미로 해석한다.

승의에서 없다는 말은 실재가 아니라는 의미다. 승의와 세속의 의미에 대해서는 이 글 마지막에 자세히 설명하도록 하겠다.

자립파가 변계소집의 상무자성을 그렇게 해석하는 이유는 일체법에 자상이 있다고 생각하기 때문이다. 유식파와 중관귀류파 모두 무엇인가에 자상이 있다면 그것은 실재가 된다고 생각하지만 자립파는 비실재이면서도 자상이 있다는 것에 모순이 있다고 보지 않는다.

그 다음에 외경의 문제에 대해서 말하자면, 중관자립파는 또 교리의 차이에 따라 경부행자립파와 요가행자립파로 분류되는데 전자는 외경을 인정하고 자증식을 부정하며, 후자는 반대로 외경을 부정하고 자증식을 인정한다는 차이가 있다.

그러므로 외경을 부정하는 것처럼 보이는 경전 구절이나 유심 또는 유식 등으로 말한 구절은 요가행자립파의 입장에선 그대로 받아들여도 되지만, 경부행자립파의 입장에선 그러한 구절을 어떻게 해결하는가 하면, 『십지경』에서 "삼계가 유심(오직 마음)"이라고 설하신 것은 외경을 부정한 것이 아니라 마음 이외의 창조주를 부정한 것이라 해석하고, 『능가경』에서 외경이 없다고 말한 것은 승의에서 없다는 의미로 해석한다.

알라야식이나 여래장에 대해선 모든 중관파가 마찬가지로 해석하는데, 자아에 집착하는 성향이 강한 자를 이끌기 위해서 설한 말씀이라는 것이다. 부처님께서 무엇을 염두에 두고서 그것들을 설하셨는가 하면, 두 가지 모두 공성을 염두에 두고 설하셨다고 한다.

이제 결론적으로 자립파가 세 가지 법륜을 어떤 식으로 요의와 불요의로 구분하는가 하면, 첫 번째 법륜에서 일체법이 실재라고 하신 말씀은 소승의 제자들을 위해 방편적으로 하신 말씀이며, 문자 그대로 받아들일 수 없으므로 불요의이다. 또 첫 번째 법륜에서 설한 무아는 오직 인무아뿐이고 승의제인 법무아를 설한 말씀이 없으므로 첫 번째 법륜 중에는 요의경이 없다.

　두 번째 법륜은 중관파 중의 상근기를 대상으로 한 가르침이고, 요의와 불요의경이 있는데 『반야심경』처럼 '승의에서'라는 한정어를 명시적으로 붙이지 않고 자성이 없다고 설하신 말씀들은 문자 그대로 받아들일 수 없으므로 불요의이며, 반야십만송처럼 '승의에서'라는 한정어를 명시적으로 붙여서 자성이 없다고 설하신 말씀들은 문자 그대로 받아들일 수 있고 승의제를 주요 명시내용으로 한 것이므로 요의이다.

　세 번째 법륜은 중관파 중의 하근기를 대상으로 한 가르침이고, 3성이 모두 승의에서 성립하지 않음을 명시적으로 나타내므로 문자 그대로 받아들일 수 있고 승의제를 주요 명시내용으로 하므로 요의이다.

3) 중관귀류파의 교판 방식

　귀류파 역시 『무진혜경』에 의거해서 불경을 교판하며, 『해심밀경』에 대해선 근기가 낮은 유식파를 위한 방편적 말씀일 뿐 문자 그대로 받아들일 수 없다는 식으로 해결하므로 유식파와 다른 해석 방식을 따로 마련할 필요가 없다.

　『십지경』의 "삼계가 유심(오직 마음)"이라는 말씀은 자립파와 마찬가지로 마음 이외의 창조주를 부정하는 의미로 해석하며, 『능가경』에서 외경이 없다고 하신 말씀은 자립파처럼 승의에서 없다는 뜻으로 해석하지 않고 문자 그대로 외경이 없다는 뜻으로 하신 말씀이지만 방편으로 설하신 것일 뿐이라고 해석한다.

알라야식과 여래장에 대해서는 앞서 자립파 부분에서 설명한 바와 같다.

결론적으로 귀류파가 불경을 교판하는 방식은, 귀류파는 다른 모든 교파와 달리 미세한 인무아를 공성의 내용으로 보고, 소승의 해탈을 위해서도 공성의 깨달음이 필요하다고 본다. 그러므로 소승의 제자들을 위해 설한 첫 번째 법륜에서 당연히 공성이 설해져야 마땅하고, 그러한 공성 즉, 승의제를 주요 명시내용으로 한 말씀은 요의이다. 귀류파의 견해에서 요의와 불요의는 오직 승의제를 설한 것이냐, 세속제를 설한 것이냐를 기준으로 하므로 세속제를 설한 말씀은 모두 불요의이다.

두 번째 법륜은 승의제를 설한 것이므로 요의경이다. 또한, 귀류파는 일체법무자성을 문자 그대로 받아들이므로 자립파와 같이 '승의에서'라는 한정어가 붙고 안 붙은 차이를 구별할 필요 없이 모두 문자 그대로 받아들일 수 있다.

세 번째 법륜에는 승의제를 설한 말씀이 없으므로 불요의경 뿐이고, 유식의 견해를 가진 자들을 위해 방편적으로 설하신 것이다.

6. 승의와 세속의 의미

불교의 모든 교리는 2제를 바탕으로 하고 있으므로 승의와 세속의 개념에 대해 이해하는 것은 너무나도 중요하다. 또 이것은 반복해서 말하지만 수행과는 상관없는 단순한 철학놀음이 아니라 오직 성불을 위해 필요한 법무아를 깨닫기 위한 노력일 뿐이다.

『선설장론』 본문에는 유식파의 견해 부분에서 승의와 세속에 대한 두 가지 다른 설정방식에 대해 자세히 설명되어 있는데, 필자의 설명방식에서는 두 번째 설정방식부터 시작하는 것이 편리하므로 『선설장론』의 순서와는 반대로 두 번째부터 설명을 시작하겠다.

승의와 세속에 대한 두 번째 설정방식이란 일체법을 승의제와 세속제 즉, 궁극적 진리와 일반적 사실(또는 일반적 존재)로 나누는 것이다.

궁극적 진리를 승의제, 진여, 궁극적 실상, 공성, 원성실 등으로 부르는 것은 유식과 중관의 모든 교파가 마찬가지지만 어떠한 것이 궁극적 진리인가 하는 그 내용은 각 교파마다 조금씩 다르다. 위에서 인무아와 법무아를 교파별로 정리해 놓은 부분을 참고하시기 바란다. 유식파와 경부행중관자립파 견해에서는 법무아가 궁극적 진리다. 요가행중관자립파 견해에서는 두 가지 법무아가 있는데 그 중에 미세한 법무아가 궁극적 진리이고 거친 법무아는 세속제에 포함된다. 마지막으로 중관귀류파 견해에서는 미세한 인무아와 법무아가 모두 궁극적 진리다. 왜냐하면 그 두 가지는 보다시피 공성이라는 똑같은 내용을 담고 있기 때문이다.

자립파와 귀류파 모두 존재의 비실재성을 승의제로 본다는 점에선 같지만 비실재성이 내포하고 있는 의미에 대해서는 또 달라진다. 귀류파는 비실재와 무자상을 같은 의미로 보지만 자립파는 비실재

즉, 공성이 자상을 배격하는 의미라고 보지 않기 때문이다. 그렇다면 자립파가 보기에 공성이 무엇을 배격하고 있는가 하면 '오류 없는 심식에 나타남에 의해 설정된 것이 아닌, 대상 자신의 고유한 존재 방식으로부터 성립하는 것'을 부정하는 의미로 본다. 그것이 도대체 무슨 뜻인지는 『선설장론』 본문에서 자세히 이해하시기 바란다.

한편 귀류파가 보는 공성의 의미는 모든 존재가 분별식에 의해 가립된 것에 불과하다는 것이다. 여기서 '불과'하다는 말이 바로 자상을 배격하는 의미이다. 그러니까 다시 말하면 모든 존재가 분별식에 의해 가립된 것일 뿐 자상이 없다는 것이 바로 귀류파가 보는 공성이다.

그러면 이제 세속제란, 이러한 궁극적 진리를 제외한 모든 존재들을 가리킨다. 항아리, 기둥, 마음, 번뇌, 지혜, 허공, 인과 등 궁극적 진리를 제외한 모든 것이 다 세속제라는 말이다. 유위법은 모두 무상하다는 진실도 세속제고, 고제의 원인은 집제라는 진실도, 지구는 둥글고 자전과 공전을 하고 있다는 등의 모든 과학적 사실도 모두 세속제다.

일반적 사실과 궁극적 진리, 이러한 두 가지 존재의 양상은 서로를 부정하는 것이 아니고 한 가지 대상에 공존하는 두 가지 다른 측면일 뿐이다. 예를 들어 항아리가 실재가 아니라는 항아리의 공성은 항아리를 부정하기는커녕 오히려 항아리의 존재를 바탕으로 존재하고 있는 것이다. 다시 말해 항아리의 궁극적 실상이란 항아리가 궁극적으로는 어떠하다는 것이므로 항아리를 기반으로 하고 있는 것이지 항아리와 별도로 따로 있는 것일 수가 없다. 그래서 세속제와 승의제를 '기반과 의존자(뗀-땐빠: rten brtan pa)' 관계라 한다.

다음으로, 승의와 세속의 첫 번째 설정방식은 '승의에서 성립하는가, 성립하지 않는가?' 하는 논의에서 사용되는 의미에서의 승의와 세속이다.

승의에서 성립한다는 말은 실재라는 말과 같고, 승의에서 성립하지 않는다는 말은 비실재라는 말과 같다.

승의에서 성립한다는 말과 반대인 '꾼좁뚜 둡빠(kun rdzob tu grub pa)' 또는 '꾼좁뚜 요빠(kun rdzob tu yod pa)'는 직역하면 각각 '세속에서 성립', '세속에서 존재'이지만 우리말에서 그렇게 말하면 전혀 다른 의미와 혼동되므로 필자는 '세속적 차원에서 성립', '세속적 차원에서 존재'라고 번역한다. 세속적 차원에서 성립한다는 말은 언어관습적 차원에서 성립(타내두 둡빠: tha snyad du grub pa)한다는 말과 동의어이다.

승의에서 성립한다는 말과 세속적 차원에서 성립한다는 말이 무슨 의미인가 설명하기 전에, 승의와 세속의 이러한 두 가지 설정방식이 그렇다면 같은 의미가 아닌가 하고 착각할 사람들을 위해 먼저 그 두 가지의 차이를 확실히 하고 넘어가야 할 것 같다.

단적으로 보여주자면 공성은 승의제이지만 승의에서 성립하는 것은 아니다(중관파 교리에서). 공성이 승의에서 성립하지 않는다는 것, 즉 공성이 실재가 아니라는 것이 바로 공성의 공성, 공공(空空)이다.

반대로 공성은 세속적 차원에서 성립하지만 세속제는 아니다.

그러므로 승의제냐 세속제냐 하는 얘기와 승의에서 성립하느냐 세속적 차원에서 성립하느냐 하는 얘기가 같은 얘기가 아니라는 것을 여기서 확실히 알 수 있다.

그렇다면 이제 승의에서 성립한다거나 세속적 차원에서 성립한다는 말은 도대체 무슨 뜻일까?

이건 정말 너무나 중요한 내용이고, 대단히 심오한 의미를 담고 있다. 그러나 이 개념에 대해 이해하기 쉽게 설명하자면, 필자의 현재 능력으로는 필자 나름의 이해방식과 설명방식을 동원하지 않고는 불가능하다. 그러므로 이제부터는 필자의 사견이 혹시 개입될지도 모르니 불교 경론의 본뜻과 어긋나지 않는지 회의적인 태도로 신중하게 들어주시기 바란다.

먼저, 승의에서 성립한다는 것은 다른 말로 '논리에 의한 고찰을 견뎌내고 성립한다(릭빼쨰쇠두둡빠: rigs pas dpyad bzod du grub pa)'는 말과 같다. 이것은 유식과 중관의 모든 교파가 똑같이 인정한다.

그러면 논리에 의한 고찰을 견뎌내고 성립한다는 말은 무슨 뜻일까? 어떤 존재에 대해 이치를 따져서 고찰하고, 고찰하고, 고찰해서 끝까지 고찰을 밀어붙이고 나서도 여전히 그 존재가 살아남으면 그것이 바로 고찰을 견뎌내고 성립한 것이라고 필자는 이해하고 있다.

예를 들면 자유에 대해 한번 고찰해 보자.

자유란 무엇일까? 내 의지대로 행동하고 그 밖의 다른 것에 속박되지 않는 것인가? 아마도 대체로 그렇게 이해하고 있을 것이다. 그런데 가만 생각해 보면 내 의지 외에 다른 것에 속박되지 않는다는 것이 과연 가능하기나 한가? 속박이 조금이라도 있다면 그것은 완전한 자유가 아니다. 그렇다면 일단 완전한 자유란 이 세상에 존재하지 않는 듯하다. 그런데 자유라면 완전한 자유여야 하지 않을까? 왜냐하면 자유 안에 속박이 있다는 것은 모순일 테니 말이다. 좋아, 일단 좀 봐주자. 그러면 몇 퍼센트까지 속박이 있으면 자유고 몇 퍼센트부터는 자유가 아닌 것이 되는가? 오십 퍼센트?

몇 퍼센트의 속박이 있는지는 또 무슨 수로 알아내고?

벌써 자유란 것의 의미가 모호해진다. 또 내 의지대로 행동하는 것이 자유라고 했는데, 어떤 의지를 가진 것은 나의 의지인가? 어떤 의지를 가진 것이 내 의지가 아니라면 내 의지라는 것도 내 의지대로 행동한다는 것도 사라져 버린다.

나는 왜 어떠한 의지를 갖게 되었는가? 거기에도 분명히 수많은 원인과 조건이 개입돼 있을 것이다. 그렇다면 수많은 원인과 조건에 의해 만들어진 어떤 의지에 따라 행동한다는 것은 자유라고 보기 어려운 것이 아닐까? 마치 사과가 익어서 떨어진 것은 사과의 자유가 아니듯이 말이다.

얼마든지 더 다른 의견들에 대해 고찰해 볼 수도 있겠지만 이 정도만 해도 이미 필자의 목적은 달성되었으리라 생각하고 더 이상 번잡한 이야기 늘어놓지 않기로 한다.

이와 같이 자유란 것은 분명히 일반적으로는 존재하는 것인데 고찰하면 할수록 무의미해지고 성립 불가능해진다. 왜? 본래 언어란 거칠고 모호한 것인데 그러한 언어를 가지고서 그 언어가 감당할 수 있는 선을 넘어서 밀어붙였기 때문이다. 이것을 바로 언어관습적 차원을 넘어선 고찰이라고 한다.

이것은 비유하면 두 개의 톱니바퀴가 서로 맞물려 있는데 두 톱니바퀴가 완전히 접해 있지 않고 톱니바퀴 사이사이에 톱니들보다 크기가 작은 빈 공간들이 있는 상황과 같다. 두 톱니바퀴가 완벽하게 들어맞게 하고 싶어서 서로 밀어붙여봤자 톱니바퀴 사이의 공간보다 톱니들이 더 크기 때문에 톱니끼리 서로 부대껴서 부서질 뿐이다. 이와 같이 거친 언어를 가지고서 더 세밀하게 밀어붙이면 이것, 저것들이 다 서로 모순돼서 무너져 버리는 것이다. 톱니바퀴가 무사한 지점은 본래 엉성하게 맞물려 있던 애초의 그 자리이고, 언어에 의해 가립된 존재들이 무사한 지점은 모든 것이 본래 엉성하게 맞물려 있던 언어관습적 차원 안에서다.

언어관습적 차원을 넘어선 고찰은 이 세상의 모든 존재를 무너뜨린다. 그래서 중관파는 일체법이 승의에서 존재하는 것은 아니고 세속적 차원에서, 또는 언어관습적 차원에서 존재한다고 말하는 것이다. 중론이 처음부터 끝까지 반복적으로 보여주는 것이 바로 이러한 의미라고 필자는 이해한다.

꼭 글자나 소리로 구성된 언어를 사용하지 않더라도 마찬가지다. 분별식이 어떤 대상을 두고서 어떤 관념을 품으면 그 관념 안에 일반적으로 우리가 언어라 부르는 어떤 것도 설령 사용되지 않았다 치더라도 그 관념 역시 언어나 다름없이 거칠고 모호하고 엉성하다. 바로 그래서 '언어관습에 의해 가립된 것', '분별식에 의해 가립된 것', '명칭과 기호에 의해 가립된 것' 이 세 가지는 같은 의미다. 또 재밌게도 불교 논서들에서는 분별식을 의식(意識)의 언어라고 부르기도 한다.

그러면 이제 덤으로 세속적 차원에서 존재한다, 또는 언어관습적 차원에서 존재한다는 것의 의미까지도 알게 되었다. 자유란 애초에 이름 붙일 때(또는 자유에 대한 관념을 가질 때) 치밀하게 고찰하고 궁극에까지 따져보고 나서 이름 붙인 것이 아니다. 그저 대충 내 하고 싶은 대로 하는 것에다(내 하고 싶은 대로 한다는 건 대체 어떤 거냐고 따지지 않고) 자유라고 이름 붙였고, 또 모두가 그런 식으로 사용해 왔다. 그런 게 바로 언어관습이다. 그러니 바로 그러한 선에서 자유를 바라볼 때 자유는 엄연히 존재한다.

필자는 자유 민주주의 국가에서 살고 있고, 내가 가고 싶은 곳을 가고, 먹고 싶은 것을 먹고, 자고 싶은 곳에서 자고, 하고 싶은 것을 하고 산다. 이렇게 필자에게는 자유가 있다. 그러나 그 자유란 언어관습적 차원에서 성립하는 것이지 언어관습적 차원을 넘어서 따지면 성립하지 않는다. 즉, 승의에서 성립하는 것은 아니다. 필자의 자유가 승의에서 성립하지 않는다는 것이 바로 필자의 자유의 공성, 즉 승의제이다. 이 두 가지 진실의 측면 즉, 승의제와 세속제는 필자의 자유라는 한 가지 대상 위에서 사이좋게 공존하고 있다.

그런데 이 세상의 대부분의 철학자들은 거꾸로 생각하는 듯하다. 왜냐하면 모든 것을 따지고, 따지고, 따질 수 있는 데까지 최대한 따지고 나면 가장 정확하게 모든 것을 정립할 수 있다고 생각하는 것처럼 보이기 때문이다. 그런 식으로 밀어붙이면 어느 것도 성립하지 않는다는 것을 이해하는 자는 오직 중관귀류파밖에는 없는 듯하다. 중관자립파 역시 일체법이 논리의 고찰을 견뎌내고 성립하는 것이 아니라는 점을 말로는 인정하지만 자상을 인정하고, 또 다른 말로 일체법이 가립이 가리키는 바를 찾으면 얻어진다고 생각하므로 사실 그 역시 내용적으로는 논리의 고찰을 견뎌내고 성립한 것을 인정하고 있는 셈이다.

그러나 과연 필자의 이러한 이해방식이 귀류파가 주장하는 바와 정확히 일치하는지는 아직 확신이 없다. 그러나 설령 완전히 일치하지는 않는다고 하더라도 어느 정도까지는 분명히 이해에 도움을 줄 수 있으리라 생각한다.

혹시 필자의 설명방식에 어떤 잘못이 있다면 필자보다 더 지혜로운 분들이 귀류파의 철학을 제대로 이해한 후 시정해 주시기를 바랄 뿐이다.

* 참고로 이 요약본은 뺀첸쐬남닥빠의 견해를 따른 것인데,『선설장론』본문의 뜻과 다른 점이 한 군데 있는 것 같다. 쫑카빠는『선설장론』에서 요의와 불요의를 분별할 대상이 되는 것은 존재들의 실상에 대해 설한 경전들이지 그 외의 경전들은 해당되지 않는다고 하였지만, 뺀첸은 그 말과 상관없이 모든 경전들을 다 요의와 불요의로 구분하고 있다. 필자가 보기에 뺀첸의 방식에 따라도 문제없이 깔끔하게 모두 들어맞으므로 뺀첸 식으로 보지 말아야 할 이유도 없다고 생각된다.

[대승 5도 10지표]

오도(五道)

자량도	가행도	견도	수도			무학도

자량도
- 소품
- 중품
- 대품

가행도
- 난위
- 정위
- 인위
- 세제일법위

견도
- 근본지
- 후득지 (무간도 · 해탈도)

수도
- 소품수도: 소소품 · 소중품 · 소대품 (각 근본지 / 후득지: 무간도 · 해탈도)
- 중품수도: 중소품 · 중중품 · 중대품 (각 근본지 / 후득지: 무간도 · 해탈도)
- 대품수도: 대소품 · 대중품 · 대대품 (각 근본지 / 후득지: 무간도 · 해탈도)
- 최후무간도

무학도
- 자성법신
- 지혜법신
- 보신
- 화신

심지(十地)

칠부정지(七不淨地)
1. 환희지
2. 이구지
3. 발광지
4. 염혜지
5. 난승지
6. 현전지
7. 원행지

삼정지(三淨地)
8. 부동지
9. 선혜지
10. 법운지

발심(發心)

1. 땅
2. 황금
3. 초승달
4. 불
5. 보고
6. 보배의 근원
7. 바다
8. 금강
9. 산
10. 약
11. 선지식
12. 여의주
13. 해
14. 노래
15. 대왕
16. 곳간
17. 큰길
18. 탈것
19. 샘물
20. 악기
21. 강
22. 구름

(구품 수도표)

구분					제거대상	
수도	소품수도	1품(소소품)	근본지	무간도	1. 대대품	대품수단
				해탈도		
			후득지			
		2품(소중품)	근본지	무간도	2. 대중품	
				해탈도		
			후득지			
		3품(소대품)	근본지	무간도	3. 대소품	
				해탈도		
			후득지			
	중품수도	4품(중소품)	근본지	무간도	4. 중대품	중품수단
				해탈도		
			후득지			
		5품(중중품)	근본지	무간도	5. 중중품	
				해탈도		
			후득지			
		6품(중대품)	근본지	무간도	6. 중소품	
				해탈도		
			후득지			
	대품수도	7품(대소품)	근본지	무간도	7. 소대품	소품수단
				해탈도		
			후득지			
		8품(대중품)	근본지	무간도	8. 소중품	
				해탈도		
			후득지			
		9품(대대품)	근본지	무간도	9. 가행소소품	
				해탈도		
			후득지			
			최후무간도		9. 미세한소품	
대치법					제거대상	

〔천계(天界) 도표〕

무색계	제4무색천	유정천(有頂天) 또는 비상비비상천(非想非非想天)	4
	제3무색천	무소유천(無所有天)	3
	제2무색천	식무변천(識無邊天)	2
	제1무색천	공무변천(空無邊天)	1
색 계	4선천	색구경천(色究竟天)	17
		선견천(善見天)	16
		선현천(善現天)	15
		무번천(無煩天)	14
		무열천(無熱天)	13
		광과천(廣果天)	12
		복생천(福生天)	11
		무운천(無雲天)	10
	3선천	변정천(遍淨天)	9
		무량정천(無量淨天)	8
		소정천(少淨天)	7
	2선천	광음천(光音天)	6
		무량광천(無量光天)	5
		소광천(少光天)	4
	초선천	대범천(大梵天)	3
		범보천(梵輔天)	2
		범중천(梵衆天)	1
욕 계	6욕천	타화자재천(他化自在天)	6
		화락천(化樂天)	5
		도솔천(兜率天)	4
		야마천(夜摩天)	3
		도리천(忉利天) 또는 삼십삼천(三十三天)	2
		사천왕천(四天王天)	1